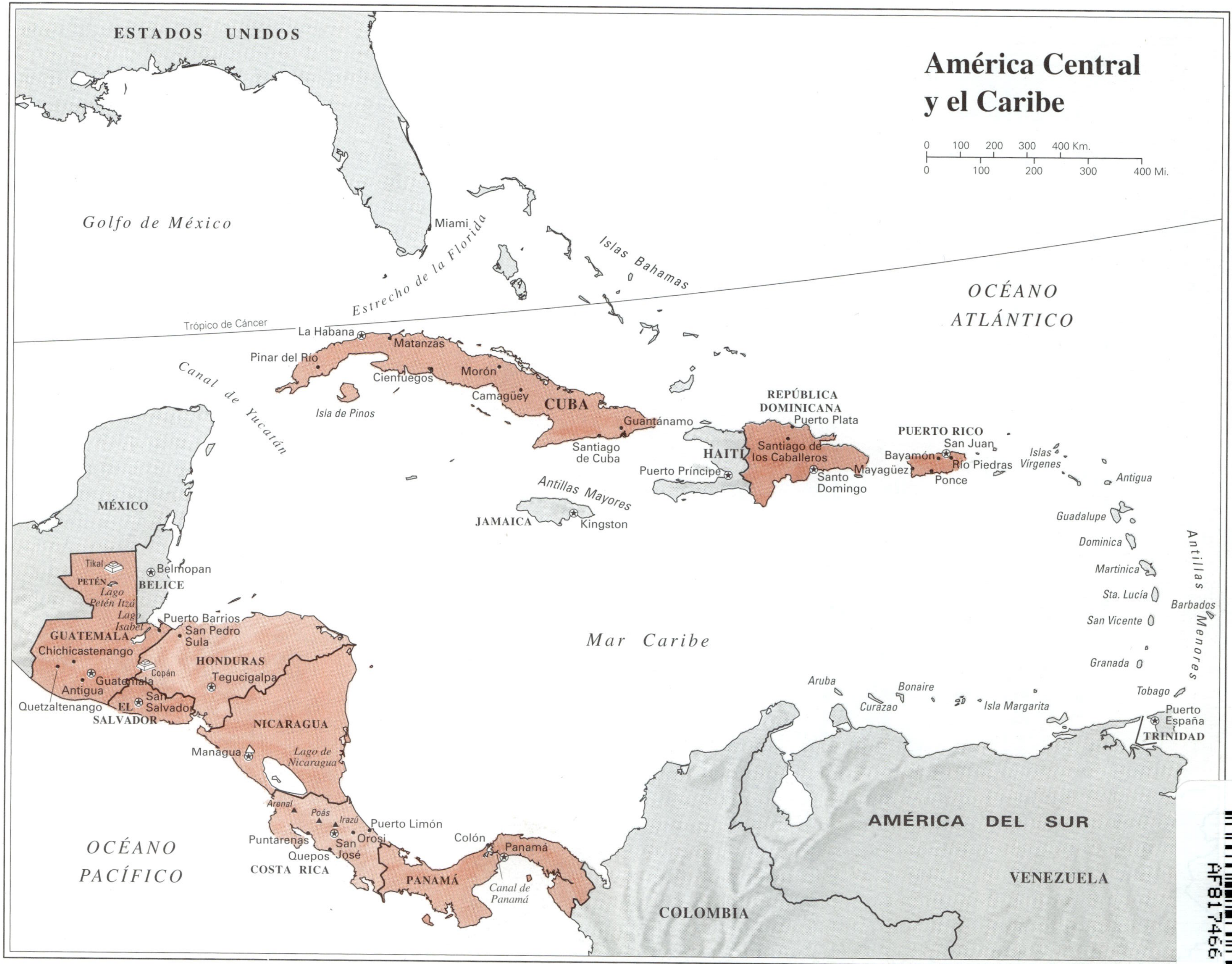
América Central
y el Caribe
0 100 200 300 400 Km.
0 100 200 300 400 Mi.
ESTADOS UNIDOS
Golfo de México
Miami
Estrecho de la Florida
Islas Bahamas
Trópico de Cáncer
OCÉANO ATLÁNTICO
La Habana
Matanzas
Pinar del Río
Cienfuegos
Morón
Camagüey
CUBA
Isla de Pinos
Canal de Yucatán
Guantánamo
Santiago de Cuba
REPÚBLICA DOMINICANA
Puerto Plata
Santiago de los Caballeros
HAITÍ
Puerto Príncipe
Santo Domingo
PUERTO RICO
San Juan
Bayamón
Río Piedras
Mayagüez
Ponce
Islas Vírgenes
Antigua
Antillas Mayores
JAMAICA
Kingston
MÉXICO
Guadalupe
Dominica
Martinica
Sta. Lucía
San Vicente
Granada
Barbados
Antillas Menores
Tikal
PETÉN
Lago Petén Itzá
Belmopan
BELICE
Lago Isabel
Puerto Barrios
San Pedro Sula
GUATEMALA
Chichicastenango
HONDURAS
Copán
Guatemala
Antigua
Tegucigalpa
Quetzaltenango
EL SALVADOR
San Salvador
Mar Caribe
NICARAGUA
Managua
Lago de Nicaragua
Aruba
Bonaire
Curazao
Isla Margarita
Tobago
Puerto España
TRINIDAD
Arenal
Poás
Irazú
Puerto Limón
Puntarenas
San José
Orosi
Quepos
COSTA RICA
Colón
Panamá
PANAMÁ
Canal de Panamá
OCÉANO PACÍFICO
AMÉRICA DEL SUR
VENEZUELA
COLOMBIA

Hispanos en los Estados Unidos

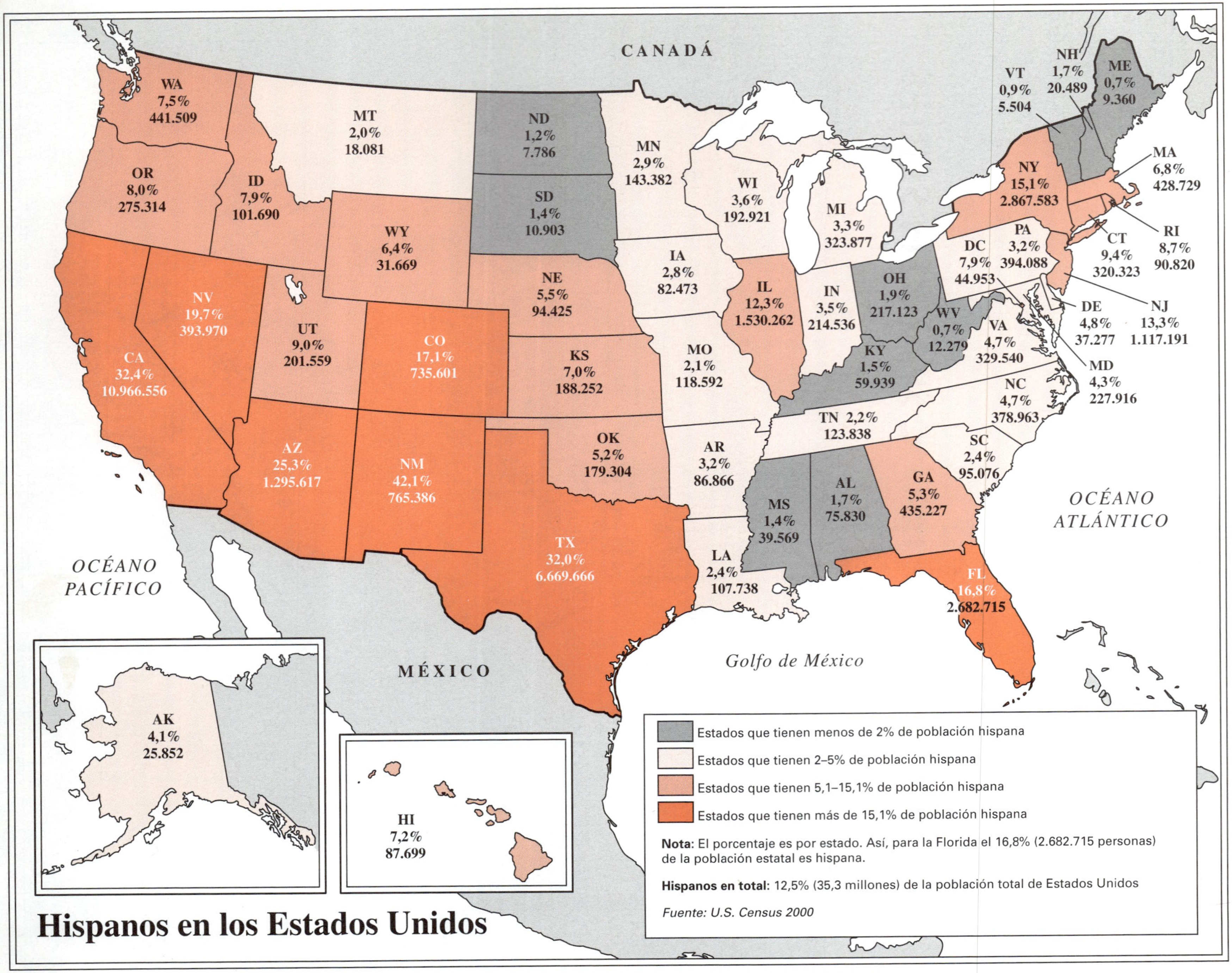

- Estados que tienen menos de 2% de población hispana
- Estados que tienen 2–5% de población hispana
- Estados que tienen 5,1–15,1% de población hispana
- Estados que tienen más de 15,1% de población hispana

Nota: El porcentaje es por estado. Así, para la Florida el 16,8% (2.682.715 personas) de la población estatal es hispana.

Hispanos en total: 12,5% (35,3 millones) de la población total de Estados Unidos

Fuente: U.S. Census 2000

THE BASIC SPANISH SERIES

BASIC SPANISH FOR SOCIAL SERVICES

THE BASIC SPANISH SERIES

BASIC SPANISH FOR SOCIAL SERVICES

ANA C. JARVIS
Chandler-Gilbert Community College

LUIS LEBREDO

HOUGHTON MIFFLIN COMPANY
Boston New York

Publisher: *Rolando Hernández*
Development Editor: *Judith Bach*
Senior Project Editor: *Tracy Patruno*
Manufacturing Manager: *Karen B. Fawcett*
Executive Marketing Director: *Eileen Bernadette Moran*
Associate Marketing Manager: *Claudia Martínez*

Cover image: Street in Red, © Ruby Aranguiz. Reprinted by arrangement with Mill Pond Press, Inc., Venice, Florida 34285.

Printed in the U.S.A.

Library of Congress Control Number: 2005924682

ISBN: 0-618-56787-9

23456789-HS-09 08 07 06

Contents

PREFACE

Drawn from the successful *Basic Spanish Grammar,* Sixth Edition, and career manuals, ***The Basic Spanish Series*** offers a flexible, concise introduction to Spanish grammar and communication in an updated series to better address the needs of today's students, pre-professionals, and professionals needing a working knowledge of Spanish.

Basic Spanish for Social Services

As a key component of *The Basic Spanish Series,* ***Basic Spanish for Social Services*** is a career manual designed to serve those in the social services professions who seek basic conversational skills in Spanish. Written for use in two-semester or three-quarter courses, it presents everyday situations that pre-professionals and professionals may encounter when dealing with Spanish-speaking clients, patients, and personnel in the United States at work settings such as hospitals and Department of Social Services offices.

Basic Spanish for Social Services introduces practical vocabulary, everyday on-the-job situations, and culture notes (*Notas culturales*) written from a cross-cultural perspective. It provides students with opportunities to apply, in a wide variety of practical contexts, the grammatical structures presented in the corresponding lessons of the *Basic Spanish* core text.

Organization of the Text

Basic Spanish for Social Services contains one preliminary lesson (*Lección preliminar*), twenty regular lessons, four reading sections (*Lecturas*), and four review sections (*Repasos*).

Each lesson contains the following sections:

- A **lesson opener** consists of the lesson objectives divided into two categories: Structures practiced from *Basic Spanish* and Communication.
- A **Spanish dialogue** introduces and employs key vocabulary and grammatical structures in the context of the lesson theme. Divided into manageable segments, the dialogue features contexts specific to the social services professions. Audio recordings of the dialogues can be heard on the In-Text Audio CDs. Translations of the dialogues can be found on the Instructor's HM ClassPrep CD.
- The ***¡Escuchemos!*** activity, together with recordings on the In-Text Audio CDs, encourage students to listen to the dialogue and check their comprehension with true/false questions.
- The ***Vocabulario*** section summarizes new, active words and expressions presented in the dialogue, and categorizes them according to their parts of speech. The vocabulary highlights the most important communication tools needed in a variety of professional situations. A special subsection of cognates heads the vocabulary list so students can readily identify these terms. The *Vocabulario adicional* subsection supplies supplementary vocabulary related to the lesson theme.
- ***Notas culturales*** related to the lesson theme gives students up-to-date information that highlights Hispanic customs and traditions.

- ***Dígame...*** questions check students' comprehension of the dialogue.
- The ***Hablemos*** section provides personalized questions spun off from the lesson theme, where students are encouraged to work in pairs, asking and answering each of the questions presented.
- ***Vamos a practicar*** activities review grammar topics that students need to know before proceeding in the lesson.
- ***Conversaciones breves*** activities practice the lesson's vocabulary.
- The ***En estas situaciones*** section develops students' communication skills through role-playing in pairs or small groups and encourages more interactive speaking practice.
- The ***Casos*** activity establishes professional situations such as conversations between a social worker and a client. The entire class participates in open-ended role-playing that re-creates and expands on the situations introduced in the dialogue and the *En estas situaciones* section.
- ***Un paso más*** features activities that practice the supplementary words and expressions in the *Vocabulario adicional* section, some through realia.
- Pair and group icons indicate pair and group activities.

  Audio icons show what is available on the In-Text Audio CDs, including corresponding track numbers.

  Search

  Web-search icons indicate activities related to the *Notas culturales.*

  Audio

  Web-audio icons indicate vocabulary available in audio flashcards on the *Basic Spanish for Social Services* website.
- **Five maps** of the Spanish-speaking world are included in the front and back of the text.
- For easy reference and to aid in lesson planning, the table of contents lists the **grammar structures** presented in the corresponding *Basic Spanish* core text and practiced in *Basic Spanish for Social Services,* plus the communication objective for each lesson.
- The text's grammatical sequence parallels the core text of the series, *Basic Spanish.*

Organization of the *Lecturas*

A short reading section appears after every five lessons, containing the following materials:

- ***Lecturas*** deal with issues related to social services, such as subsidies and preventing child abuse.
- ***Dígame...*** activities check students' comprehension of the *Lectura.*

Organization of the *Repasos*

After every five lessons, a review section contains the following materials:

- ***Práctica de vocabulario*** exercises check students' cumulative knowledge and use of active vocabulary in a variety of formats: selecting the appropriate word to complete a sentence, identifying related words, matching, true/false, and puzzles.
- A ***Práctica oral*** section features questions that review key vocabulary and structures presented in the preceding five lessons. To develop students' aural and oral skills, the questions are recorded on the *Basic Spanish for Social Services* In-Text Audio CDs.

Appendixes

The appendixes of this book include the following information:

- **Appendix A, Introduction to Spanish Sounds and the Alphabet,** presents the alphabet and briefly explains vowel sounds, consonant sounds, linking, rhythm, intonation, syllable formation, and accentuation.
- **Appendix B, Verbs,** presents charts of the three regular conjugations and of the **-ar, -er,** and **-ir** stem-changing verbs, as well as lists of orthographic-changing verbs and some common irregular verbs.
- **Appendix C, Useful Classroom Expressions,** consists of a list of the most common expressions and directions used in the introductory Spanish-language class.
- **Appendix D, Weights and Measures,** features conversion formulas for temperature and metric weights and measures, as well as Spanish terms for U.S. weights and measures.

End Vocabularies

Comprehensive Spanish-English and English-Spanish vocabularies contain all words and expressions from the *Vocabulario* sections. Each term is followed by the lesson number where the active vocabulary is introduced. All passive vocabulary items found in the *Vocabulario adicional* sections, in marginal glosses to readings, and in glosses of direction lines or exercises are also included.

Components

For Students

Student In-Text Audio CDs

Packaged automatically with ***Basic Spanish for Social Services,*** this two-CD set features recordings of the dialogues from the preliminary lesson and all twenty regular lessons. The recordings of the *Práctica oral* section of the *Repasos* appear on the audio CDs in accordance with their order in the text.

Spanish Phrasebooks

The ***Basic Spanish for Medical and Social Services Phrasebook*** and the ***Basic Spanish for Law Enforcement and Social Services Phrasebook*** contain vocabulary words and phrases arranged alphabetically to provide social workers in the medical and law-enforcement fields with a handy reference for on-the-job situations.

Student CD-ROM

This dual-platform CD-ROM contains video grammar presentations for 73 grammar topics in the *Basic Spanish* core text.

Student Website (*www.college.hmco.com/students*)

The student website contains the following:

- ACE practice tests for each grammar topic in the *Basic Spanish* core text
- ACE practice tests for the vocabulary in each chapter
- Web search activities related to the *Notas culturales* in each lesson and related to the seven *Lecturas*
- Audio Flashcards organized by lesson for vocabulary and pronunciation practice
- A link to the SMARTHINKING™ website. SMARTHINKING™ offers a range of tutorial services including live online help, questions any time, and independent study resources.

For Instructors

Instructor's HM ClassPrep CD

This new CD-ROM contains:

- Testing program with Answer Key, available as PDF and Word files; includes twenty quizzes and two final exams
- Answer keys for the worktext
- Audio scripts
- Transparency masters
- Translations of dialogues
- Lesson plan and sample syllabus
- Situation cards
- Script for oral test questions

Instructor's Website (*www.college.hmco.com/instructors*)

The instructor's website contains all the resources that exist on the Instructor's HM ClassPrep CD minus the testing program and the answer key.

Instructor's Course Management powered by Blackboard™ and WebCT

Both components provide materials in an online format for those instructors or institutions moving to online instruction. They include all the resources included on the HM ClassPrep CD plus the testing program in Blackboard™ or WebCT format.

Feedback Welcome

We would like to hear your comments on and reactions to ***Basic Spanish for Social Services*** and ***The Basic Spanish Series*** in general. Reports on your experience using this program would be of great interest and value to us. Please write to us in care of:

Houghton Mifflin Company
College Division
222 Berkeley Street
Boston, MA 02116-3764

Acknowledgments

We wish to thank our colleagues who have used previous editions of ***Basic Spanish for Social Services*** for their many constructive comments and suggestions:

María E. Binelo, *Youth and Family Services, Miami, FL*
Stephen M. Drinane, *Rockland Community College*
Ramiro Hidalfo, *Public Welfare Department, The Commonwealth of Massachusetts*
Norma Lomboy, *New York University*
Violeta Mercado, *University of Wisconsin at Milwaukee*
Joaquín Millan, *Social Services Department, Coler Memorial Hospital, Roosevelt Island, NY*
Susana Winterfeldt, *University of Wisconsin-Oshkosh*

Finally, we extend our sincere appreciation to the World Languages staff at Houghton Mifflin Company, College Division: Publisher, Rolando Hernández; Development Manager, Glenn A. Wilson; Development Editor, Judith Bach; Associate Marketing Manager, Claudia Martínez; and Executive Marketing Director, Eileen Bernadette Moran.

Ana C. Jarvis
Luís Lebredo

THE BASIC SPANISH SERIES

BASIC SPANISH FOR SOCIAL SERVICES

LECCIÓN PRELIMINAR

CONVERSACIONES BREVES (*BRIEF CONVERSATIONS*)

OBJECTIVES

Structures

- Greetings and farewells
- The alphabet
- Gender and number
- The definite and indefinite articles
- The present indicative of **ser**
- Cardinal numbers 0–39

Communication

- Greetings, farewells, and simple conversations to gather information

CONVERSACIONES BREVES (*BRIEF CONVERSATIONS*)

1–2 **A.** —Pase, señora. Tome asiento, por favor.
—Buenos días.
—Buenos días, señora. ¿Cómo está usted?
—Bien, gracias. ¿Y usted?
—Muy bien.

please come in. Have a seat please

Nombre ______________________ Sección ____________ Fecha ____________

1-3 **B.** —Hasta mañana, señorita, y muchas gracias.
—De nada, señor. Para servirle. Adiós.

you're welcome

1-4 **C.** —¿Es usted ciudadano americano[1], señor Ávila?
—No, pero soy residente legal.
—¿Es usted casado, soltero[2]...?
—Soy divorciado.

1-5 **D.** —Buenas noches. ¿Qué tal?
—No muy bien.
—Lo siento.

Más tarde.

—¿Algo más, señor Rojas?
—No, eso es todo.
—Entonces, buenas noches. ¡Que se mejore!
—Gracias.

1-6 **E.** —Buenas tardes.
—Buenas tardes, señorita. ¿Nombre y apellido?
—Ana María Ugarte.
—¿Cómo se escribe "Ugarte"?
—U, ge, a, ere, te, e.
—¿Dirección?
—Calle Magnolia, número 100 (cien).[3]
—¿Número de teléfono?
—Ocho–dos–cinco–cuatro–seis–cero–siete.

---

[1]Notice that an indefinite article is not used in this case (i.e., **ciudadano americano:** *an* American citizen).
[2]If she were talking to a woman, she would say: **casada, soltera.**
[3]In Spanish addresses, the name of the street precedes the number of the house.

Una organización que ~~que~~ ayude Ancianos (elders)

Nombre ______________________ Sección ____________ Fecha ____________

Audio

VOCABULARIO (*VOCABULARY*)

SALUDOS Y DESPEDIDAS (*Greetings and farewells*)

Adiós. *Good-bye.*
Bien, gracias. ¿Y usted? *Fine, thank you. And you?*
Buenas noches. *Good evening. Good night.*
Buenas tardes. *Good afternoon.*
Buenos días. *Good morning. Good day.*
¿Cómo está usted? *How are you?*
Hasta mañana. *See you tomorrow.*
(No) Muy bien. *(Not) Very well.*
¿Qué tal? *How's it going?*

TÍTULOS (*Titles*)

señor (Sr.) *Mr., sir, gentleman*
señora (Sra.) *Mrs., lady, Ma'am, Madam*
señorita (Srta.) *Miss, young lady*

NOMBRES (*Nouns*)

el apellido *last name, surname*
la calle *street*
la dirección, el domicilio *address*
el nombre *noun*
el número *number*
el número de teléfono *telephone number*

VERBO (*Verb*)

ser *to be*

ADJETIVOS (*Adjectives*)

casado(a) *married*
divorciado(a) *divorced*
soltero(a) *single*

OTRAS PALABRAS Y EXPRESIONES (*Other words and expressions*)

¿Algo más? *Anything else?*
¿Cómo se escribe...? *How do you spell...? (literally, How do you write...?)*
De nada, No hay de qué. *You're welcome.*
entonces *then*
Eso es todo. *That's all.*
Lo siento. *I'm sorry.*
más tarde *later*
Muchas gracias. *Thank you very much.*
muy *very*
no *no*
o *or*
Para servirle. *(I'm) at your service.*
Pase. *Come in.*
pero *but*
por favor *please*
¡Que se mejore! *Get well soon!*
residente legal *legal resident*
Tome asiento. *Have a seat.*
ustedes *you (pl.)*
y *and*

ola – Hi

I am
Soy

I work at
Yo trabajo a

I am called
Me llamo

(MI NOMBRE ES

trabajador social

¿Que hace usted? formal (what do you do)
¿Que haces tu? informal

Nombre ________________ Sección ________ Fecha ________

El español que ya usted conoce (*The Spanish you already know*)

Cognates (**cognados**) are words that are similar in spelling and meaning in two languages. Some Spanish cognates are identical to English words. In other instances, the words differ only in minor or predictable ways. There are many Spanish cognates related to the social services world, as illustrated in the following list. Learning to recognize and use cognates will help you to acquire vocabulary more rapidly and to read and speak Spanish more fluently.

la administración	*administration*	**elegible**	*eligible*
el (la) administrador(a)	*administrator*	**la familia**	*family*
el adulto	*adult*	**la identificación**	*identification*
la asociación	*association*	**la información**	*information*
el beneficiario	*beneficiary*	**el (la) inmigrante**	*immigrant*
el caso	*case*	**la opción**	*option*
el cheque	*check*	**el (la) paramédico(a)**	*paramedic*
la condición	*condition*	**el plan**	*plan*
el contrato	*contract*	**la policía**	*police (force)*
la copia	*copy*	**el (la) recepcionista**	*receptionist*
el costo	*cost*	**separado(a)**	*separated*
el documento	*document*	**la zona**	*zone*

Search

Notas culturales

- Professional interactions in the Spanish-speaking world are generally more formal than they are in the United States. Expressions of familiarity that often characterize friendly relations in this country—calling a person you just met by his or her first name right from the start, for example—may be interpreted in the Latino world as lack of respect rather than a sign of friendship.
- The title of **señorita** is given only to a woman who has never been married. A divorcée or widow is addressed or referred to as **señora.**

Actividades

Hablemos (*Let's talk*) Give the appropriate responses to the following statements.

1. Buenos días. ¿Cómo está usted?
2. ¿Nombre y apellido?
3. ¿Dirección?
4. ¿Número de teléfono?
5. ¿Algo más?
6. Muchas gracias.

Nombre ______________________ Sección __________ Fecha __________

7. Hasta mañana.

8. ¡Que se mejore!

9. ¿Cómo se escribe __________ (*your last name*)?

10. ¿Es usted soltero(a), casado(a), divorciado(a) o (*or*) viudo(a)?

Quiz

Vamos a practicar (*Let's practice*)

A While you were at lunch, a number of clients left messages on your answering machine. Jot down their phone numbers as you "listen" to the messages.

1. Rosaura Menéndez: tres–treinta y dos–veinte y nueve–cero–nueve

   ____

2. Eduardo Seco: cuatro–veinticinco–treinta y seis–diecisiete

   ____

3. Sara Hinojosa: siete–treinta y uno–veintiséis–quince

   ____

4. Cristina Ruiz: ocho–treinta y cuatro–veinte y dos–trece

   ____

5. Graciela Guzmán: seis–veinte y tres–diecinueve cero–siete

   ____

6. Rafael Suárez: dos–veintidós–treinta y ocho–catorce

   ____

B You are responsible for scheduling appointments at a social services office. In order to verify that you have written the following names correctly in the appointment book, spell each one in Spanish.

1. Sandoval
2. Fuentes
3. Varela
4. Salgado
5. Barrios
6. Zubizarreta

C Write the definite article before each word and then write the plural form.

MODELO **la** familia **las familias**

1. __________ calle __________________

2. __________ señora __________________

Nombre ______________________ Sección ____________ Fecha ____________

3. __________ esposo ______________________

4. __________ servicio ______________________

5. __________ identificación ______________________

D Complete the following exchanges, using the present indicative of the verb **ser.**

1. —¿Usted ______________________ soltero?

   —No, (yo) ______________________ casado.

   —¿Y el señor Varela?

   —Él ______________________ divorciado.

2. —¿Ustedes ______________________ ciudadanos americanos?

   —No, pero (nosotros) ______________________ residentes legales.

   —¿Y ellas?

   —Ellas ______________________ ciudadanas americanas.

3. —¿Tú ______________________ Marta Acosta?

   —No, yo ______________________ Maribel Vigo.

En estas situaciones (*In these situations*)

What would you say in the following situations? What might the other person say?

1. You greet your instructor in the afternoon and ask how he/she is.
2. You greet a client, Mrs. Hernández, in the morning.
3. Mr. Romero comes to see you at your office. You ask him to come in and have a seat.
4. You ask how someone is doing.
5. You thank someone for a favor.
6. You say good-bye to a colleague whom you will see tomorrow.
7. You ask someone if he/she needs anything else.
8. You're visiting a sick client in the hospital. Say good-bye and wish him/her a speedy recovery.
9. You ask Mr. Perera about his marital status.
10. You ask Mrs. Salcedo about her legal status in this country.

Lección 1

En el Departamento de Bienestar Social (I)

Objectives

Structures

- Subject pronouns
- The present indicative of regular **-ar** verbs
- Interrogative and negative sentences
- Forms and position of adjectives
- Telling time
- Cardinal numbers: 300–1,000

Communication

- At the Department of Social Welfare: assisting with filling out a form

1–7

La señora Gutiérrez[1] habla con la recepcionista.

Sra. Gutiérrez —Buenos días.
Recepcionista —Buenos días, señora. ¿Qué desea usted?
Sra. Gutiérrez —Deseo hablar con un trabajador social.
Recepcionista —Primero necesita llenar una planilla.
Sra. Gutiérrez —Necesito ayuda, señorita. No hablo inglés bien.
Recepcionista —Bueno, yo lleno la planilla. ¿Nombre y apellido?
Sra. Gutiérrez —Rosa Gutiérrez.
Recepcionista —¿Estado civil?
Sra. Gutiérrez —Viuda.
Recepcionista —¿Apellido de soltera?
Sra. Gutiérrez —Díaz.
Recepcionista —¿Domicilio?
Sra. Gutiérrez —Avenida Magnolia, número setecientos veinticuatro, apartamento trece.
Recepcionista —¿Zona postal?

---

[1]When speaking about a third person (indirect address) and using a title before a person's name, the definite article is required. It is omitted in direct address.

Nombre ________________________ Sección ____________ Fecha ____________

Sra. Gutiérrez —Nueve, dos, cuatro, cero, cinco.
Recepcionista —¿Número de seguro social? Despacio, por favor.
Sra. Gutiérrez —Quinientos treinta, cincuenta, veinte, dieciocho.[2]
Recepcionista —¿Es usted ciudadana americana?
Sra. Gutiérrez —No, soy extranjera, pero soy residente legal.
Recepcionista —¿Para qué desea hablar con un trabajador social, señora Gutiérrez?
Sra. Gutiérrez —Necesito ayuda en dinero para pagar el alquiler y estampillas para alimentos.
Recepcionista —Entonces necesita esperar veinte minutos.
Sra. Gutiérrez —Bueno. Por favor, ¿qué hora es?
Recepcionista —Son las diez y cinco.

1–7

¡Escuchemos! While listening to the dialogue, circle **V (verdadero)** if the statement is true and **F (falso)** if it is false.

1. La Sra. Gutiérrez necesita hablar con un trabajador social.	V	F
2. La Sra. Gutiérrez habla muy bien el inglés.	V	F
3. El apellido de Rosa es Gutiérrez.	V	F
4. La señora Gutiérrez es casada.	V	F
5. La Sra. Gutiérrez es ciudadana americana.	V	F
6. La Sra. Gutiérrez es residente legal.	V	F
7. La Sra. Gutiérrez necesita dinero.	V	F
8. La Sra. Gutiérrez necesita estampillas para alimentos.	V	F
9. La recepcionista necesita pagar el alquiler.	V	F
10. Son las cinco y diez.	V	F

[2]Puerto Ricans say their social security number using single digits.

Nombre ______________________ Sección ____________ Fecha ____________

Audio

Vocabulario

COGNADOS (*Cognates*)

el apartamento
legal
el minuto
postal
el (la) recepcionista
social

NOMBRES

el alimento, la comida *food*
el alquiler, la renta *rent*
el apellido de soltera *maiden name*
la avenida *avenue*
la ayuda *help, aid*
la ayuda en dinero *financial assistance*
el (la) ciudadano(a) *citizen*
el Departamento de Bienestar Social *Social Welfare Department*
el dinero *money*
el estado civil *marital status*
las estampillas para alimentos, los cupones para comida *food stamps*
el (la) extranjero(a) *foreigner*
el inglés *English (language)*
la planilla, la forma *form*
el seguro social *social security*
el (la) trabajador(a) social *social worker*
el (la) viudo(a) *widower, widow*
la zona postal, el código postal (*Méx.*) *zip code, postal code*

VERBOS

desear *to wish, to want*
esperar *to wait*
hablar *to speak, to talk*
llenar *to fill out*
necesitar *to need*
pagar *to pay*

ADJETIVOS

americano(a) *American*
extranjero(a) *foreign*

OTRAS PALABRAS Y EXPRESIONES

bueno *okay, fine, good*
con *with*
despacio *slowly*
en *at, in*
para *to, in order to, for*
¿para qué? *for what reason?, why?*
primero *first*
¿qué? *what?*
¿Qué hora es? *What time is it?*
sí *yes*
Son las diez y cinco. *It's five after ten.*
un, una *a, an*

Audio

Vocabulario adicional (*Additional vocabulary*)

el apartado postal *post office box*
la familia *family*
la hipoteca *mortgage*
la inicial *initial*
el (la) jefe(a) de la familia, el (la) cabeza de familia *head of household*
el nombre de pila *first name*
el recibo, el comprobante *receipt*
el segundo nombre *middle name*
la subvención, el subsidio *subsidy*

Nombre ______________________ Sección ____________ Fecha ____________

Notas culturales

- In Spanish-speaking countries a woman doesn't change her last name when she marries, but she may add her husband's last name after her own, preceded by **de.** For example, if Teresa Gómez marries Juan Pérez, she may sign Teresa **Gómez de Pérez.** Many Latina women in the United States, however, do use their husband's last name.
- In Spanish-speaking countries, people generally have two surnames: the father's surname and the mother's maiden name. For example, the children of María **Rivas** and Juan **Pérez** would use the surnames **Pérez Rivas** or **Pérez y Rivas.** In the United States, this custom may cause some confusion when completing forms, making appointments, or filing records. In addition, many Spanish surnames include **de, del, de la(s),** or **de los.** When this happens, these words are placed after the name. The proper order for alphabetizing Latino names is to list people according to the father's surname.

Alba, Antonio de	Peña Aguilar, Rosa María
Casas, Juan Carlos de las	Peña Gómez, Ricardo
Cerros, Andrés de los	Peña Gómez, Tomás
Nodal Ortiz, Fernando	Torre, Margarita de la
Orta Sánchez, Josefina	Valle, Fernando del

Actividades

Dígame... (*Tell me...*)

Answer the following questions, basing your answers on the dialogue.

1. ¿Qué desea la señora Gutiérrez?

____

2. ¿Qué necesita llenar la señora Gutiérrez?

____

3. ¿Habla inglés bien la señora Gutiérrez?

____

4. ¿Qué ayuda necesita la señora Gutiérrez?

____

5. ¿Es extranjera la señora Gutiérrez?

____

6. ¿Para qué necesita dinero la señora Gutiérrez?

____

Nombre ______________________ Sección ____________ Fecha ____________

7. ¿Cuánto tiempo (*How long*) necesita esperar la señora Gutiérrez?

____

Hablemos

Interview a classmate, using the following questions. When you have finished, switch roles.

1. ¿Es usted extranjero(a)?
2. ¿Qué idioma (*language*) habla usted?
3. ¿Habla usted español (*Spanish*) bien?
4. ¿Habla usted despacio?
5. ¿Paga usted alquiler?
6. ¿Necesita usted dinero para pagar el alquiler?
7. ¿Necesita usted hablar con un trabajador social?
8. ¿Qué hora es?

Quiz

Vamos a practicar

A Write sentences with the subjects and verbs given. Use vocabulary from this lesson to provide as much information as possible.

Modelo usted / hablar
Usted habla español bien.

1. ella / esperar

____

2. yo / llenar

____

3. el recepcionista / necesitar

____

4. nosotras / desear

____

5. ustedes / pagar

____

6. tú / llenar

____

7. ella / desear

____

8. ellos / necesitar

____

B Answer the following questions in the negative.

Modelo ¿Carlos habla inglés?
No, Carlos no habla inglés.

1. ¿Necesita usted ayuda?

____

2. ¿Ellos hablan despacio?

____

3. ¿La trabajadora social paga el alquiler?

____

4. ¿Deseas esperar veinte minutos?

____

5. ¿Llenamos las planillas hoy?

____

C Write in Spanish what time the following people have scheduled appointments for today.

1. Ana María Santos: 9:15 A.M.

____

2. Roberto Montes: 10:00 A.M.

____

3. José Vera Acosta: 10:45 A.M.

____

4. Dulce Peña: 11:30 A.M.

____

Nombre ______________________ Sección ____________ Fecha ____________

5. María Teresa Ruiz: 1:20 P.M.

____

6. Jorge Ibáñez: 2:50 P.M.

____

D Complete the following sentences with the Spanish equivalent of the words in parentheses.

1. La señora Gutiérrez no es ____________________ (*an American citizen*).
2. Ella necesita hablar con un ____________________ (*social worker*).
3. Carlos y Antonio son ____________________ (*American citizens*).
4. Inés y Maritza son __________ (*foreigners*).
5. Ellas son ____________________ (*married*) y él es ____________________ (*single*).

Conversaciones breves

Complete the following dialogue, using your imagination and the vocabulary from this lesson.

Con la recepcionista:

Sr. Pérez —Buenos días, señorita.

Recepcionista —____

Sr. Pérez —Necesito hablar con un trabajador social.

Recepcionista —____

Sr. Pérez —No, no hablo inglés.

Recepcionista —____

Sr. Pérez —Roberto Pérez.

Recepcionista —____

Sr. Pérez —Avenida Olmos, trescientos cuarenta y dos, apartamento siete.

Recepcionista —____

Sr. Pérez —Setecientos cinco, cincuenta, treinta y uno, veintitrés.

Recepcionista —____

Sr. Pérez —Casado.

Recepcionista —____

Sr. Pérez —No, no necesito estampillas para alimentos. Necesito ayuda en dinero.

Recepcionista —____

Sr. Pérez —No, necesito dinero para pagar el alquiler.

Nombre ______________________ Sección ____________ Fecha ____________

En estas situaciones What would you say in the following situations? What might the other person say?

1. You are a receptionist at the Welfare Department. A man comes into the office wishing to speak with a social worker. Tell him that he needs to fill out a form and ask whether he needs help.
2. You are obtaining information from a client. Ask for the client's complete name, address, zip code, and social security number.
3. You ask a client whether he/she needs financial assistance to pay the rent. Ask him/her also if he/she needs food stamps.

Casos (*Cases*) Act out the following scenarios with a partner.

1. A receptionist is talking with a person who needs to see a social worker. The receptionist obtains pertinent information.
2. You inquire how you can help a client who is having financial problems.

Un paso más (*A step further*)

A Review the **Vocabulario adicional** in this lesson and complete the following sentences with the appropriate word or phrase.

1. El ______________________ del Departamento de Bienestar Social es 842.
2. El ______________________ llena la planilla.
3. Necesito dinero para pagar la ______________________ de la casa.
4. Nombre de ______________________: Marco. ______________________ nombre: Antonio.
5. ______________________: A.
6. ¿Necesito llenar un ______________________ cuando (*when*) pago el alquiler?
7. La ______________________ Rodríguez necesita estampillas para alimentos.
8. Ella necesita una ______________________ del gobierno (*government*).

B With a partner, write a case scenario similar to the one presented in this lesson, in which you incorporate the additional vocabulary.

Lección 2

En el Departamento de Bienestar Social (II)

Objectives

Structures

- The present indicative of regular **-er** and **-ir** verbs
- Possession with **de**
- Possessive adjectives

Communication

- At the Department of Social Welfare: screening people who apply for financial aid

1–8

La trabajadora social habla con la Sra. Acosta.

Trabajadora social	—¿Cuántos meses debe?
Sra. Acosta	—Debo tres meses.
Trabajadora social	—¿Cuándo debe pagar el alquiler?
Sra. Acosta	—Si no pago mañana, debo desocupar la casa.
Trabajadora social	—Ud. necesita ayuda urgente.
Sra. Acosta	—También necesito alimentos para mis hijos.
Trabajadora social	—¿Es Ud. casada?
Sra. Acosta	—No, soy divorciada.
Trabajadora social	—¿Cuántas personas viven en su casa?
Sra. Acosta	—Somos seis. Mis cinco hijos y yo.
Trabajadora social	—Bien. Debe firmar aquí.
Sra. Acosta	—¿Con quién debo hablar ahora?
Trabajadora social	—A ver... Con el Sr. Pérez, en la segunda oficina a la derecha.

El Sr. Pérez, trabajador social, llama a la Sra. Acosta y habla con ella.

Sr. Pérez	—Sra. Acosta... Pase, señora. Tome asiento, por favor.
Sra. Acosta	—Gracias.
Sr. Pérez	—(*Lee la planilla.*) ¿Trabaja Ud., Sra. Acosta?
Sra. Acosta	—No, yo no trabajo.

Nombre ______________________ **Sección** ____________ **Fecha** ____________

Sr. Pérez	—¿Recibe Ud. alguna ayuda económica?
Sra. Acosta	—No, ahora no.
Sr. Pérez	—¿Reciben los niños pensión alimenticia?
Sra. Acosta	—No, señor.
Sr. Pérez	—¿Su ex esposo no ayuda a los niños?
Sra. Acosta	—No, señor.
Sr. Pérez	—¿Dónde vive él?
Sra. Acosta	—Vive en la casa de su madre. Su dirección es Calle 4, número 156.
Sr. Pérez	—Bien. ¿Cuánto paga de alquiler?
Sra. Acosta	—Quinientos treinta y cinco dólares mensuales.
Sr. Pérez	—¿Qué otras cuentas debe pagar?
Sra. Acosta	—La electricidad, el agua, el gas y el teléfono.
Sr. Pérez	—¿Eso es todo?
Sra. Acosta	—Creo que sí...

1-8

¡Escuchemos! While listening to the dialogue, circle **V (verdadero)** if the statement is true and **F (falso)** if it is false.

1.	La señora Acosta debe pagar el alquiler mañana.	V	F
2.	La señora Acosta es viuda.	V	F
3.	Hay seis personas en la casa de la señora Acosta.	V	F
4.	La Sra. Acosta debe hablar con el Sr. Pérez.	V	F
5.	El Sr. Pérez trabaja en el Departamento de Bienestar Social.	V	F
6.	La Sra. Acosta recibe mucha ayuda económica.	V	F
7.	El ex esposo de la Sra. Acosta ayuda a los niños.	V	F
8.	El ex esposo de la Sra. Acosta vive con su mamá.	V	F
9.	El alquiler es mil dólares al mes.	V	F
10.	La Sra. Acosta no necesita pagar la electricidad.	V	F

Nombre ______________________ **Sección** __________ **Fecha** __________

VOCABULARIO

Audio

COGNADOS

el dólar
la electricidad
el gas
la oficina
la persona
el teléfono
urgente

NOMBRES

el agua[1] *water*
la casa *house*
la cuenta *bill*
la esposa, la señora, la mujer *wife*
el esposo, el marido *husband*
el (la) hijo(a)[2] *son, daughter*
la madre *mother, mom*
el mes *month*
el (la) niño(a) *child*
la pensión alimenticia *alimony, child support*

VERBOS

ayudar *to help*
creer *to think, to believe*
deber *to owe*
deber (+ *inf.*) *should, must (do something)*
desocupar, desalojar *to vacate*
firmar *to sign*
leer *to read*
llamar *to call*
recibir *to receive*
trabajar *to work*
vivir *to live*

ADJETIVOS

algún, alguna *any, some*
económico(a) *financial*
mensual *monthly*
mi(s) *my*
otro(a) *other, another*
segundo(a) *second*
su(s) *your, his, her, their*

OTRAS PALABRAS Y EXPRESIONES

a la derecha *to the right*
A ver. *Let's see.*
ahora, ahorita (*Méx.*) *at present, now*
ahora no *not now, not at the present time*
aquí *here*
con ella *with her*
Creo que sí. *I think so.*
¿cuándo? *when?*
¿cuánto(a)? *how much?*
¿cuántos(as)? *how many?*
¿Cuánto paga de alquiler? *How much do you pay in rent?*
¿dónde? *where?*
ex *ex, former*
¿quién? *who?, whom?*
si *if*
Somos seis. *There are six of us (We are six).*
también *also*

---

[1]**Agua** is a feminine noun, but the masculine **el** is used because **agua** begins with a stressed **a.**
[2]**Hijos** is the equivalent of *children* when referring to sons and daughters.

Nombre ________________ Sección ________ Fecha ________

Audio

Vocabulario adicional

a la izquierda *to the left*
a la semana, por semana, semanal *per week, weekly*
el aire acondicionado *air conditioning*
al día, por día, diario(a) *per day, daily*
alimentar, dar de comer *to feed*
la calefacción *heat*
Creo que no. *I don't think so.*
desalojado(a), sin hogar *homeless*
el desalojo *eviction*
la deuda *debt*
entrar (en) *to go in, to enter*
evitar *to avoid*
pasado mañana *the day after tomorrow*
la puerta *door*
el trabajo *work, job*

Search

Notas culturales

In most Spanish-speaking countries, women shake hands when greeting someone other than a friend. Generally, members of the opposite sex do not touch when greeting each other, except for shaking hands, unless they are family members or close friends. Note that Latinos use a polite handshake when meeting someone for the first time. A handshake is also used for leave-taking.

Actividades

Dígame... Answer the following questions, basing your answers on the dialogues.

1. ¿Con quién habla la trabajadora social?

 ____

2. ¿Cuántos meses de alquiler debe la Sra. Acosta?

 ____

3. ¿Cuándo debe pagar el alquiler la Sra. Acosta?

 ____

4. ¿Para quiénes necesita alimentos la Sra. Acosta?

 ____

Nombre ______________________ Sección ____________ Fecha ____________

5. ¿La Sra. Acosta es casada?

____

6. ¿El ex esposo de la Sra. Acosta ayuda a los niños?

____

7. ¿Dónde vive el Sr. Acosta? ¿Con quién?

____

8. ¿Cuántas personas viven con la Sra. Acosta?

____

9. ¿Cuánto paga de alquiler la Sra. Acosta?

____

10. ¿Qué otras cuentas necesita pagar la Sra. Acosta?

____

Hablemos

Interview a classmate, using the following questions. When you have finished, switch roles.

1. ¿Es Ud. recepcionista?
2. ¿Vive Ud. en la casa de su mamá?
3. ¿Cuántas personas viven con Ud.?
4. ¿Dónde (*Where*) trabaja Ud. ahora?
5. ¿Cuántas cuentas mensuales debe pagar Ud.?
6. ¿Qué cuentas mensuales debe pagar Ud.?
7. ¿Cuándo debe Ud. pagar el alquiler o la hipoteca?
8. ¿Con quién debe hablar Ud. mañana?
9. ¿Dónde vive Ud.?
10. ¿Ayuda Ud. a su familia?

Quiz

Vamos a practicar

A Complete the following sentences, using the appropriate form of the verbs given.

1. ¿La señora ______________ (recibir) alguna ayuda ahora?
2. ¿Cuándo ______________ (deber) pagar Ud. la electricidad?

3. ¿Cuántos ____________________ (vivir) en su casa?

4. Nosotras ____________________ (creer) que ella necesita ayuda.

5. Tú ____________________ (leer) la planilla despacio.

6. Nosotras ____________________ (deber) cien dólares.

B Write phrases with the following elements to indicate possession or relationship.

MODELO la Sra. Acosta / la casa
La casa de la Sra. Acosta

1. la Sra. Alonso / los hijos

____

2. los niños / la pensión alimenticia

____

3. Alfredo / la oficina

____

4. la Sra. Barrios / la dirección

____

C Complete the following sentences with the Spanish equivalent of the words in parentheses.

1. ____________________ (*The other ladies*) son extranjeras.

2. ____________________ (*Our daughters*) viven en California.

3. El Sr. Pérez llama ____________________(*my husband*).

4. Yo pago ____________________ (*the monthly bills*).

5. ¿Su esposo ayuda ____________________ (*your children*), Sra. Rivas?

Conversaciones breves

Complete the following dialogue, using your imagination and the vocabulary from this lesson.

El Sr. García habla con la Sra. Ruiz, trabajadora social.

Sra. Ruiz —¿Dónde vive y dónde trabaja, Sr. García?

Sr. García —____

Sra. Ruiz —¿Recibe Ud. alguna ayuda económica?

Sr. García —____

Sra. Ruiz —¿Qué cuentas necesita pagar Ud.?

Sr. García —____

Sra. Ruiz —¿Cuántos meses de alquiler debe Ud.?

Sr. García —____

Sra. Ruiz —¿Cuándo debe pagar el alquiler Ud.?

Sr. García —____

Sra. Ruiz —¿Necesita Ud. estampillas para alimentos para los niños?

Sr. García —____

Sra. Ruiz —A ver... ¿Eso es todo?

Sr. García —____

Sra. Ruiz —Bien. Ahora debe firmar aquí.

En estas situaciones

What would you say in the following situations? What might the other person say?

1. You are a social worker. Ask when your client must pay the rent and how many months he/she owes. The client is upset because if the rent isn't paid tomorrow, he/she must vacate the house.
2. You are a receptionist at a state agency. Greet a person who has just entered the office. He/She needs to talk to a social worker; tell the person that he/she must speak with Miss Cortés, who is in the second office on the right.
3. You need to obtain some information about a new client's financial status. Ask his/her marital status, whether he/she is working, whether he/she receives any financial assistance, how much rent he/she pays, and what other bills he/she must pay.
4. You ask Mrs. Torres if her ex-husband helps her children.

Casos

Act out the following scenarios with a partner.

1. A receptionist at a social service agency helps a client fill out a form.
2. A social worker discusses the kind of assistance the client needs and why.

Nombre ______________________ **Sección** ____________ **Fecha** ____________

Un paso más

A Review the **Vocabulario adicional** in this lesson and then match the questions in column **A** with answers in column **B.**

A	B
______ **1.** ¿Cuándo llaman?	**a.** No, es la segunda puerta a la derecha.
______ **2.** ¿Cuánto pagan?	**b.** Los problemas del desalojo.
______ **3.** ¿Necesitan calefacción?	**c.** Están sin hogar.
______ **4.** ¿Es aquí?	**d.** A las ocho de la mañana.
______ **5.** ¿Qué deben hacer (*to do*)?	**e.** Sí, dan de comer a los desalojados.
______ **6.** ¿Viven en un apartamento o en una casa?	**f.** Pasado mañana.
______ **7.** ¿Ellos ayudan?	**g.** Sí, tiene (*he/she has*) muchas deudas.
______ **8.** ¿Debe mucho dinero?	**h.** Doscientos dólares por semana.
______ **9.** ¿A qué hora entran?	**i.** El trabajo.
______ **10.** ¿Qué debemos evitar?	**j.** Creo que no, pero necesitan aire acondicionado.

B With a partner, write a case scenario similar to the one presented in this lesson, in which you incorporate the additional vocabulary.

Lección 3

En el Departamento de Bienestar Social (III)

Objectives

Structures

- The irregular verbs **ir, dar,** and **estar**
- Uses of the verbs **ser** and **estar**
- **Ir a** + infinitive

Communication

- At the Department of Social Welfare: asking questions about family
- Helping people apply for welfare

1–9

La Sra. Lupe Vega va al Departamento de Bienestar Social para solicitar ayuda. Ahora una trabajadora social ayuda a la Sra. Vega a llenar la planilla con la información sobre su caso.

Trabajadora social —¿Cuántas personas viven en su casa, señora?
Sra. Vega —Cinco. Mi padre y yo, mis dos hijos y la hija de mi hermana.
Trabajadora social —Dos adultos y tres niños. Bien. ¿Cuál es la edad de su padre?
Sra. Vega —Sesenta y dos años, pero está incapacitado para trabajar.
Trabajadora social —¿Por qué?
Sra. Vega —Porque él es ciego y sordo, y ahora está enfermo.
Trabajadora social —¿Está Ud. separada de su esposo?
Sra. Vega —Sí.
Trabajadora social —¿Dónde vive él ahora?
Sra. Vega —Creo que vive en otro estado... o en otro país... No estoy segura.
Trabajadora social —¿Desde cuándo está Ud. separada del padre de sus hijos?
Sra. Vega —Desde el año pasado, y él no da ni un centavo para los gastos de la casa.
Trabajadora social —¿Ud. trabaja, señora?
Sra. Vega —Sí, en una cafetería.
Trabajadora social —Ud. está embarazada, ¿verdad?
Sra. Vega —Sí, pero de otro hombre, y él es muy pobre.
Trabajadora social —¿Dónde trabaja él?
Sra. Vega —En el campo, pero ahora hay poco trabajo.

Nombre ______________________ **Sección** __________ **Fecha** __________

Trabajadora social —¿Cuándo va a dar a luz?
Sra. Vega —En mayo.
Trabajadora social —¿Toda esta información es correcta y verdadera?
Sra. Vega —Sí, señorita.
Trabajadora social —Muy bien, ahora debe firmar aquí y escribir la fecha de hoy.
Sra. Vega —Entonces, ¿voy a recibir ayuda?
Trabajadora social —Bueno, ahora debe ir a ver al Sr. Peña. Él va a estudiar su caso para ver si Ud. es elegible para recibir ayuda.
Sra. Vega —¿Quién es el Sr. Peña?
Trabajadora social —Es el administrador del departamento. Su oficina queda al final del pasillo. A la izquierda.

La Sra. Vega va a la oficina del Sr. Peña.

1-9

¡Escuchemos!

While listening to the dialogue, circle **V (verdadero)** if the statement is true and **F (falso)** if it is false.

1. La Sra. Vega no necesita solicitar ayuda. V F
2. El padre de la Sra. Vega vive con ella y sus hijos. V F
3. El padre de la Sra. Vega es ciego. V F
4. El esposo de la Sra. Vega vive con ella y sus hijos. V F
5. El esposo de la Sra. Vega da mucho dinero para los gastos de la casa. V F
6. La Sra. Vega trabaja en un hospital. V F
7. La Sra. Vega está embarazada. V F
8. La Sra. Vega va a dar a luz en abril. V F
9. La Sra. Vega debe hablar con el Sr. Peña. V F
10. El administrador del departamento es el Sr. Peña. V F

Nombre ______________________ **Sección** ____________ **Fecha** ____________

VOCABULARIO

COGNADOS

el (la) administrador(a)
el (la) adulto(a)
el caso
correcto(a)
elegible
el estado
incapacitado(a)
la información
separado(a)

NOMBRES

el año *year*
el campo *field, country*
el centavo, el chavo (*Puerto Rico*) *cent*
la edad *age*
la fecha *date*
el gasto *expense*
los gastos de la casa *household expenses*
la hermana *sister*
el hombre *man*
el padre, el papá *father, dad*
el país *country* (*nation*)
el pasillo *hallway*
el trabajo *work, job*

VERBOS

dar[1] *to give*
escribir *to write*
estar[2] *to be*
estudiar *to study*
ir[3] *to go*
quedar *to be located*
solicitar *to apply*
ver[4] *to see*

ADJETIVOS

ciego(a) *blind*
embarazada *pregnant*
enfermo(a) *sick, ill*
este, esta *this*
pasado(a) *last*
pobre *poor*
seguro(a) *sure*
sordo(a) *deaf*
todo(a) *all*
verdadero(a) *true, real*

OTRAS PALABRAS Y EXPRESIONES

a *to, at*
a la izquierda (derecha) *to the left* (*right*)
¿adónde? *where* (*to*)?
al final *at the end*
antes *before*
¿cuál? *which?, what?*
dar a luz[5], **parir** *to give birth*
de *of*
desde *since, from*
la fecha de hoy *today's date*
hay *there is, there are*
incapacitado(a) para trabajar *handicapped, unable to work*
la información sobre el caso *case history*
ni un centavo *not a cent*
o *or*
para ver si... *to see if...*
poco *little*
por eso *that's why, for that reason*
¿por qué? *why?*
porque *because*
que *that*
sobre *about*
¿verdad? *right?*

---

[1]Irregular first person present indicative: **yo doy**
[2]Irregular first person present indicative: **yo estoy**
[3]**Ir** is irregular in the present indicative: **voy, vas, va, vamos, van**
[4]Present indicative: **veo, ves, ve, vemos, ven**
[5]**Dar a luz** is considered more polite than **parir.**

Nombre ______________________ Sección ____________ Fecha ____________

Audio

VOCABULARIO ADICIONAL

LA FAMILIA

la abuela *grandmother*
el abuelo *grandfather*
la cuñada *sister-in-law*
el cuñado *brother-in-law*
la esposa, la mujer *wife*
la hermanastra *stepsister*
el hermanastro *stepbrother*
el hermano *brother*
el (la) hijo(a) de crianza *foster child*
la madrastra *stepmother*
la madre, la mamá *mother, mom*
la media hermana *half-sister*
el medio hermano *half-brother*
la nieta *granddaughter*
el nieto *grandson*
la nuera *daughter-in-law*
el padrastro *stepfather*
los padres *parents*
los padres de crianza *foster parents*
el (la) primo(a) *cousin*
la sobrina *niece*
el sobrino *nephew*
la suegra *mother-in-law*
el suegro *father-in-law*
la tía *aunt*
el tío *uncle*
el yerno *son-in-law*

Search

NOTAS CULTURALES

- Each culture has its own norms governing personal interactions. Sociolinguistic patterns tend to be very polite in Spanish. When greeting an adult for the first time, it's customary to use the **Ud.** form and give a polite handshake. First names generally are not used in formal conversations. Similarly, **hola** is not used when greeting strangers; instead use **Buenos días, Buenas tardes,** or **Buenas noches.**
- Many Latinos are reticent about revealing personal information, so social service professionals should explain from the beginning that personal questions are necessary and that true and accurate answers must be given. On the other hand, even in formal situations, Latinos tend to stand closer to each other when talking than do Anglos because personal-space boundaries differ in the two cultures.

Actividades

Dígame... Answer the following questions, basing your answers on the dialogue.

1. ¿Cuántas personas viven en la casa de la Sra. Vega? ¿Quiénes son?

____

2. ¿Quién es ciego y sordo? ¿Puede trabajar?

____

Nombre ______________________ Sección ____________ Fecha ____________

3. ¿Es elegible el padre de la Sra. Vega para recibir ayuda?

____

4. ¿Está segura la Sra. Vega de dónde está el padre de sus hijos?

____

5. ¿Desde cuándo está separada de su esposo la Sra. Vega?

____

6. ¿Manda dinero el Sr. Vega?

____

7. ¿Está embarazada la Sra. Vega? ¿Cuándo va a dar a luz?

____

8. ¿Da la Sra. Vega información correcta y verdadera?

____

9. ¿Adónde va luego (*later*) la Sra. Vega?

____

10. ¿Dónde queda la oficina del Sr. Peña?

____

Hablemos

Interview a classmate, using the following questions. When you have finished, switch roles.

1. ¿Cuál es la fecha de hoy?
2. ¿Cuántas personas viven en su casa?
3. ¿Hay niños en su casa?
4. ¿En qué estado vive su familia?
5. ¿Vive su padre en otro estado? ¿En cuál?
6. ¿Cuál es la edad de su padre?
7. ¿Cuánto dinero da Ud. para los gastos de su casa?
8. ¿Está Ud. incapacitado(a) para trabajar?
9. ¿Está Ud. enfermo(a)?
10. ¿Es Ud. elegible para recibir ayuda económica?
11. ¿Adónde va a ir Ud. mañana?
12. ¿En qué calle queda su casa?

Nombre ______________________ Sección ____________ Fecha ____________

Quiz

Vamos a practicar

A Answer the following questions addressed to you.

1. ¿Quién está enfermo?

   Yo ______________________________

2. ¿Quién va a la oficina ahora?

   Yo ______________________________

3. ¿Quién da dinero para los gastos de su casa?

   Yo ______________________________

4. ¿Quién va a estudiar el caso?

   Yo ______________________________

B Complete the following sentences, using **ser** or **estar** as needed.

1. ¿Dónde ____________ su papá ahora?
2. La información ____________ verdadera.
3. Yo no ____________ su hija.
4. Nosotros ____________ enfermos ahora.
5. Yo ____________ incapacitada para trabajar.
6. Ella ____________ elegible para recibir ayuda.
7. La Sra. Morales ____________ embarazada.
8. La casa ____________ en la Avenida 8.
9. ¿Quién ____________ este niño?

C Change the verbs to indicate what is going to happen.

MODELO Yo hablo con Alberto.
Yo **voy a hablar** con Alberto.

1. Tú solicitas ayuda.

   ____

Nombre ______________ Sección ______________ Fecha ______________

2. Nosotros escribimos la fecha de hoy.

____

3. Ella da a luz en mayo.

____

4. Uds. ven a Marisa.

____

5. Yo recibo ayuda.

____

6. Carlos lee la planilla.

____

Conversaciones breves

Complete the following dialogue, using your imagination and the vocabulary from this lesson.

La Sra. Cruz llena la planilla con la información sobre su caso en el Departamento de Bienestar Social.

Recepcionista —¿Desde cuándo está Ud. separada de su esposo, señora?

Sra. Cruz —______________

Recepcionista —¿Dónde vive su esposo ahora?

Sra. Cruz —______________

Recepcionista —¿Da dinero su esposo para los gastos de la casa?

Sra. Cruz —______________

Recepcionista —¿Cuántas personas adultas viven con Ud. en su casa?

Sra. Cruz —______________

Recepcionista —¿Cuál es la edad de su papá?

Sra. Cruz —______________

Recepcionista —¿Está incapacitado para trabajar su papá?

Sra. Cruz —Sí, ______________

Recepcionista —¿Está Ud. embarazada?

Sra. Cruz —______________

Recepcionista —Ahora debe hablar con el Sr. González para ver si Ud. es elegible para recibir ayuda.

Nombre ______________________________ Sección ______________ Fecha ______________

En estas situaciones

What would you say in the following situations? What might the other person say?

1. You are interviewing a client who wants to know if he/she is eligible for financial assistance. The client is separated from his/her spouse and has no job. Find out how many adults and children live with him/her and if the spouse sends money.
2. A handicapped person wants to apply for assistance from your department. Inquire about whether this person works, and if so, where. If not, find out why.
3. You have just obtained information from a new client. Confirm that all the information is correct and true. Explain where to sign and write today's date on the form. Then thank the person and say good-bye.
4. You tell a client that Mrs. Mena is going to study his/her case. Tell him/her also that Mrs. Mena's office is at the end of the hallway, on the right.

Casos

Act out the following scenarios with a partner.

1. A social worker is talking with a client who is pregnant and is separated from her husband. The husband is not supporting her or the children.
2. The wife of an unemployed farm worker with a large family and extended family members living with them discusses her financial problems with a social worker.

Un paso más

A Review the **Vocabulario adicional** in this lesson and match the definitions in column **A** with the appropriate words in column **B**.

	A	B
______	1. la mamá de mi padre	a. nuera
______	2. el hijo de mi tío	b. cuñado
______	3. la hija de mi hermano	c. abuela
______	4. la madre de mi esposo	d. padrastro
______	5. la esposa de mi hermano	e. padres
______	6. la esposa de mi papá, que no es mi mamá	f. suegra
______	7. el esposo de mi hija	g. cuñada
______	8. la esposa de mi hijo	h. primo
______	9. el esposo de mi mamá, que no es mi padre	i. hermanastro
______	10. el hermano de mi esposo	j. nieto

Nombre ______________________________ Sección ______________ Fecha ______________

_______	**11.** el papá y la mamá	**k.**	sobrina
_______	**12.** el hijo de mi madrastra	**l.**	madrastra
_______	**13.** el hijo de mi hija	**m.**	ahijado
_______	**14.** la hija de mi madrastra	**n.**	yerno
_______	**15.** opuesto de padrino y madrina	**o.**	hermanastra

B With a partner, write a case scenario similar to the one presented in this lesson, in which you incorporate the additional vocabulary.

Lección 4

En la Oficina del Seguro Social (I)

Objectives

Structures

- The irregular verbs **tener** and **venir**
- Expressions with **tener**
- Comparative forms
- Irregular comparative forms

Communication

- At the Social Security office: processing a new Social Security number
- Serving applicants for a work permit

La Sra. Ana Ruiz Cortés viene a la Oficina del Seguro Social para solicitar un número para su hijo.

1-10 Con una empleada.

Sra. Ruiz —Vengo a solicitar un número para mi hijo menor.
Empleada —¿Cuántos años tiene su hijo?
Sra. Ruiz —Menos de un año. Once meses.
Empleada —Bien. Ud. tiene que llenar esta solicitud.

Al rato.

Empleada —Gracias. A ver... ¿Está completa?
Sra. Ruiz —Creo que sí.
Empleada —Bien. Ahora tiene que ir a ver al Sr. Méndez.
Sra. Ruiz —Bueno. Enseguida voy. Ahora el bebé tiene hambre.

Tan pronto como la Sra. Ruiz termina de dar de comer a su hijo, va a la oficina del Sr. Méndez.

Sr. Méndez —Necesitamos el certificado de nacimiento de su hijo.
Sra. Ruiz —Aquí tiene el original y una copia fotostática.
Sr. Méndez —¿Es Ud. ciudadana norteamericana, Sra. Ruiz?
Sra. Ruiz —No, pero soy residente legal.

Nombre ______________________ **Sección** __________ **Fecha** __________

Sr. Méndez —Necesito ver su tarjeta de inmigración, por favor.
Sra. Ruiz —¿La tarjeta verde? Aquí está.
Sr. Méndez —Muy bien. Dentro de diez días, más o menos, Ud. va a recibir la tarjeta por correo.

1-11 La Srta. Sonia Pérez Alonso llega a la oficina del Sr. Méndez para solicitar un permiso de trabajo.

Srta. Pérez —Yo estoy en este país con una visa de estudiante y deseo trabajar. Necesito un permiso de trabajo. ¡Creo que tengo más gastos que dinero!
Sr. Méndez —Ud. tiene derecho a trabajar en este país, señorita, pero no más de veinte horas a la semana.
Srta. Pérez —Está bien, señor. ¿Es posible recibir el permiso hoy mismo?
Sr. Méndez —Sí, pero tiene que esperar una o dos horas.
Srta. Pérez —En ese caso, mejor regreso mañana. Ahora tengo prisa.
Sr. Méndez —Eso es mejor. Mañana vamos a estar menos ocupados que hoy.

¡Escuchemos! While listening to the dialogue, circle **V (verdadero)** if the statement is true and **F (falso)** if it is false.

1-10
1-11

1. El hijo de la Sra. Ruiz tiene más de un año.	V	F
2. El bebé necesita comer.	V	F
3. La Sra. Ruiz no tiene el certificado de nacimiento de su hijo.	V	F
4. La Sra. Ruiz no tiene su tarjeta de inmigración con ella.	V	F
5. La Srta. Sonia Pérez Alonso necesita un permiso de trabajo.	V	F
6. La Srta. Pérez es estudiante.	V	F
7. La Srta. Pérez no tiene mucho dinero.	V	F
8. La Srta. Pérez tiene derecho a trabajar cuarenta horas por semana.	V	F
9. La Srta. Pérez decide regresar mañana.	V	F
10. El Sr. Méndez va a estar mucho más ocupado mañana.	V	F

Nombre ________________ Sección ________ Fecha ________

Audio

VOCABULARIO

COGNADOS

el certificado
completo(a)
la copia
la inmigración
el original
posible
el (la) residente

NOMBRES

el (la) bebé *baby*
el certificado de nacimiento, la inscripción de nacimiento (*Cuba*), **la partida de nacimiento** *birth certificate*
la copia fotostática, la fotocopia *photocopy*
el derecho *right*
el (la) empleado(a) *employee, clerk*
la hora *hour*
el permiso de trabajo *work permit*
la solicitud *application*
la tarjeta de inmigración (verde) *immigration card*
la tarjeta de seguro social *Social Security card*
la visa de estudiante *student visa*

VERBOS

llegar *to arrive*
regresar *to return, to come back*
solicitar *to apply for*
tener[1] *to have*
venir[2] *to come*

ADJETIVOS

menor *younger, youngest*
mismo(a) *same*
norteamericano(a) (*North*) *American*
ocupado(a) *busy*
verde *green*

OTRAS PALABRAS Y EXPRESIONES

al rato *a while later*
Aquí está. *Here it is.*
aquí tiene *here is*
¿Cuántos años tiene...?, ¿Qué edad tiene...? *How old is...?*
dar de comer, amamantar, dar el pecho *to feed, to nurse*
dentro de *in, within*
en ese caso *in that case*
enseguida, ahorita (*Méx.*) *right away*
eso *that*
Está bien. *Okay., That's fine.*
hoy *today*
hoy mismo *this very day*
más *more*
más de (+ *number*) *more than* (+ *number*)
más o menos *more or less*
más... que *more... than*
mejor *better*
menos *less, fewer*
menos de (+ *number*) *less than* (+ *number*)
por correo *by mail*
tan pronto como *as soon as*
tener derecho a *to have the right to*
tener hambre *to be hungry*
tener prisa *to be in a hurry*
tener que (+ *inf.*) *to have to* (*do something*)

---

[1]**Tener** is irregular in the present indicative: **tengo, tienes, tiene, tenemos, tienen**
[2]**Venir** is irregular in the present indicative: **vengo, vienes, viene, venimos, vienen**

Nombre ______________________ Sección ____________ Fecha ____________

Audio

Vocabulario adicional

DOCUMENTOS Y ESTADO LEGAL

el certificado de bautismo, la inscripción de bautismo, la partida de bautismo, la fe de bautismo *baptism certificate*
el certificado de defunción, la inscripción de defunción, la partida de defunción *death certificate*
el certificado de matrimonio, la inscripción de matrimonio, la partida de matrimonio *marriage certificate*
la ciudadanía (americana) (*American*) *citizenship*
el documento *document*
el (la) inmigrante *immigrant*
los inmigrantes ilegales, los inmigrantes indocumentados *illegal aliens*
el pasaporte *passport*

EL TRABAJO

el cargo *position*
desocupado(a) *jobless*
jubilado(a), pensionado(a), retirado(a) *retired*
el oficio *trade*
la profesión *profession*
renunciar *to resign*

INFORMACIÓN PERSONAL

fallecido(a) *deceased*
el lugar de nacimiento *place of birth*
mayor de edad *of age*
menor de edad *minor*
la nacionalidad *nationality*
el país de origen *country of origin*
el sexo *sex, gender*

Search

Notas culturales

- When reading a document that originated in a Spanish-speaking country, remember that in Spanish the day comes before the month in dates. For example, 5/12/06 is equivalent to **el 5 de diciembre de 2006** (December 5, 2006), not May 12, 2006.
- In most Spanish-speaking countries, parents are not given a birth certificate right after a baby is born. They generally have up to six months to register the birth of a child.
- In the English-speaking world, time is considered a valuable commodity to be taken seriously. Many Latinos tend to be more relaxed about time. Often Latinos may be late for appointments, yet they also may be more accepting of and unperturbed by long waits in an office. Culturally different time-related behaviors should be expected, and should not be viewed judgmentally.

Nombre ______________________ Sección ____________ Fecha ____________

Actividades

Dígame... Answer the following questions, basing your answers on the dialogues.

1. ¿Qué viene a solicitar la Sra. Ruiz a la Oficina del Seguro Social?

2. ¿Qué edad tiene el hijo menor de la Sra. Ruiz?

3. ¿Qué debe llenar la Sra. Ruiz para solicitar un número?

4. ¿Cree la Sra. Ruiz que su solicitud está completa?

5. ¿Cuándo va la Sra. Ruiz a la oficina del Sr. Méndez?

6. La Sra. Ruiz, ¿es ciudadana norteamericana?

7. ¿Qué necesita ver el Sr. Méndez?

8. ¿Dentro de cuántos días va a recibir la tarjeta la Sra. Ruiz?

9. ¿Qué solicita la Srta. Pérez?

10. ¿Cuántas horas a la semana tiene derecho a trabajar la Srta. Pérez?

11. ¿Cuántas horas tiene que esperar la Srta. Pérez?

12. ¿Por qué no espera? ¿Cuándo va a regresar?

Nombre ______________________ Sección ____________ Fecha ____________

Hablemos

Hablemos Interview a classmate, using the following questions. When you have finished, switch roles.

1. ¿Es Ud. ciudadano(a) americano(a)?
2. ¿Tiene Ud. su certificado de nacimiento? ¿Es el original o una copia fotostática?
3. ¿Tiene Ud. una tarjeta verde? ¿Por qué o por qué no?
4. ¿Sabe[1] Ud. su número de seguro social?
5. ¿Tiene Ud. más gastos que dinero o más dinero que gastos?
6. ¿Trabaja Ud. más de veinte horas a la semana?
7. ¿A qué hora regresa Ud. a su casa hoy?
8. Generalmente (*Generally*), ¿tiene Ud. hambre cuando llega del trabajo?

Quiz

Vamos a practicar

A Complete the following sentences, using the appropriate form of **tener** or **venir.**

1. Ella no ______________________ el certificado de nacimiento.
2. Yo ______________________ a solicitar un permiso de trabajo.
3. Ud. ______________________ copias de la solicitud.
4. Ellas ______________________ del Departamento de Inmigración.
5. La tarjeta ______________________ por correo.
6. Tú ______________________ todas las copias fotostáticas.
7. Yo ______________________ que ver la solicitud hoy.
8. José y tú ______________________ las fotocopias del certificado.
9. María y yo ______________________ a las siete.
10. ¿Ud. ______________________ a solicitar la tarjeta verde?

B Express comparisons by completing the following sentences with the Spanish equivalent of the words in parentheses.

1. El Sr. Soto está ______________________ (*as sick as*) su esposa.
2. Mi padre es ______________________ (*younger than*) mi madre.

---

[1]**saber** *to know* (**yo sé**)

Nombre ______________________ **Sección** ____________ **Fecha** ____________

3. Tengo ______________________ (*more than 20*) dólares.

4. ¿Es la Sra. Muñoz ______________________ (*poorer than*) la Sra. Menéndez?

5. Esta fotocopia es ______________________ (*better*).

6. ¿El Sr. Castro necesita ______________________ (*less financial assistance than*) la Srta. Delgado?

C Complete the following sentences with the Spanish equivalent of the words in parentheses.

1. Mis hijos ______________________ (*are hungry*).

2. Si Ud. ______________________ (*are in a hurry*), no tiene que esperar.

3. Ellos están ______________________ (*as busy as*) yo.

4. Yo ______________________ (*come*) con Alicia porque no ______________________ (*have*) coche.

5. Mi hijo ______________________ (*is ten years old*).

Conversaciones breves

Complete the following dialogues, using your imagination and the vocabulary from this lesson.

En la Oficina del Seguro Social, el Sr. Parra habla con la Srta. Díaz.

Srta. Díaz —Buenos días. ¿Qué desea Ud.?

Sr. Parra —______________________________________

Srta. Díaz —Para solicitar una tarjeta de seguro social, Ud. debe llenar una solicitud.

Sr. Parra —______________________________________

Srta. Díaz —A la oficina del Sr. Soto.

Sr. Parra —______________________________________

Srta. Díaz —Es la segunda oficina, a la izquierda.

El Sr. Parra va a la oficina del Sr. Soto.

Sr. Soto —______________________________________

Sr. Parra —Sí. Creo que está completa.

Sr. Soto —______________________________________

Sr. Parra —Yo tengo una visa de estudiante.

Sr. Soto —______________________________________

Nombre ______________________ Sección ____________ Fecha ____________

Sr. Parra —Porque tengo más gastos que dinero.

Sr. Soto —____

Sr. Parra —Aquí tengo el original y una fotocopia. ¿Cuándo recibo mi número?

Sr. Soto —____

En estas situaciones

What would you say in the following situations? What might the other person say?

1. You are speaking with a person who has just filled out a form for a social security card. He/She has an immigration card. Find out if the form is complete and ask for a photocopy of his/her birth certificate.
2. A client inquires when he/she will receive his/her Social Security card. Explain that it should come by mail in about two weeks.
3. Explain to a foreign student that he/she has the right to work 20 hours per week, but that he/she needs a work permit. He/She has to wait one to two hours for it, but does not have to come back tomorrow.

Casos

Act out the following scenarios with a partner.

1. You are in the Social Security Office. Apply for a Social Security number for your six-week-old daughter.
2. Inquire about a client's legal status and ask to see various documents.

Un paso más

A Review the **Vocabulario adicional** in this lesson and complete the following sentences.

1. Tengo que ver dos ____________________, señora: el pasaporte y el ____________________ de bautismo.
2. ¿Cuál es la ____________________ de su esposo? ¿Es trabajador social?
3. La Sra. Ramos no trabaja. Está ____________________.
4. ¿Qué ____________________ tiene él? ¿Es mecánico?
5. No son inmigrantes ____________________. Tienen ____________________ y visa.
6. ¿Fallecido? Entonces necesitamos ____________________.
7. Aquí está su certificado de nacimiento, pero necesito su certificado de ____________________ también.

Nombre ______________________ **Sección** ____________ **Fecha** ____________

8. ¿Qué ______________________ tiene el Sr. Álvarez en la compañía?

9. ¿Mi ______________________? Cubana. ¿Mi ______________________? La Habana.

10. Su ______________________ es Perú.

11. Aquí no hay discriminación por raza (*race*), religión ni ______________________.

12. Elena tiene 15 años. Es ______________________ de edad. Yo tengo 30 años. Soy ______________________ de edad.

B With a partner, write a case scenario similar to the one presented in this lesson, in which you incorporate the additional vocabulary.

Lección 5

Una entrevista

Objectives

Structures

- Stem-changing verbs (**e:ie**)
- Some uses of the definite article
- The present progressive

Communication

- At the Department of Social Welfare: interviewing people applying for welfare

1–12

Son las nueve y veinticinco de la mañana. En la Oficina del Departamento de Bienestar Social, hay varias personas que están esperando porque necesitan ayuda del condado. La Sra. Soto, trabajadora social, comienza su tercera entrevista del día. Ahora está hablando con la Sra. Lara.

Sra. Soto —Buenos días, señora. ¿En qué puedo servirle?
Sra. Lara —Buenos días. Necesito ayuda económica porque mi esposo y yo ya no vivimos juntos.
Sra. Soto —¿Esa situación es permanente o hay alguna posibilidad de reconciliación?
Sra. Lara —Yo estoy segura de que él no piensa regresar.
Sra. Soto —¿Y qué va a hacer Ud. si él viene?
Sra. Lara —Él no va a venir. Él está viviendo con otra mujer.
Sra. Soto —Bueno, voy a traer las planillas que Ud. debe llenar.
Sra. Lara —Si lleno las planillas ahora, ¿voy a recibir ayuda hoy mismo?
Sra. Soto —No, hoy no.
Sra. Lara —Entonces, prefiero regresar la semana próxima.
Sra. Soto —Está bien porque, de todos modos, necesita traer otros papeles.
Sra. Lara —¿Qué papeles?
Sra. Soto —Una prueba de su ciudadanía...
Sra. Lara —Yo soy extranjera, pero soy residente.
Sra. Soto —Entonces, prueba de su residencia legal, su certificado de nacimiento...
Sra. Lara —Pero mi certificado de nacimiento está en español.

Nombre ______________________ Sección ____________ Fecha ____________

Sra. Soto —No importa, señora. Tenemos traductores. También necesita tener un documento de identificación con su fotografía.
Sra. Lara —¿Mi tarjeta de seguro social?
Sra. Soto —No, debe tener su fotografía.
Sra. Lara —Ah, sí, tiene razón. ¿Eso es todo?
Sra. Soto —No. ¿Ud. o su familia tienen casa propia?
Sra. Lara —Sí. ¿Quiere ver los documentos?
Sra. Soto —Sí, y también copia de los cupones si todavía está pagando la hipoteca.
Sra. Lara —¿Necesita también los papeles del coche?
Sra. Soto —Sí, el registro del carro y un estimado de su valor. También la póliza del seguro del coche.
Sra. Lara —Muy bien. Voy a regresar el lunes con los papeles.
Sra. Soto —El lunes es día feriado, señora.
Sra. Lara —Es cierto. Entonces voy a regresar el primero de abril.

El primero de abril:

Sra. Lara —Aquí están mis papeles. ¿Voy a recibir ayuda a largo plazo?
Sra. Soto —No, señora. Va a recibir ayuda temporal, pero debe regresar a la escuela o tomar un curso de entrenamiento para un oficio.
Sra. Lara —Pero yo estoy atravesando una situación muy difícil...
Sra. Soto —Lo siento, pero Ud. está capacitada para trabajar.

1–12

¡Escuchemos!

While listening to the dialogue, circle **V (verdadero)** if the statement is true and **F (falso)** if it is false.

1. La Sra. Lara no vive con su esposo.	V	F
2. La Sra. Lara cree que hay posibilidad de reconciliación.	V	F
3. La Sra. Lara va a recibir ayuda hoy mismo.	V	F
4. La Sra. Lara no es norteamericana.	V	F
5. La Sra. Lara no tiene certificado de nacimiento.	V	F
6. La tarjeta de seguro social es un documento de identidad.	V	F
7. La Sra. Lara y su familia viven en un apartamento.	V	F
8. La Sra. Lara no va a regresar el lunes.	V	F
9. La Sra. Lara necesita regresar a la escuela.	V	F
10. La Sra. Lara está capacitada para trabajar.	V	F

Nombre ______________________ Sección ____________ Fecha ____________

Audio

VOCABULARIO

COGNADOS

el documento
el estimado
la familia
la fotografía
la identificación
la posibilidad
la reconciliación
la residencia
la situación
temporal

NOMBRES

la ciudadanía *citizenship*
el coche, el auto, el automóvil, el carro, la máquina (*Cuba*) *car*
el condado *county*
el curso *course, class*
el día feriado, el día de fiesta *holiday*
el entrenamiento, la capacitación *training*
la entrevista *interview*
la escuela *school*
el español *Spanish* (*language*)
la hipoteca *mortgage*
la mañana *morning*
la mujer *woman*
el oficio *trade*
el papel *paper*
la póliza *policy*
la prueba *proof*
el registro, la registración (*Méx.*) *registration*
el seguro, la aseguranza (*Méx.*) *insurance*
el (la) traductor(a) *translator*
el valor *value*

VERBOS

atravesar (e:ie) *to go through*
comenzar (e:ie), empezar (e:ie) *to begin*
hacer[1] *to do*
importar *to matter*
ir a (+ *inf.*) *to be going to (do something)*
pensar (e:ie) (+ *inf.*) *to plan (to do something)*
preferir (e:ie) *to prefer*
querer (e:ie) *to want, to wish*
tomar *to take*
traer[2] *to bring*

ADJETIVOS

capacitado(a) *able*
difícil *difficult*
ese, esa *that*
juntos(as) *together*
propio(a) *own*
próximo(a) *next*
tercero(a) *third*
varios(as) *several*

OTRAS PALABRAS Y EXPRESIONES

a largo plazo *long term*
de todos modos *anyway*
¿En qué puedo servirle?, ¿En qué puedo ayudarle?[3] *How may I help you?, What can I do for you?*
Es cierto. *That's right., It's true.*
No importa. *It doesn't matter.*
la semana próxima, la semana entrante, la semana que viene *next week*
tener casa propia *to own a house*
tener razón *to be right*
todavía *still*
ya no *no longer*

---

[1]Irregular first person present indicative: **yo hago**
[2]Irregular first person present indicative: **yo traigo**
[3]The expression **¿En qué puedo servirle?** (literally, *How may I serve you?*) is considered more polite than the expression **¿En qué puedo ayudarle?** (*How can I help you?*).

Nombre ______________________ Sección ____________ Fecha ____________

Audio

Vocabulario adicional

Para llenar planillas

al dorso *on the back, over*
anotar *to write down, to take note*
la contestación afirmativa, la respuesta afirmativa *affirmative answer*
la contestación negativa, la respuesta negativa *negative answer*
contestar *to answer*
la cruz, la equis *cross, X*
el cuadro, el cuadrado *box, square*
el cuestionario *questionnaire*
escribir a máquina (en la computadora) *to type*
el espacio en blanco *blank space*
la firma *signature*
firmar *to sign*
la letra de molde *print, printing*
la línea, el renglón *line (on a paper or form)*
lo siguiente *the following*
marcar *to mark, to check (off)*
la pregunta *question*
el (la) solicitante *applicant*

Search

Notas culturales

- Upon arriving in North America, the immigrant married couple confronts a different society, full of new needs that can be difficult to accommodate. The pressures to which the spouses are exposed can give rise to situations that end in domestic abuse, temporary or permanent separations, and problems with alcohol and drugs. When the marriage dissolves, both spouses frequently seek shelter in the homes of relatives or friends, which can cause new conflicts, especially for the woman to whom, in general, the care of the children falls.
- Latina women of the middle and upper classes and with a high level of education tend to be as independent as North American women. Generally, however, the female Latina immigrants who seek aid from social services programs are poor, have a low level of education, and have not been trained for any trade or profession. In their countries of origin, they were expected to be mothers and housewives. Helping these women become more independent is, therefore, not a simple undertaking. Many lack experience in administering their personal or household finances, and, for some, working outside the home will be a first-time experience.

Actividades

Dígame... Answer the following questions, basing your answers on the dialogue.

1. ¿Cuántas personas hay en la Oficina de Bienestar Social? ¿Qué necesitan?

____

2. ¿Con quién tiene una entrevista la Sra. Lara?

____

3. ¿Viven juntos la Sra. Lara y su esposo?

____

4. ¿Es permanente la situación de la Sra. Lara o hay posibilidad de reconciliación? ¿Por qué o por qué no?

____

5. ¿La Sra. Lara va a recibir ayuda hoy mismo? ¿Por qué o por qué no?

____

6. ¿La Sra. Lara es norteamericana o extranjera?

____

7. ¿En qué idioma (*language*) está la inscripción de nacimiento de la Sra. Lara?

____

8. ¿Qué papeles del coche tiene que traer la Sra. Lara?

____

9. ¿Qué tipo de documento necesita ver la Sra. Soto?

____

10. ¿Cuándo prefiere regresar la Sra. Lara?

____

11. ¿Por qué no debe regresar la Sra. Lara el lunes?

____

12. ¿Qué tiene que hacer la Sra. Lara para recibir ayuda?

____

Hablemos Interview a classmate, using the following questions. When you have finished, switch roles.

1. ¿De qué estado es Ud. residente?
2. ¿Tiene Ud. prueba de su ciudadanía norteamericana o de su residencia legal?
3. ¿Tienen Ud. y su familia casa propia?

Nombre ______________________ Sección ______________ Fecha ______________

4. ¿Son extranjeros sus padres?
5. La tarjeta de seguro social no es un documento de identificación. ¿Por qué?
6. ¿Dónde tiene Ud. el registro de su carro?
7. ¿Cuál es el valor de su carro? Un estimado, por favor.
8. ¿Hay trabajo el día 4 de julio? ¿Por qué o por qué no?
9. ¿Prefiere Ud. trabajar los días feriados? ¿Por qué o por qué no?
10. ¿A qué hora empieza a trabajar Ud.?
11. ¿Cuáles son los días feriados en los Estados Unidos?
12. ¿Por qué es el primero de enero un día feriado?

Quiz

Vamos a practicar

A Complete the following exchanges, using the present indicative of the verbs given.

1. —¿Uds. ______________ (querer) tener casa propia?

   —No, ______________ (preferir) vivir en un apartamento.

2. —¿Adónde ______________ (pensar) ir Ud., señora?

   —______________ (Pensar) ir a México.

3. —¿Cuándo ______________ (comenzar) a trabajar tú?

   —______________ (Empezar) el lunes próximo.

B Complete the following sentences with the appropriate definite article if needed.

1. Ud. debe venir ______________ 4 de julio.
2. Debe regresar ______________ lunes.
3. Mañana es ______________ lunes.
4. Voy a pagar el alquiler ______________ próxima semana.
5. ______________ Sra. Díaz recibe dinero.
6. ¿Cuánto paga de alquiler ______________ Sra. Rojas?

Nombre ______________________ Sección ____________ Fecha ____________

C Write sentences to say what the following people are doing right now, or that what they are doing is not habitual or customary.

MODELO Mi esposo trabaja en el hospital.
Mi esposo **está trabajando** en el hospital.

1. Los niños atraviesan una situación difícil.

   ____

2. Yo tomo español este año.

   ____

3. ¿Qué piensas tú?

   ____

4. Ella ayuda al Sr. Lago.

   ____

5. Mi hijo vive en la casa de su abuela.

   ____

Conversaciones breves

Complete the following dialogue, using your imagination and the vocabulary from this lesson.

En una oficina del condado, la Sra. Martí habla con el Sr. Díaz porque ella necesita ayuda.

Sr. Díaz —____

Sra. Martí —No, él no trabaja, y nosotros ya no vivimos juntos.

Sr. Díaz —____

Sra. Martí —No, él no manda dinero para los niños.

Sr. Díaz —____

Sra. Martí —Si lleno la planilla ahora, ¿voy a recibir la ayuda hoy mismo?

Sr. Díaz —____

Sra. Martí —¿Qué otros papeles necesito traer?

Sr. Díaz —____

Sra. Martí —No, señor. Yo no soy norteamericana; soy extranjera.

Sr. Díaz —____

Sra. Martí —Sí, señor. Soy residente legal de los Estados Unidos.

Sr. Díaz —____

Nombre ________________________ **Sección** ____________ **Fecha** ____________

Sra. Martí —Sí, aquí tengo un documento de identificación con mi fotografía. ¿Eso es todo?

Sr. Díaz —____

Sra. Martí —No, señor, no tengo casa propia.

Sr. Díaz —____

Sra. Martí —Sí, tengo coche. ¿Necesita ver los papeles del coche?

Sr. Díaz —____

Sra. Martí —¿Debo traer todos los papeles mañana?

Sr. Díaz —____

En estas situaciones

What would you say in the following situations? What might the other person say?

1. You are a social worker talking to a woman who has come to apply for financial assistance because she is no longer living with her husband. Confirm that she is sure that he is not going to return, and then tell her you are going to bring some forms that she must fill out. Tell her she is also going to need her birth certificate and proof of citizenship or legal residence.
2. You are an eligibility worker telling a new client from El Salvador that you need his/her green card and also an I.D. with a photo on it. Remind him/her that tomorrow is a holiday, and he/she should come back with the necessary papers on Thursday.
3. You are a social worker explaining to a client that if he/she owns a house, he/she must bring the mortgage coupons to the office. Find out if the client owns a car. If so, tell the client that he/she must also bring the car registration and a copy of the auto insurance policy. If the client is in a hurry today, he/she should come back on Monday.
4. Inform your client about the documents he/she needs to bring to the office. Specify which ones you will need tomorrow and whether he/she needs to bring any on Monday or Tuesday of next week.

Casos

Act out the following scenarios with a partner.

1. An eligibility worker is talking with a woman who has come to apply for financial aid from the county. Question her about her separation **(la separación)** from her husband and try to determine if the separation is permanent.
2. Explain to a client all the documents that he/she must bring to apply for financial assistance.

Un paso más

A Review the **Vocabulario adicional** in this lesson and complete the following sentences.

1. Debe llenar todos los ____________________ en este documento.
2. Ud. tiene que firmar aquí y también necesita la ____________________ de su esposo.

Nombre ______________________ Sección ____________ Fecha ____________

3. Si la contestación no es ______________________, debe marcar el segundo ______________________.

4. Tengo que ______________________ el número de su cuenta.

5. El ______________________ debe firmar donde está la ______________________.

6. Si la respuesta es negativa, debe llenar lo ______________________.

7. Debe llenar el cuestionario con letra de ______________________ o debe escribir a ______________________.

8. Ésos no son los gastos de la casa; están en la otra ______________________.

B With a partner, write a case scenario similar to the one presented in this lesson, in which you incorporate the additional vocabulary.

LECTURA 1 SUBSIDIOS ADICIONALES DE ASISTENCIA PÚBLICA

Search

Read the following information from a pamphlet about expenses related to living arrangements. Try to guess the meaning of all cognates.

Necesidades relacionadas con la vivienda

1. Alquiler atrasado,[1] para evitar el desalojo.
2. Hipoteca e/o impuestos[2] de propiedad atrasados, para evitar perder[3] la casa.
3. Pago[4] para mantener o restaurar servicios públicos.
4. Un subsidio bimensual de combustible[5] para la calefacción.[6]
5. Subsidio adicional para combustible.
6. Pago por reparaciones realizadas en su hogar.[7]
7. Dinero para comprar muebles[8] y artículos esenciales para el hogar.
8. Gastos de mudanza[9] a otra vivienda.
9. Depósito de seguridad.
10. Honorarios del corredor.[10]
11. Almacenaje[11] de muebles y de pertenencias[12] personales.

Usted puede[13] solicitar un subsidio para necesidades especiales o puede incorporar a alguna otra persona en su presupuesto[14] de tres maneras:[15] en persona, por teléfono o por correo.

[1]**astrasado** *back*
[2]**impuestos** *taxes*
[3]**perder** *to lose*
[4]**Pago** *Payment*
[5]**combustible** *fuel* / [6]**calefacción** *heating*
[7]**hogar** *home*
[8]**muebles** *furniture*
[9]**Gastos de mudanza** *Moving expenses*
[10]**corredor** *broker*
[11]**Almacenaje** *Storage* / [12]**pertenencias** *belongings*
[13]**puede** *can*
[14]**presupuesto** *budget*
[15]**maneras** *ways*

Nombre ______________________________ Sección ____________ Fecha ____________

Dígame... After reading the **Lectura** very carefully, try to remember the details. Match the phrases in column **A** with the endings in column **B.**

A		B
______	**1.** Almacenaje	**a.** realizadas en su hogar.
______	**2.** Impuestos	**b.** de seguridad.
______	**3.** Pago para mantener o restaurar	**c.** para la calefacción.
______	**4.** Subsidio bimensual de combustible	**d.** de propiedad atrasados.
______	**5.** Pago por reparaciones	**e.** muebles.
______	**6.** Dinero para comprar	**f.** a otra vivienda.
______	**7.** Gastos de mudanza	**g.** servicios públicos.
______	**8.** Depósito	**h.** en persona, por teléfono o por correo.
______	**9.** Honorarios	**i.** de muebles y de pertenencias personales.
______	**10.** Ud. puede solicitar un subsidio para necesidades especiales	**j.** del corredor.

Nombre ______________________ Sección ______________ Fecha ______________

Lecciones 1–5 Repaso

Práctica de vocabulario

A Circle the word or phrase that does not belong in each group.

1. esposo trabajo marido
2. apartamento niño casa
3. alimento comida ayuda
4. derecho domicilio dirección
5. año avenida mes
6. creer desocupar desalojar
7. empleada recepcionista residencia
8. coche carro entrevista
9. registro seguro aseguranza
10. llegar traer regresar
11. electricidad teléfono edad
12. separado divorciado mensual
13. centavo cupón dólar
14. mandar enviar tener
15. económico primero segundo
16. solicitud estado país
17. fotografía hermana identificación
18. dinero inglés español
19. residente fecha ciudadano
20. padre hijo campo
21. ¿Cuántos años tiene? ¿Edad? ¿Dónde?
22. enseguida menor ahorita

Nombre ______________________ **Sección** __________ **Fecha** __________

B Circle the word or phrase that best completes each sentence.

1. Mi hijo está incapacitado para trabajar porque es (ciego / soltero / casado).
2. Ud. debe (desear / llenar / vivir) la planilla.
3. Necesitamos dinero para (esperar / creer / pagar) la hipoteca.
4. Ella es soltera; no es (mensual / pobre / casada).
5. En mi casa viven tres personas (verdaderas / adultas / mismas).
6. Tenemos que pagar la cuenta del (número / nombre / gas).
7. Mi esposo no (firma / manda / lee) dinero para mi hija.
8. Si Ud. necesita ayuda (urgente / segunda / toda) debe hablar con la Srta. Vega.
9. Él trabaja en el (mes / hombre / campo).
10. Mi familia debe desocupar la (casa / cuenta / ciudadanía) si no pago el alquiler mañana.
11. ¿Recibe Ud. (estampillas / formas / trabajos) para alimentos?
12. Mi hija y su marido tienen tres hijos y ahora ella está (pobre / verde / embarazada).
13. Toda la información es verdadera y (económica / mensual / correcta).
14. Ud. debe firmar aquí y (querer / escribir / esperar) la fecha de hoy.
15. Ahora debe ir a la oficina del Sr. Pérez para ver si es elegible para (recibir / vivir / estar) ayuda.
16. Necesitamos la inscripción de nacimiento de su (póliza / hija / hora).
17. Él es residente legal. Aquí tiene su tarjeta de (correo / zona postal / inmigración).
18. Hoy no trabajamos porque es día (ahora / feriado / semana).
19. Mi padre paga renta porque no tiene casa (próxima / tercera / propia).
20. Mi esposo y yo no (vivimos / pensamos / preferimos) juntos.
21. Ella es (viuda / capacitada / extranjera); es de Argentina.
22. Mi casa (queda / ayuda / llama) en la calle Victoria.
23. Su (entrenamiento / oficio / nombre de pila) es Isabel.
24. Ellos van a (solicitar / terminar / atravesar) ayuda.
25. Tan pronto (menos / como / bueno) llega a su casa, llama a su hijo.
26. El bebé (está con su mamá / está ocupado / tiene casa propia).

Nombre ______________________ Sección ____________ Fecha ____________

C Match the questions in column **A** with the answers in column **B.**

A

_______ **1.** ¿Qué desea Ud.?

_______ **2.** ¿Necesita dinero?

_______ **3.** ¿Cuántos meses de alquiler debe?

_______ **4.** ¿Recibe su familia alguna ayuda?

_______ **5.** ¿Cuánto paga de alquiler?

_______ **6.** ¿Qué otras cuentas debe pagar?

_______ **7.** ¿Está separada de su esposo?

_______ **8.** ¿Viene Ud. mañana?

_______ **9.** ¿Es Ud. extranjero?

_______ **10.** ¿Su certificado de nacimiento está en inglés?

_______ **11.** ¿Su esposa está enferma?

_______ **12.** ¿Cuál es su nombre?

_______ **13.** ¿Tiene Ud. casa propia?

_______ **14.** ¿Dónde debo llenar los documentos?

_______ **15.** ¿Viven Uds. juntos?

_______ **16.** ¿Cuál es su apellido de soltera?

_______ **17.** ¿Tiene Ud. el documento original?

_______ **18.** ¿Cuándo voy a recibir la tarjeta?

_______ **19.** ¿Dónde está su oficina?

_______ **20.** ¿Tiene muchos problemas?

B

a. Sí, desde el año pasado.

b. Trescientos dólares mensuales.

c. No, pago renta.

d. Hablar con un trabajador social.

e. El gas y el teléfono.

f. Sí, pero soy residente.

g. No, en español.

h. No, está embarazada.

i. Aquí en la oficina.

j. Sí, para pagar el alquiler.

k. No, la semana próxima.

l. No, estamos separados.

m. Tres.

n. Rodríguez.

o. Sí, estampillas para comida.

p. José Pérez García.

q. Dentro de diez días.

r. No, una copia fotostática.

s. Sí, está atravesando una situación difícil.

t. Al final del pasillo.

Nombre ________________ Sección ________ Fecha ________

D Crucigrama

Horizontal

1. *citizenship,* en español
4. *Welfare Department:* Departamento de ____________ Social
7. En una ____________ hay siete días.
9. renta
10. *to be sure:* estar ____________ (*fem.*)
15. la semana que viene: la semana ____________
16. Ella no es de este país. Es ____________.
20. ¿____________ hijos tiene Ud.?
23. No ve nada porque es ____________.
25. Ella tiene ____________ de estudiante.
27. Mi fecha de ____________ es el 15 de enero de 1964.
29. Necesitamos su ____________ de nacimiento.
30. papá
31. California es un ____________.
32. Ella es de los Estados Unidos. Es ____________.

Vertical

2. la tarjeta verde: la tarjeta de ____________
3. Necesitamos ____________ para pagar las cuentas.
5. *electricity,* en español
6. Necesito ____________ para comida.
8. nombre: ayuda; verbo: ____________
11. La oficina está al ____________ del pasillo.
12. *slowly,* en español
13. *nothing,* en español
14. *interview,* en español
17. Tengo veinte años de ____________.
18. seguro
19. Él es ____________ social.
21. Hay cien ____________ en un dólar.
22. Creo ____________ no.
24. No es casado. Es ____________.
26. *It doesn't matter:* No ____________.
28. *zip code:* zona ____________

Nombre ______________________ **Sección** __________ **Fecha** __________

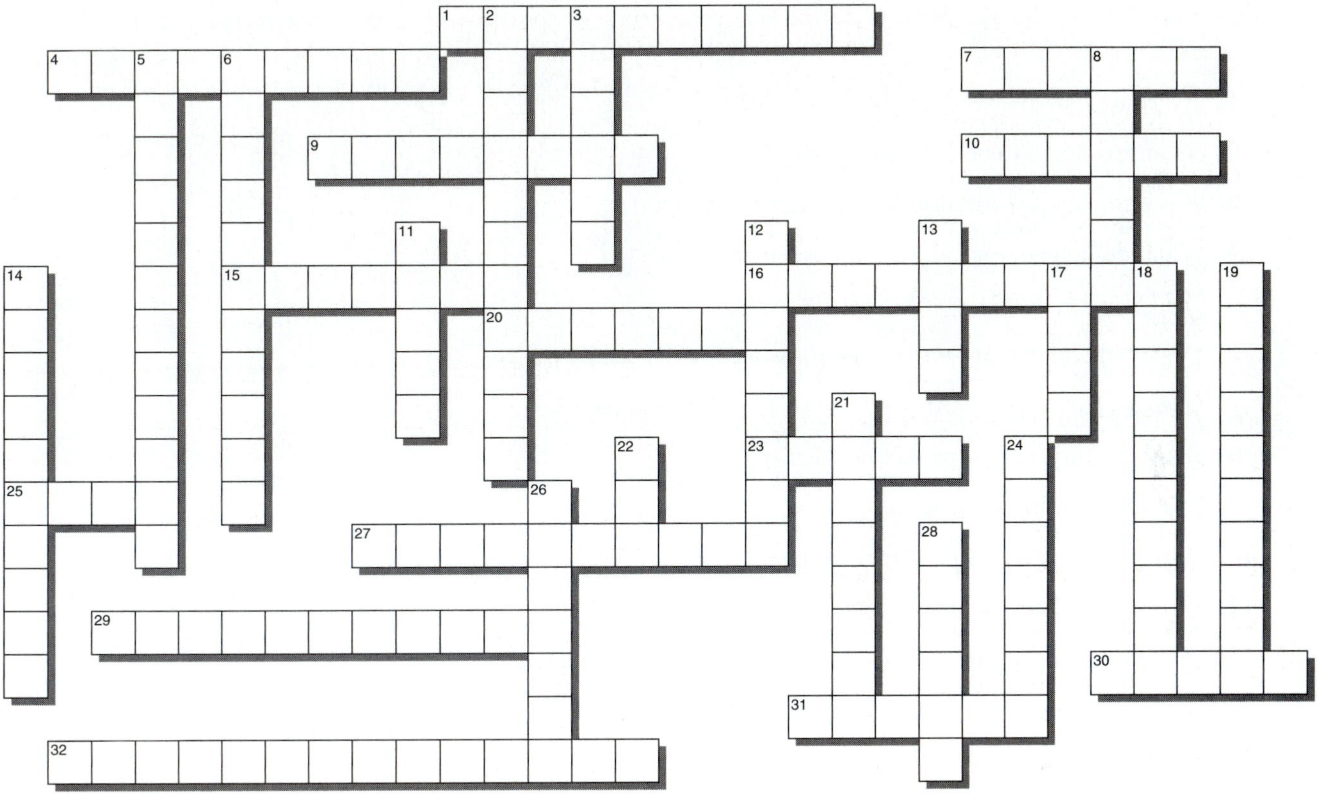

Nombre ______________________ Sección ______________ Fecha ______________

Práctica oral Listen to the following exercise on the audio program. The speaker will ask you some questions. Answer the questions, using the cues provided. The speaker will confirm the correct answer. Repeat the correct answer.

1-13

1-14

1. ¿Necesita Ud. ayuda? (sí, debo el alquiler)
2. ¿Cuántos meses debe Ud.? (tres meses)
3. ¿Cuánto paga Ud. de alquiler? (doscientos dólares)
4. ¿Cuándo debe pagar Ud. el alquiler? (mañana)
5. ¿Es Ud. casada? (sí)
6. ¿Vive Ud. con su esposo? (no, estamos separados)
7. ¿Desde cuándo están Uds. separados? (desde el año pasado)
8. ¿Hay posibilidad de una reconciliación? (no)
9. ¿Tienen Uds. hijos? (sí, uno)
10. ¿Qué edad tiene su hijo? (cinco años)
11. ¿Tiene Ud. el certificado de nacimiento de su hijo? (sí)
12. ¿El certificado de nacimiento está en inglés? (no, en español)
13. ¿Cuántas personas viven en su casa? (tres: mi padre, mi hijo y yo)
14. ¿Cuál es la edad de su padre? (cincuenta y ocho años, pero no trabaja)
15. ¿Por qué no trabaja su padre? (está incapacitado)
16. ¿Tiene Ud. que pagar otras cuentas? (sí, la electricidad y el gas)
17. ¿Necesita Ud. estampillas para alimentos? (sí, no tengo trabajo)
18. ¿Recibe Ud. alguna ayuda económica? (no, ahora no)
19. ¿Es Ud. ciudadana norteamericana? (no, pero soy residente legal)
20. ¿Tiene Ud. un documento de identificación? (sí)
21. ¿Tiene Ud. carro? (sí)
22. ¿Tiene Ud. los papeles del carro aquí? (sí, el registro del carro)
23. ¿Tiene Ud. la póliza del seguro del carro? (no, no aquí)
24. ¿Necesito venir mañana? (sí, con la póliza)
25. ¿A qué hora debo venir? (a las dos y media)

Lección 6 Al año siguiente

Objectives

Structures

- Stem-changing verbs (**o:ue**)
- Affirmative and negative expressions
- Direct object pronouns

Communication

- At the Department of Social Welfare: reevaluating welfare recipients

1–15

Un año después la Sra. Lara vuelve a la oficina del Departamento de Bienestar Social. Ahora, el Sr. Juárez la está entrevistando para reevaluar su caso.

Sr. Juárez —Vamos a ver cuál es su situación actual, Sra. Lara.
Sra. Lara —La misma que antes, pero ahora recibo menos dinero. ¿Por qué?
Sr. Juárez —Porque su hija mayor ya no vive con Uds.
Sra. Lara —Pero mi hija menor todavía vive conmigo y ahora todo cuesta más.
Sr. Juárez —Son los reglamentos. Si hay menos personas, Ud. recibe menos dinero.
Sra. Lara —El dinero que recibo ahora no alcanza para nada.
Sr. Juárez —Pero ahora Ud. trabaja ocho horas al día.
Sra. Lara —Solamente los lunes, miércoles y viernes. Tengo que trabajar para hacer los pagos de la casa.
Sr. Juárez —Pero tiene que notificar esos cambios en seguida, Sra. Lara.
Sra. Lara —Es que mi situación es muy difícil. El dinero que recibo es poco, pero si no lo recibo no puedo pagar las cuentas.
Sr. Juárez —¿Qué otros gastos tiene ahora?
Sra. Lara —Primero, ahora que trabajo, gasto más en ropa y gasolina. También necesitamos un refrigerador nuevo.
Sr. Juárez —Lo siento, señora, pero de acuerdo con los reglamentos, Ud. no califica para recibir más dinero.

Sra. Lara —No es justo. ¿No puede hacer algo por mí, Sr. Juárez?
Sr. Juárez —Yo no puedo hacer nada, pero si Ud. no está de acuerdo, puede escribir una carta y pedir una revisión de su caso.
Sra. Lara —¿Cuánto tiempo demora una revisión?
Sr. Juárez —Depende. Generalmente, unos dos meses.
Sra. Lara —¿Puedo hablar con el Sr. Osorio o con algún otro supervisor?
Sr. Juárez —El Sr. Osorio está atendiendo a otra persona y no hay ningún otro supervisor disponible.
Sra. Lara —¿Puedo pedir una entrevista para la semana próxima?
Sr. Juárez —El Sr. Osorio va a estar disponible más tarde. ¿No quiere esperarlo?
Sra. Lara —No, no tengo tiempo. ¿Puedo volver el jueves?
Sr. Juárez —Sí, cómo no. El Sr. Osorio la puede recibir el jueves a las ocho de la mañana.
Sra. Lara —¿No me puede recibir a las siete y media?
Sr. Juárez —No, a esa hora no hay nadie aquí.

1-15

¡Escuchemos!

While listening to the dialogue, circle **V (verdadero)** if the statement is true and **F (falso)** if it is false.

1. La Sra. Lara recibe ahora mucho más dinero.	V	F
2. La hija mayor de la Sra. Lara todavía vive con ella.	V	F
3. La Sra. Lara recibe suficiente dinero.	V	F
4. La Sra. Lara no trabaja los martes y jueves.	V	F
5. La Sra. Lara tiene que gastar más en ropa ahora.	V	F
6. El Sr. Juárez puede hacer mucho por la Sra. Lara.	V	F
7. La revisión de un caso generalmente demora unos dos meses.	V	F
8. La Sra. Lara quiere regresar el jueves.	V	F
9. El Sr. Osorio puede recibir a la Sra. Lara a las ocho.	V	F
10. El Sr. Juárez no está en su oficina a las siete y media.	V	F

Nombre ______________________ Sección ______________ Fecha ______________

Audio

VOCABULARIO

COGNADOS

la gasolina
el refrigerador
la revisión
el (la) supervisor(a)

NOMBRES

el cambio *change*
la carta *letter*
el pago *payment*
el reglamento *rule*
la ropa *clothes, clothing*
el tiempo *time*

VERBOS

alcanzar *to be enough*
atender (e:ie) *to take care of, to wait on*
calificar (*Coll.*) *to qualify*
costar (o:ue) *to cost*
demorar *to take (time)*
depender *to depend*
entrevistar *to interview*
gastar *to spend (money)*
notificar *to report, to notify*
pedir (e:i) *to ask for, to request*
poder (o:ue) *to be able, can*
reevaluar[1] *to reevaluate*
volver (o:ue) *to return*

ADJETIVOS

actual *present*
difícil *difficult*
disponible *available*
justo(a) *fair, just*
mayor *older, oldest*
menor *younger, youngest*
ningún, ninguna *no, not any*
nuevo(a) *new*
siguiente *following*

OTRAS PALABRAS Y EXPRESIONES

al día *a day, per day*
alguien *someone, anyone*
cómo no *sure, of course*
conmigo *with me*
¿cuánto tiempo...? *how long...?*
de acuerdo con *according to*
de la mañana (tarde, noche)[2] *in the morning (afternoon, evening)*
estar de acuerdo *to agree*
generalmente *generally*
la misma que antes *the same as before*
nadie *no one, anyone*
otra persona *someone else*
por mí *for me*
solamente, sólo *only*
todavía *yet, still*
todo *all, everything*
unos(as) *about, some*
Vamos a ver. *Let's see.*
ya *already*

---

[1]Present indicative: **reevalúo, reevalúas, reevalúa, reevaluamos, reevalúan**
[2]**De la mañana (tarde, noche)** is used to indicate specific time of day.

Nombre ______________________ Sección ____________ Fecha ____________

Audio

VOCABULARIO ADICIONAL

PARA HABLAR DEL TIEMPO (*To talk about time*)

a (la) medianoche *at midnight*
a(l) mediodía *at midday, at noon*
a menudo *often*
ahora mismo *right now*
con frecuencia, frecuentemente *frequently*
cuanto antes, lo más pronto posible *as soon as possible*
inmediatamente *immediately*
media hora *half an hour*
por la mañana (tarde, noche)[1] *in the morning (afternoon, evening)*
pronto *soon*
tan pronto como, en cuanto *as soon as*
tarde *late*
temprano *early*
un cuarto de hora *a quarter of an hour*
un momento *a moment*
un rato, un tiempo *a while*

ENTRADAS Y GASTOS

la entrada bruta *gross earnings*
la entrada neta *net income*
los gastos de transportación *transportation expenses*
ir y venir *to commute*

Search

NOTAS CULTURALES

- Hispanic families generally include other relatives besides parents and children. A Latino household may also include grandparents, single aunts, and cousins. In addition, in most Latino families children live with their parents until they get married.
- Although attitudes are changing in both Latino and Anglo cultures, generally Latino families tend to be closer. Sometimes the close bonds in Latino families are misunderstood by Anglos, who are oriented more toward fostering independence. In Hispanic cultures, the family is the main source of emotional and material support, and the family feels responsible for helping its members in need. In the United States and Canada, recently arrived relatives may live with a family member until they have achieved financial independence.

Actividades

Dígame... Answer the following questions, basing your answers on the dialogue.

1. ¿Cuál es la situación actual de la Sra. Lara?

____

[1]**Por la mañana (tarde, noche)** does not indicate a specific time.

Nombre ______________________ Sección ______________ Fecha ______________

2. La Sra. Lara recibe menos dinero ahora. ¿Por qué?

____

3. ¿Cuántas horas al día trabaja ahora la Sra. Lara?

____

4. ¿Cuántos días a la semana trabaja la Sra. Lara? ¿Cuáles son?

____

5. ¿Por qué tiene que trabajar la Sra. Lara?

____

6. Ahora que trabaja, ¿qué otros gastos tiene la Sra. Lara?

____

7. ¿Califica la Sra. Lara para recibir más dinero?

____

8. ¿Qué puede hacer la Sra. Lara si no está de acuerdo?

____

9. Para pedir una revisión del caso, ¿qué tiene que hacer la Sra. Lara?

____

10. La Sra. Lara desea hablar con un supervisor. ¿Hay alguno disponible?

____

11. ¿Qué día y a qué hora puede recibirla el Sr. Osorio?

____

12. ¿Hay alguien en la oficina a las siete y media?

____

Hablemos Interview a classmate, using the following questions. When you have finished, switch roles.

1. ¿Trabaja Ud.? ¿Cuántas horas al día?
2. ¿Qué días de la semana trabaja Ud.?
3. ¿Puede trabajar el sábado?
4. ¿Quiénes trabajan mucho y ganan poco dinero?
5. ¿Qué gastos mensuales tiene Ud.?

6. Su situación económica, ¿es la misma que antes? ¿Por qué o por qué no?
7. ¿Cuestan los libros de texto (*textbooks*) más o menos que antes?
8. Yo creo que los estudiantes deben recibir más ayuda económica. ¿Está Ud. de acuerdo?
9. ¿Con quién puede hablar si necesita ayuda?
10. ¿Recibe Ud. ayuda económica? ¿De quién(es)?
11. ¿Cree Ud. que tiene derecho a recibir más dinero?
12. Generalmente, ¿está de acuerdo con sus padres?

Quiz

Vamos a practicar

A Complete the following exchanges, using the present indicative of the verbs given.

1. (volver) —¿A qué hora ______________ Uds. a la oficina?
—Nosotros ______________ a las cinco. ¿A qué hora ______________ Ud.?
—Yo ______________ a las cuatro y media.
2. (poder) —¿Cuándo ______________ (tú) traer las cartas?
—El viernes, porque (yo) no ______________ venir mañana.
3. (costar) —¿Cuánto ______________ los zapatos (*shoes*)?
—Ochenta dólares.
—¿Y la ropa?
—La ropa ______________ trescientos dólares.

B Complete each of the following exchanges with a negative expression from the list provided, and add any words needed.

nada tampoco ningún nunca ni... ni

1. —¿Recibe Ud. alguna ayuda económica?
—¿Yo? No, ______________________________.
2. —Señora, ¿puede hacer algo por mí? Mi situación es muy difícil.
—Lo siento, pero no ______________________________.
3. —¿Ellos siempre (*always*) vienen a hablar con el supervisor?
—Sí, pero el Sr. Soto no ______________________________ con ellos.
4. —¿Su papá necesita ayuda económica o estampillas para alimentos?
—No, mi papá no ______________________________.
5. —Yo no recibo ayuda económica. ¿Y Ud.?
—Yo no ______________________________.

Nombre ______________________ Sección ____________ Fecha ____________

C Answer the questions in the negative, using the appropriate object pronoun in place of each underlined phrase.

MODELO ¿Ella completa la planilla?
No, ella no *la* completa.

1. ¿Necesita ella un refrigerador nuevo?

____

2. ¿Reevalúa los casos el supervisor?

____

3. ¿Paga Ud. todas sus cuentas?

____

4. ¿La Sra. Lara quiere ver al Sr. Osorio hoy?

____

5. ¿El Sr. Lara está esperando a su esposa?

____

Conversaciones breves

Complete the following dialogue, using your imagination and the vocabulary from this lesson.

El Sr. Mora reevalúa el caso de la Sra. Otero.

Sr. Mora —¿Qué problemas tiene Ud., Sra. Otero?

Sra. Otero —____

Sr. Mora —¿Cuánto dinero recibe Ud. ahora?

Sra. Otero —____

Sr. Mora —¿Viven en su casa las mismas personas?

Sra. Otero —____

Sr. Mora —Señora, si hay menos personas en su casa, Ud. recibe menos dinero.

Sra. Otero —____

Sr. Mora —Sí, señora, es justo y es el reglamento.

Sra. Otero —____

Sr. Mora —¿Qué otros gastos tiene Ud. ahora?

Sra. Otero —____

Sr. Mora —¿Trabaja Ud. más tiempo ahora?

Nombre ______________________ **Sección** __________ **Fecha** __________

Sra. Otero —______________________________

Sr. Mora —¿Qué días trabaja Ud. y cuántas horas al día trabaja?

Sra. Otero —______________________________

Sr. Mora —Ud. debe notificar todos los cambios en seguida, señora.

Sra. Otero —______________________________

Sr. Mora —Está bien, señora. Su situación es difícil, pero no califica para recibir más dinero.

Sra. Otero —______________________________

Sr. Mora —Si Ud. no está de acuerdo, puede pedir una revisión de su caso.

En estas situaciones

What would you say in the following situations? What might the other person say?

1. You are interviewing a client for a case reevaluation. Tell the client that he/she is receiving less money because his/her younger children are no longer living at home. Explain that the rule is if fewer people are living in the house, he/she must receive less money.
2. Interview a client about his/her difficult financial situation. Find out how many hours a day he/she works and if the money he/she earns is enough to make the house payments.
3. Remind a client that all changes must be reported right away. Also explain that, if he/she doesn't agree with the rules, he/she can write a letter and request a review of the case. Mention how long a review takes and that he/she can also request an interview next week with a supervisor.

Casos

Act out the following scenarios with a partner.

1. Explain to a client the procedures for requesting a case reevaluation.
2. A social worker is reevaluating a case and explaining the regulations to a client, who is complaining about receiving less money. Discuss the factors that affect the amount of money received.

Un paso más

A Review the **Vocabulario adicional** in this lesson and give the word or phrase that means the same as the following.

1. treinta minutos ______________________________
2. quince minutos ______________________________
3. los gastos que uno tiene para ir y venir de la casa al trabajo ______________________________
4. opuesto (*opposite*) de **mediodía** ______________________________
5. con frecuencia o frecuentemente ______________________________

Nombre ______________________ Sección ____________ Fecha ____________

6. cuanto antes ______________________

7. no la entrada bruta ______________________

8. en cuanto ______________________

9. inmediatamente ______________________

10. opuesto de **tarde** ______________________

11. más tarde ______________________

12. un tiempo ______________________

13. de las cinco a las once de la mañana, por ejemplo ______________________

B With a partner, write a case scenario similar to the one presented in this lesson, in which you incorporate the additional vocabulary.

Lección 7

Estampillas para alimentos

Objectives

Structures

- Stem-changing verbs (**e:i**)
- Irregular first person forms
- Indirect object pronouns

Communication

- Explaining the food-stamp program

1–16

El Sr. López habla con la Srta. Roca, trabajadora social, y le pide información sobre las estampillas para alimentos.

Sr. López —Buenos días, señorita. ¿Me puede Ud. dar información sobre el programa de estampillas para alimentos?

Srta. Roca —¿Cuál es su situación? ¿Está Ud. sin trabajo?

Sr. López —No, pero gano muy poco y tengo una familia grande.

Srta. Roca —¿Cuántos hijos tiene Ud.?

Sr. López —Tengo siete, y no puedo mantenerlos con mi sueldo.

Srta. Roca —¿Tiene Ud. un trabajo extra?

Sr. López —No, el trabajo que hago es duro y salgo tarde.

Srta. Roca —¿Qué hace su esposa?

Sr. López —Mi esposa cuida a los niños.

Srta. Roca —¿Cuánto dinero recibe Ud. al mes?

Sr. López —Ochocientos veinte dólares. No nos alcanzan para nada.

Srta. Roca —¿Recibe Ud. alguna ayuda del condado?

Sr. López —No, pero la necesito urgentemente.

Srta. Roca —¿Tienen casa propia o pagan alquiler?

Sr. López —Vivimos en un proyecto de la ciudad y pagamos setenta dólares mensuales.

Srta. Roca —¿Tiene Ud. cuenta de ahorros o cuenta corriente en el banco?

Sr. López —Tengo solamente unos doscientos dólares en una cuenta corriente.
Srta. Roca —¿Cuántos de sus hijos asisten a la escuela?
Sr. López —Cuatro. Los otros son muy pequeños.
Srta. Roca —¿Pagan Uds. por su almuerzo?
Sr. López —No, no pagamos nada. Pero, a veces, no comen la comida que les dan y tenemos que prepararles algo en casa.
Srta. Roca —¿Cuáles son sus gastos mensuales en médico y medicinas?
Sr. López —No sé. Muchas veces, cuando los niños están enfermos, no los llevamos al médico porque no tenemos dinero.
Srta. Roca —¿No tienen Uds. seguro médico?
Sr. López —No, señorita.
Srta. Roca —Hay un programa del estado que puede ayudarlos.
Sr. López —¡Qué bueno! Yo siempre le digo a mi esposa que necesitamos seguro médico.
Srta. Roca —Bien. Ud. no paga por el cuidado de sus hijos, ¿verdad?
Sr. López —No, mi esposa los cuida siempre.
Srta. Roca —Si su esposa consigue empleo, ¿puede alguien cuidar a los niños?
Sr. López —No, no conocemos a nadie en el barrio y mi esposa dice que ella prefiere cuidarlos.
Srta. Roca —Bueno, Ud. es elegible para recibir estampillas.
Sr. López —Bien, pero, ¿dónde podemos conseguir las estampillas?
Srta. Roca —Debe llevar las pruebas de sus entradas y gastos al Departamento de Asistencia Social. Allí puede conseguirlas.

1-16

¡Escuchemos! While listening to the dialogue, circle **V (verdadero)** if the statement is true and **F (falso)** if it is false.

1. El Sr. López necesita información sobre las estampillas para alimentos. V F
2. El Sr. López tiene un buen sueldo. V F
3. La esposa del Sr. López no trabaja. V F
4. La familia López no recibe ayuda del condado. V F
5. El Sr. López no tiene ninguna cuenta en el banco. V F
6. Todos los hijos del Sr. López asisten a la escuela. V F
7. A veces el Sr. López no puede llevar a sus hijos al médico. V F
8. La Srta. Roca cuida a los niños. V F
9. La familia López es elegible para recibir estampillas para alimentos. V F
10. La Srta. Roca le da las estampillas al Sr. López porque ella las tiene en su oficina. V F

Nombre ______________________ Sección ____________ Fecha ____________

Audio

Vocabulario

Cognados

el banco
extra
la medicina
el programa

Nombres

el almuerzo *lunch*
la asistencia social *social services*
el barrio *neighborhood*
la ciudad *city*
la cuenta corriente (de cheques) *checking account*
la cuenta de ahorros *savings account*
el cuidado *care*
el empleo *job*
la entrada *income*
la esposa, la señora, la mujer *wife*
el (la) médico(a) *doctor*
el proyecto de la ciudad *city (housing) project*
el seguro médico *medical insurance*
el sueldo, el salario *salary*

Verbos

asistir a *to attend*
conocer[1] *to know, to be acquainted with (a person, a place)*
conseguir (e:i), obtener[2] *to get*
cuidar *to take care of*
decir[3] **(e:i)** *to tell, to say*
ganar *to earn*
llevar *to take (someone or something somewhere)*
mantener[4] *to support*
preparar *to prepare*
saber[5] *to know (something)*
salir[6] *to leave, to go out*

Adjetivos

duro(a) *hard*
grande *big, large*
pequeño(a) *small*

Otras palabras y expresiones

a veces *sometimes*
al mes *monthly*
allí *there*
estar sin trabajo *to be unemployed (out of work)*
muchas veces *many times*
nadie *nobody*
¡Qué bueno! *That's great!*
siempre *always*
sin *without*
tarde *late*
urgentemente *urgently*

---

[1]Irregular first person present indicative: **yo conozco**
[2]Conjugated like **tener**
[3]Irregular first person present indicative: **yo digo**
[4]Conjugated like **tener**
[5]Irregular first person present indicative: **yo sé**
[6]Irregular first person present indicative: **yo salgo**

Nombre ______________________ Sección ____________ Fecha ____________

Audio

Vocabulario adicional

PARA HABLAR DE FINANZAS

a plazos *on installments*
al contado *cash, not on installments*
el alojamiento y las comidas *room and board*
la bancarrota, la quiebra *bankruptcy*
los beneficios *benefits*
cambiar un cheque, cobrar un cheque *to cash a check*
la cantidad *quantity*
la fuente de ingreso *source of income*
el impuesto *tax*
el impuesto sobre la propiedad *property tax*
el impuesto sobre la renta *income tax*
la libreta de ahorros *passbook (for savings account)*
el pago (la cuota) inicial, la entrada, el enganche (*Méx.*) *down payment*
el préstamo *loan*
el saldo *balance*
el talonario de cheques, la chequera (*Cuba y Puerto Rico*) *checkbook*
la tarjeta de crédito *credit card*

Search

Notas culturales

- The scientific system of health care, considered mainstream in the United States and Canada, is also the one preferred by most Latinos. Nevertheless, immigrants coming from small towns or belonging to a poorer class might first try home remedies or go to a **curandero.** In many Spanish-speaking neighborhoods, **botánicas** have become popular. These stores, which sell herbal medicines, are the Latino version of American natural food and health stores.
- In many Spanish-speaking countries, some types of medicine may be bought without a doctor's prescription and pharmacists are allowed to diagnose some minor ailments and prescribe remedies directly to the patient.

Actividades

Dígame... Answer the following questions, basing your answers on the dialogue.

1. ¿Qué información necesita el Sr. López? ¿Quién le da la información?

____

2. ¿Está sin trabajo el Sr. López?

____

Nombre ______________________ Sección ____________ Fecha ____________

3. ¿Por qué necesita estampillas para alimentos el Sr. López?

____

4. ¿Cuántos hijos tiene el Sr. López?

____

5. ¿Qué hace la esposa del Sr. López?

____

6. ¿Cuánto gana mensualmente el Sr. López?

____

7. ¿Dónde vive el Sr. López?

____

8. ¿Por qué, muchas veces, la familia López no lleva a sus niños al médico?

____

9. ¿Tienen los López seguro médico?

____

10. ¿Sabe el Sr. López cuánto gasta al mes en médico y medicinas?

____

11. ¿Conocen los López a alguien en el barrio?

____

Hablemos Interview a classmate, using the following questions. When you have finished, switch roles.

1. ¿Está Ud. sin trabajo ahora?
2. ¿Sabe Ud. dónde se puede conseguir empleo aquí?
3. ¿Sabe Ud. cuánto gana al mes un(a) recepcionista? ¿Y un(a) médico(a)?
4. ¿Cuáles son sus gastos mensuales en médico y medicinas?
5. ¿Tiene Ud. cuenta corriente o cuenta de ahorros? ¿En qué banco?
6. ¿Tiene Ud. hijos? ¿Cuántos? ¿Quién los cuida?
7. Si tiene hijos, ¿asisten a la escuela? ¿Quién los lleva?
8. ¿Conoce a alguien en su barrio?
9. ¿Qué hace Ud. por la tarde?
10. ¿A qué hora de la mañana sale Ud. de su casa?

Nombre ______________________ Sección ____________ Fecha ____________

Quiz

Vamos a practicar

A Complete the following verb chart.

	INFINITIVO	YO	TÚ	UD., ÉL, ELLA	NOSOTROS(AS)	UDS., ELLOS, ELLAS
1.	conseguir	________	________	________	________	________
2.	________	sirvo	________	________	________	________
3.	________	________	pides	________	________	________
4.	________	________	________	________	decimos	________

B Change the **nosotros(as)** form to **yo** in each of the following sentences.

1. No conocemos a nadie en el barrio.

   Yo ______________________________

2. No sabemos cuáles son las entradas de la familia.

   Yo ______________________________

3. Traemos el dinero para las medicinas.

   Yo ______________________________

4. Hacemos un trabajo muy duro.

   Yo ______________________________

5. Salimos temprano para el trabajo.

   Yo ______________________________

C Rewrite each sentence, substituting the appropriate indirect object pronoun for the words in parentheses.

MODELO La Srta. Roca da información. (al Sr. López)
La Srta. Roca **le** da información al Sr. Lopéz.

1. Ella pregunta cuál es mi situación. (a mí)

   ____

2. El condado da ayuda. (a nosotros)

   ____

Nombre ______________________ **Sección** __________ **Fecha** __________

3. Mi esposa prepara la comida. (a los niños)

____

4. Yo digo que eres elegible para recibir estampillas. (a ti)

____

5. No alcanza el dinero. (a ellos)

____

6. Ellos no dan nada. (a Ud.)

____

7. Ella no cree. (a él)

____

Conversaciones breves

Complete the following dialogue, using your imagination and the vocabulary from this lesson.

La Sra. Salinas va al Departamento de Bienestar Social para solicitar estampillas para alimentos. El Sr. Ríos habla con ella.

Sr. Ríos —¿Qué desea Ud., señora?

Sra. Salinas —____

Sr. Ríos —¿Por qué necesita Ud. estampillas para alimentos?

Sra. Salinas —____

Sr. Ríos —¿Cuánto gana Ud. al mes?

Sra. Salinas —____

Sr. Ríos —¿Cuántas personas hay en su familia?

Sra. Salinas —____

Sr. Ríos —¿Tiene Ud. hijos?

Sra. Salinas —____

Sr. Ríos —¿Quién los cuida?

Sra. Salinas —____

Sr. Ríos —¿Vive su mamá con Uds.?

Sra. Salinas —____

Sr. Ríos —¿En qué barrio está el proyecto donde Ud. vive?

Sra. Salinas —____

Sr. Ríos —¿Recibe Ud. alguna otra ayuda del condado?

Nombre ______________________ Sección ____________ Fecha ____________

Sra. Salinas —______________________________

Sr. Ríos —Muy bien. ¿Tiene Ud. algún dinero en el banco?

Sra. Salinas —______________________________

Sr. Ríos —¿Solamente una cuenta corriente?

Sra. Salinas —______________________________

Sr. Ríos —¿Sabe Ud. cuánto dinero tiene en su cuenta?

Sra. Salinas —______________________________

Sr. Ríos —Bien. Ud. es elegible para recibir cupones para comida.

Sra. Salinas —______________________________

Sr. Ríos —Para recibir las estampillas Ud. debe llevar pruebas de sus entradas y de sus gastos al Departamento de Asistencia Social.

En estas situaciones

What would you say in the following situations? What might the other person say?

1. You are an eligibility worker talking to Mrs. Cabrera about food stamps. Determine if she is unemployed and whether she receives any county aid. Ask how many children she has and what her medical expenses are. Find out if she is separated from her husband and if he works.
2. Your client earns very little money and has a big family, which he/she cannot support on his/her salary. Expenses include paying for the children's lunch at school and child care for the youngest child. Verify the client's monthly earnings and whether he/she has an extra job. Also, find out how much he/she has in savings and/or checking accounts and whether he/she has medical insurance.
3. Inform Mr. Fernández, who is applying for food stamps, that he is eligible to receive stamps, but that he must take proof of his income and expenses to the Department of Social Services. Tell him where that office is.

Casos

Act out the following scenarios with a partner.

1. An eligibility worker gathers employment and financial information from a person applying for food stamps and describes the next steps in the application procedure.
2. Discuss with a client who wishes to receive food stamps his/her family responsibilities and expenses.

Un paso más

A Review the **Vocabulario adicional** in this lesson and complete the following sentences.

1. ¿Qué ______________________ de dinero tiene Ud. en su cuenta de ahorros?
2. ¿Dónde está su ______________________ de ahorros?

Nombre ______________________ **Sección** __________ **Fecha** __________

3. ¿Recibe Ud. ____________ del Departamento de Bienestar Social?

4. ¿Cuál es el ____________ de su cuenta corriente?

5. ¿Cuánto gana Ud. y cuáles son sus fuentes ____________?

6. No tengo dinero. Voy a ____________ un cheque.

7. ¿Cuánto paga Ud. por ____________ y ____________ en ese hotel?

8. ¿Cuánto paga Ud. de ____________ sobre la propiedad?

9. No tengo dinero para pagar el impuesto sobre la ____________. Voy a pedir un ____________.

10. Necesito pagar con un cheque. ¿Dónde está mi ____________?

11. ¿Lo va a comprar (*buy*) al contado o a ____________?

12. Un sinónimo de **bancarrota** es ____________.

13. Voy a pagar el carro a plazos. Voy a dar $500 de ____________.

B With a partner, write a case scenario similar to the one in this lesson, in which you incorporate the additional vocabulary.

LECCIÓN 8

En el Departamento de Servicios Sociales

Objectives

Structures

- Demonstrative adjectives and pronouns
- Special construction with **gustar, doler,** and **hacer falta**
- Direct and indirect object pronouns used together

Communication

- Helping someone apply for the food-stamp program

1–17

La Srta. Rivas, del Departamento de Servicios Sociales, está ayudando a la Sra. Báez a llenar una solicitud para recibir estampillas para alimentos.

Srta. Rivas —Para empezar, debe completar esta primera página.
Sra. Báez —Después, ¿qué hago?
Srta. Rivas —Me la da, y sigue llenando las demás páginas.
Sra. Báez —¿Lleno nada más que esa página ahora?
Srta. Rivas —Bueno, ésta es la principal, así que debe llenarla lo más pronto posible.
Sra. Báez —Muy bien, pero yo necesito ayuda urgente. No tenemos nada.
Srta. Rivas —En ese caso debe contestar estas otras preguntas también.
Sra. Báez —¿Y puedo recibir las estampillas en seguida?
Srta. Rivas —Sí, dentro de unos días. ¿Alguien de su familia recibe algún sueldo?
Sra. Báez —No, porque mi esposo no está trabajando en este momento.
Srta. Rivas —¿Y más tarde en el mes?
Sra. Báez —No, no creo, porque tiene problemas de salud.
Srta. Rivas —¿Cuánto tiempo cree Ud. que va a durar esa situación, Sra. Báez?
Sra. Báez —No sé. Le duele mucho un hombro y el médico dice que le hace falta descansar por un tiempo.
Srta. Rivas —¿Su esposo tiene seguro de salud?
Sra. Báez —No, él es jardinero y trabaja por su cuenta.

Nombre ______________________ Sección ____________ Fecha ____________

Srta. Rivas —Contándola a Ud., ¿cuántas personas viven y comen en su casa?
Sra. Báez —Nueve: mi marido y yo, mis seis hijos y mi mamá.
Srta. Rivas —¿Ud. no trabaja?
Sra. Báez —No, mi mamá es muy vieja, y no me gusta dejarla sola con los niños.
Srta. Rivas —¿Cuánto dinero tienen Uds. en efectivo y en ahorros, más o menos?
Sra. Báez —Unos ochenta dólares.
Srta. Rivas —¿Está segura, señora? Debo avisarle que si Uds. tienen más dinero y no me lo dicen, no van a recibir las estampillas.
Sra. Báez —Bueno, para estar segura, se lo voy a preguntar a mi marido.
Srta. Rivas —Si Ud. quiere, puede completar estas formas en casa y mandármelas por correo.
Sra. Báez —Bueno, pero quiero pedirle un favor. Si no las llenamos por completo, ¿puede Ud. ayudarme a completarlas?
Srta. Rivas —Sí, cómo no, señora.

1–17

¡Escuchemos! While listening to the dialogue, circle **V (verdadero)** if the statement is true and **F (falso)** if it is false.

1. Lo primero que la Sra. Báez tiene que hacer es completar la primera página. V F
2. La primera página es la principal. V F
3. Nadie recibe sueldo en la familia de la Sra. Báez. V F
4. El Sr. Báez no tiene ningún problema de salud. V F
5. El médico del Sr. Báez dice que el Sr. Báez necesita descansar. V F
6. La mamá de la Sra. Báez es la que cuida a los niños. V F
7. La Sra. Báez dice que ellos tienen menos de cien dólares en efectivo y en ahorros. V F
8. Si ellos tienen más dinero y no se lo dicen a la Srta. Rivas, van a conseguir las estampillas en seguida. V F
9. La señora Báez puede enviar las formas por correo. V F
10. La Srta. Rivas no puede ayudarlos a llenar las formas. V F

Nombre ______________________ Sección ______________ Fecha ______________

Audio

Vocabulario

Cognados

el problema
el servicio

Nombres

el dolor *pain*
el hombro *shoulder*
el (la) jardinero(a) *gardener*
la mamá, la madre *mother*
la página *page*
la pregunta *question*
la salud *health*
el seguro de salud, la aseguranza de salud (*Méx.*) *health insurance*

Verbos

avisar, hacer saber *to advise, to warn, to let (someone) know*
comer *to eat*
completar *to complete*
contar (o:ue) *to count*
contestar *to answer*
dejar *to leave (behind)*
descansar *to rest*
doler (o:ue) *to hurt, to ache*
durar *to last*
gustar *to be pleasing, to like*
mandar, enviar[1] *to send*
preguntar *to ask*
seguir (e:i), continuar[2] *to continue, to follow*

Adjetivos

principal *main*
solo(a) *alone*
viejo(a) *old*

Otras palabras y expresiones

así que *so*
después *afterward*
en casa *at home*
en efectivo *in cash*
en este momento *at the moment*
éste, ésta *this one*
los (las) demás, los (las) otros(as) *the others*
hacer falta *to need, to lack*
lo más pronto posible *as soon as possible*
nada más que, no más que *just*
pedir (e:i) un favor *to ask a favor*
por completo *completely*
por un tiempo *for a while*
trabajar por su cuenta, trabajar por cuenta propia *to be self-employed*

[1]Present indicative: **envío, envías, envía, enviamos, envían**
[2]Present indicative: **continúo, continúas, continúa, continuamos, continúan**

Nombre ______________________ Sección ____________ Fecha ____________

Vocabulario adicional

el (la) agente de policía *police officer*
el ama (*fem.*) **de casa** *housewife*
el (la) cocinero(a) *cook*
la discriminación *discrimination*
la fábrica, la factoría *factory*
hacer una declaración falsa *to make a false statement*
imponer[1] **una multa** *to give a fine, to give a ticket*
la niñera *nanny*
el (la) obrero(a) *worker, laborer*
la pena, la penalidad *the penalty*
la policía *police force*
el (la) sirviente(a) *servant*
el (la) trabajador(a) agrícola *farm worker*
trabajar parte del tiempo, trabajar medio día *to work part-time*
trabajar tiempo completo *to work full-time*

Notas culturales

The Hispanic immigrant family frequently includes a relatively large number of children. While many attribute this principally to the influence of the Catholic church and to the concept of **machismo,** in reality, it is a much more complex social phenomenon. The majority of Spanish-speaking immigrants come from countries with a high infant mortality rate and without efficient systems of financial resources for the elderly. Because of this, having several children helps to ensure that some will survive to adulthood and can support their parents in old age. Many Spanish-speaking immigrants also come from social classes that have had little to no exposure to sex education courses and thus lack experience in the use of contraceptives. Although the birth control pill and other contraceptives are available in Spanish-speaking countries, they are fairly expensive and, therefore, frequently beyond the economic reach of many people. Abortion is, for the most part, illegal in the countries from which the majority of Hispanic immigrants come. Many more factors contribute to the number of children in Hispanic families, but it is important to keep in mind that the family generally is seen as a close-knit unit in which all members help and support each other.

Actividades

Dígame... Answer the following questions, basing your answers on the dialogue.

1. ¿Qué debe hacer la Sra. Báez para empezar?

____

[1]Conjugated like **poner**

Nombre ______________________ **Sección** ____________ **Fecha** ____________

2. ¿Qué debe hacer después de llenar la primera página?

____

3. ¿Cuándo puede recibir las estampillas la Sra. Báez?

____

4. ¿Por qué no está trabajando ahora el esposo de la Sra. Báez? ¿Qué le duele?

____

5. ¿Cuántas personas viven en la casa de la Sra. Báez, contándola a ella?

____

6. ¿Por qué no trabaja la Sra. Báez?

____

7. ¿Cuánto dinero tienen la Sra. Báez y su familia en efectivo y en ahorros?

____

8. ¿Qué pasa (*happens*) si la familia Báez tiene más dinero y no lo dice?

____

9. ¿Está segura la Sra. Báez de que solamente tienen ochenta dólares? ¿A quién se lo va a preguntar?

____

10. ¿Cómo puede mandarle las formas a la Srta. Rivas?

____

Hablemos Interview a classmate, using the following questions. When you have finished, switch roles.

1. ¿Cuánto dinero en efectivo tiene Ud. aquí?
2. ¿Cuántas personas de su familia reciben sueldo?
3. ¿Alguna persona de su familia trabaja por cuenta propia?
4. ¿Le gusta trabajar para otros o prefiere trabajar por cuenta propia?
5. ¿Trabaja Ud. parte del tiempo o tiempo completo?
6. Sin contarlo(a) a Ud., ¿cuántas personas adultas viven en su casa?
7. ¿Tiene Ud. problemas de salud?
8. ¿Tiene Ud. seguro de salud?
9. ¿Le duele algo? ¿Le hace falta descansar?

Nombre ______________________ Sección ____________ Fecha ____________

10. En esta ciudad, ¿reciben estampillas para alimentos muchas personas?

11. ¿Qué está Ud. haciendo ahora mismo?

12. ¿Puede Ud. hacerme un favor?

Quiz

Vamos a practicar

A Complete each of these sentences with the appropriate form of the demonstrative adjective or pronoun in italics.

1. La Srta. Rivas necesita *estos* papeles.

   Mi marido no tiene trabajo ______________________ mes.

   La Sra. Báez debe llenar ______________________ forma ahora.

   Ud. debe contestar ______________________ preguntas.

2. *Esa* señora está trabajando aquí.

   ______________________ señores van al Departamento de Bienestar Social.

   Ellos no reciben ______________________ dinero en efectivo.

   Ud. debe completar ______________________ páginas lo más pronto posible.

3. *Aquéllos* son mis hijos.

   ______________________ es mi hija.

   ______________________ son sus estampillas.

   ______________________ es mi esposo.

B Write sentences using the elements given.

Modelo Magdalena / no gustar / pedir favores
A Magdalena no le gusta pedir favores.

1. los niños / gustar / la comida de la escuela

   ____

2. la Sra. Báez / no gustar / contestar preguntas personales

   ____

Nombre ______________________ Sección ____________ Fecha ____________

3. Ud. / doler / los dos hombros

____

4. mi esposo(a) / doler / la cabeza (*head*)

____

5. mi mamá / hacer falta / descansar más

____

6. nosotros / hacer falta / estudiar más

____

C Answer the questions, using the cues in parentheses and replacing the words in italics with the appropriate direct and indirect object pronouns.

MODELO ¿Quién *me* puede traer *las estampillas*? (Yo)
Yo puedo *traértelas.* or **Yo *te las* puedo *traer.***

1. ¿Quién *le* da *ayuda a la Sra. Báez?* (El Departamento de Bienestar Social)

____

2. ¿Quién *le* dice *a la Sra. Báez que debe completar la primera página?* (La Srta. Rivas)

____

3. ¿Quién puede mandarle *las formas a la Srta. Rivas?* (La Sra. Báez)

____

4. ¿Quién *me* puede contestar *esa pregunta?* (Yo)

____

5. ¿Quién *te* puede *enviar el dinero?* (La Sra. Rojas)

____

Conversaciones breves Complete the following dialogue, using your imagination and the vocabulary from this lesson.

La Sra. Orta habla con el Sr. Caro, empleado del Departamento de Bienestar Social.

Sra. Orta —Por favor, señor, ¿puede ayudarme a llenar esta forma?

Sr. Caro —____

Sra. Orta —¿Qué página debo llenar primero?

Nombre ________________ **Sección** ________ **Fecha** ________

Sr. Caro —________________________________

Sra. Orta —¿Solamente la primera página? ¿Por qué?

Sr. Caro —________________________________

Sra. Orta —Yo necesito ayuda ahorita.

Sr. Caro —________________________________

Sra. Orta —Entonces, ¿puedo recibir las estampillas ahora? No tenemos ninguna comida para hoy.

Sr. Caro —________________________________

Sra. Orta —No, nadie recibe sueldo en mi familia. Nadie está trabajando.

Sr. Caro —________________________________

Sra. Orta —Mi esposo no trabaja porque está enfermo. Le duele un hombro.

Sr. Caro —________________________________

Sra. Orta —No, no trabajo. No me gusta dejar solos a los niños.

Sr. Caro —________________________________

Sra. Orta —No, señor. No tenemos ni ahorros ni dinero en efectivo.

Sr. Caro —________________________________

Sra. Orta —Muy bien, voy a llenarlas y se las traigo en seguida.

Sr. Caro —________________________________

En estas situaciones

What would you say in the following situations? What might the other person say?

1. You are helping Miss Gutiérrez fill out an application for food stamps. She must complete the first page as soon as possible and give it to you. If she cannot fill it out completely, you're going to help her.
2. You are helping a client who is applying for food stamps. This client is not working at the moment because of health problems and has only $90 in cash and savings. He/She wants to fill out the forms at home and send them to you by mail.
3. Question Mr. Arana about whether anybody in his family receives any salary; how many people, including himself, live and eat at his house; and how much money they have in cash and savings. Advise him that if the information about their money is not correct, they are not going to receive the stamps.

Casos

Act out the following scenarios with a partner.

1. An eligibility worker is helping a client fill out an application for food stamps. Salaries, the number of people in the household, and the amount of money available in cash and savings should be discussed.
2. A social worker and one of his/her clients discuss the client's health problems.

Nombre ______________________ Sección ____________ Fecha ____________

Un paso más

A Review the **Vocabulario adicional** in this lesson and match the questions in column **A** with the answers in column **B.**

A		B
______	**1.** ¿Es obrero?	**a.** No, medio día.
______	**2.** ¿Le van a imponer una multa?	**b.** Con la niñera.
______	**3.** ¿Con quién están los niños?	**c.** Sí, es cocinero.
______	**4.** ¿Cuál es su ocupación?	**d.** Un año en la cárcel (*jail*).
______	**5.** ¿Trabaja tiempo completo?	**e.** Sí, contra las mujeres.
______	**6.** ¿Juan trabaja en un restaurante?	**f.** Sí, por hacer una declaración falsa.
______	**7.** ¿Es un accidente?	**g.** No, trabajadores agrícolas.
______	**8.** ¿Cuál es la pena?	**h.** Ama de casa.
______	**9.** ¿Son sirvientes?	**i.** Sí, voy a llamar a la policía.
______	**10.** ¿Hay discriminación?	**j.** Sí, trabaja en una fábrica.

B With a partner, write a case scenario similar to the one presented in this lesson, in which you incorporate the additional vocabulary.

Lección 9

El programa de empleo y entrenamiento (I)

Objectives

Structures

- Possessive pronouns
- Command forms: **Ud.** and **Uds.**
- Reflexive constructions
- Uses of object pronouns with command forms

Communication

- Explaining a work-and-training program to an unemployed person

1–18

La Sra. Rojas tiene una entrevista con el Sr. Torres, del programa de empleo y entrenamiento. Después de tomarle los datos, el Sr. Torres le explica a la Sra. Rojas en qué consiste el programa.

Sra. Rojas —Mi problema es éste: Yo estoy separada de mi esposo y quiero divorciarme, pero no tengo trabajo.
Sr. Torres —¿Tienen Uds. hijos?
Sra. Rojas —Tenemos tres hijos y él tiene una niña de un matrimonio anterior.
Sr. Torres —¿Viven con Ud.?
Sra. Rojas —Los míos viven conmigo, pero la suya vive con la madre de él.
Sr. Torres —¿Hablaron Uds. con algún consejero familiar? ¿No es posible una reconciliación?
Sra. Rojas —No, él quiere casarse con otra mujer. Y yo también quiero divorciarme.
Sr. Torres —Bueno, vaya al juzgado y pida las planillas para iniciar los trámites de divorcio.
Sra. Rojas —¿Puedo hacerlo yo misma, sin necesidad de abogado?
Sr. Torres —Sí, pero, para evitar problemas, es mejor utilizar a un abogado.
Sra. Rojas —Eso va a ser muy caro. Los abogados cobran mucho y yo no tengo dinero.
Sr. Torres —Entonces vaya al Departamento de Ayuda Legal. Solicite ver a un abogado y cuéntele su problema.
Sra. Rojas —Mañana voy, sin falta.
Sr. Torres —Muy bien. Dígame, ¿tiene algún oficio o profesión?
Sra. Rojas —No, por desgracia no. Me casé[1] muy joven, antes de terminar la escuela secundaria.

---

[1]**Me casé,** meaning *I married,* is a past tense (preterit) form of the reflexive verb **casarse.**

Nombre ______________________ **Sección** ____________ **Fecha** ____________

Sr. Torres —Mire, Sra. Rojas, éste es un programa federal para personas como Ud., que puede ayudarla a mantenerse mientras aprende un oficio.

Sra. Rojas —Yo quiero ser auxiliar de enfermera y trabajar en un hospital. ¿Es posible eso?

Sr. Torres —Sí, pero necesita terminar la escuela secundaria antes de comenzar el entrenamiento para auxiliar de enfermera.

Sra. Rojas —Y después, ¿me ayudan a pagar el entrenamiento?

Sr. Torres —Sí, como Ud. participa en el programa AFDC,[1] es elegible para este tipo de ayuda. Llene las planillas y tráigamelas cuanto antes. No las mande por correo.

1–18

¡Escuchemos! While listening to the dialogue, circle **V (verdadero)** if the statement is true and **F (falso)** if it is false.

1. La Sra. Rojas es divorciada.	V	F
2. La hija del Sr. Rojas vive con su mamá.	V	F
3. Es posible una reconciliación entre la Sra. Rojas y su esposo.	V	F
4. La Sra. Rojas tiene que ir al juzgado para iniciar los trámites de divorcio.	V	F
5. La Sra. Rojas no quiere ir al Departamento de Ayuda Legal.	V	F
6. La Sra. Rojas tiene un oficio muy bueno.	V	F
7. La Sra. Rojas quiere trabajar en una escuela.	V	F
8. La Sra. Rojas no terminó la escuela secundaria.	V	F
9. La Sra. Rojas participa en un programa de ayuda a familias con niños.	V	F
10. La Sra. Rojas debe mandar las planillas por correo.	V	F

[1]**El programa de ayuda a familias con niños** (Aid to Families with Dependent Children)

Nombre ______________________ Sección ____________ Fecha ____________

Audio

VOCABULARIO

COGNADOS

federal
el hospital
la profesión
el tipo

NOMBRES

el (la) abogado(a) *lawyer*
el (la) auxiliar de enfermero(a) *nurse's aide*
el (la) consejero(a) familiar *family counselor*
los datos *information, data*
la escuela secundaria *secondary school (junior high and high school)*
el juzgado, el tribunal *courthouse*
el matrimonio *marriage*
la necesidad *need*

VERBOS

aprender *to learn*
casarse (con) *to marry, to get married*
cobrar *to charge*
consistir (en) *to consist (of)*
divorciarse *to divorce*
explicar *to explain*
iniciar *to start, to initiate*
mantener(se)[1] *to support (oneself)*
mirar *to look at*
participar *to take part, to participate*
utilizar, usar *to use*

ADJETIVOS

anterior *previous*
caro(a) *expensive*
joven *young*

OTRAS PALABRAS Y EXPRESIONES

antes de *before*
como *like, as*
cuanto antes *as soon as possible*
mientras *while*
por desgracia, desgraciadamente *unfortunately*
sin falta *without fail*
Solicite ver..., Pida ver... *Ask to see...*
los trámites de divorcio *divorce proceedings*
yo mismo(a) *myself*

Audio

VOCABULARIO ADICIONAL

barato(a) *inexpensive, cheap*
cambiar de trabajo *to change jobs*
cooperar *to cooperate*
la demanda *lawsuit*
demandar *to sue*
elegir (e:i),[2] **escoger**[3] *to choose*
especificar *to specify*
gratis (*adv.*), **gratuito(a)** (*adj.*) *free, without cost*
el (la) notario(a) público(a) *notary public*
presentar una demanda *to file a lawsuit*
la queja *complaint*
quejarse *to complain*
la reorientación vocacional *vocational training*
responsable *responsible*
los servicios gratuitos *free services*

---

[1]Conjugated like **tener**
[2]First person present indicative: **yo elijo**
[3]First person present indicative: **yo escojo**

Nombre ______________________ Sección ______________ Fecha ______________

Search

NOTAS CULTURALES

Some of the Latinos who immigrate to North America come from places where secondary school is beyond their reach and aspirations for several reasons. Such schools may not exist in rural areas of their country of origin; economic necessities may oblige children to begin working before having finished elementary school; or family and community members may choose to follow the traditional path of attending vocational or technical schools to prepare themselves for a trade. Generally, vocational and technical schools parallel secondary schools, and one may enter them after having completed elementary school. Therefore, depending on their backgrounds and experiences in their countries of origin, some recently arrived Latinos may view secondary school solely as a step toward entering a university, which they see as inaccessible to them. Their goal is, in general, to learn a trade to have greater access to employment opportunities and to earn a good wage. It is important to realize, however, that many Spanish-speaking immigrants come from backgrounds and countries that have afforded them access to excellent educational systems and opportunities through which they have earned respected diplomas and degrees in both secondary and higher education.

Actividades

Dígame... Answer the following questions, basing your answers on the dialogue.

1. ¿Con quién tiene una entrevista la Sra. Rojas?

____

2. ¿Qué hace el Sr. Torres después de tomarle los datos a la Sra. Rojas?

____

3. ¿Vive la Sra. Rojas con su esposo?

____

4. ¿Tiene ella hijos de un matrimonio anterior?

____

5. ¿Por qué no es posible una reconciliación de los esposos Rojas?

____

6. ¿Qué debe pedir la Sra. Rojas en el juzgado?

____

7. ¿Por qué no quiere la Sra. Rojas utilizar a un abogado?

____

8. ¿Qué tiene que terminar la Sra. Rojas antes de comenzar el entrenamiento?

____

9. ¿Por qué es elegible la Sra. Rojas para el programa de empleo y entrenamiento?

____

10. ¿Cómo puede ayudar el programa de ayuda a familias con niños a la Sra. Rojas?

____

Hablemos

Interview a classmate, using the following questions. When you have finished, switch roles.

1. ¿Quiénes deben hablar con un consejero familiar?
2. ¿Hablan sus clientes, a veces, con un consejero familiar?
3. Quiero divorciarme. ¿Dónde puedo conseguir las planillas para iniciar los trámites?
4. ¿Puedo divorciarme sin utilizar a un abogado?
5. ¿Sabe Ud. cuánto cobra un abogado por un divorcio, más o menos?
6. ¿Qué oficio o profesión tiene Ud.?
7. ¿Es el AFDC un buen programa? ¿Por qué?
8. ¿Es una buena idea casarse antes de terminar de estudiar? ¿Por qué o por qué no?
9. Si Ud. no es casado(a), ¿a qué edad piensa casarse?

Quiz

Vamos a practicar

A Complete the following sentences with the Spanish equivalent of the possessive pronoun in parentheses.

1. Ésas son mis planillas; ____________ (*yours*) son aquéllas, Sr. Pérez.
2. La escuela secundaria de ellos es buena; ____________ (*ours*) es mala.
3. Nuestro abogado es mejor que ____________ (*his*).
4. Mi esposo es joven; ____________ (*yours, tú form*), no.
5. Su hija es auxiliar de enfermera; ____________ (*mine*) es recepcionista.

Nombre ______________________ **Sección** ____________ **Fecha** ____________

B Change the following statements into commands.

MODELO Ud. tiene que explicármelo ahora.
***Explíquemelo* ahora.**

1. Ud. tiene que ayudarla.
   ____
2. Ud. debe aprender otro oficio.
   ____
3. Uds. tienen que ir al juzgado.
   ____
4. Ud. tiene que contármelo.
   ____
5. Uds. no deben divorciarse.
   ____
6. Ud. debe participar en ese programa.
   ____
7. Uds. no deben iniciar los trámites de divorcio.
   ____
8. Uds. no deben mirarlo.
   ____
9. Ud. no debe dárselo.
   ____
10. Uds. tienen que tomarle los datos.
   ____

C Complete the following exchanges, using the appropriate form of the verbs given.

1. (casarse) —¿Con quién piensa ______________ tu hermana?

   —Con Roberto Vera.

   —¿Cuándo ______________ (ellos)?

   —El veinte de junio.

Nombre ______________________ Sección ____________ Fecha ____________

2. (mantenerse) —¿Tú ____________________ con tu trabajo?

—No, yo no ____________________ con eso.

3. (divorciarse) —¿Es verdad que Uds. van a ____________________?

—No, nosotros no vamos a ____________________.

Conversaciones breves Complete the following dialogue, using your imagination and the vocabulary from this lesson.

La Sra. Armas pide información sobre el programa de empleo y entrenamiento. El Sr. Brito habla con ella y le explica en qué consiste el programa.

Sr. Brito —¿Es Ud. casada o soltera?

Sra. Armas —____________________

Sr. Brito —¿No es posible una reconciliación?

Sra. Armas —____________________

Sr. Brito —Bueno, entonces, ¿desea Ud. iniciar los trámites de divorcio?

Sra. Armas —____________________

Sr. Brito —Ud. no tiene necesidad de pagarle a un abogado. Puede iniciar los trámites de divorcio Ud. misma.

Sra. Armas —____________________

Sr. Brito —En el juzgado. Vaya y pida las planillas.

Sra. Armas —____________________

Sr. Brito —Bueno, si Ud. prefiere utilizar los servicios de un abogado, debe ir al Departamento de Ayuda Legal.

Sra. Armas —____________________

Sr. Brito —Otra cosa. ¿Qué oficio tiene Ud., señora?

Sra. Armas —____________________

Sr. Brito —¿Para qué oficio o profesión desea recibir entrenamiento?

Sra. Armas —____________________

Sr. Brito —Para ser secretaria legal, primero necesita terminar la escuela secundaria.

Sra. Armas —____________________

Sr. Brito —Sí, puede estudiar en una escuela para adultos.

Sra. Armas —____________________

Sr. Brito —De nada, señora.

Nombre ______________________ Sección ____________ Fecha ____________

En estas situaciones

What would you say in the following situations? What might the other person say?

1. You are a social worker at the Employment and Training Program. You are meeting with a woman who wants to divorce her husband but who does not have money to pay a lawyer. Find out if a reconciliation is possible. Direct her to the Legal Aid Department to see a lawyer.
2. Your friend wants to divorce his wife but does not have any money. Tell him to go to the courthouse and ask for the forms to start divorce proceedings. Explain that he can do it without a lawyer.
3. You are a social worker talking to Mrs. Valenzuela, who wants to get a job but needs training. Explain that the Employment and Training Program can help her support herself and her family while she learns a trade. Point out that, since she is a participant in the AFDC program, she is eligible for that type of aid.

Casos

Act out the following scenarios with a partner.

1. A social worker is talking with a woman who wants to divorce her husband. Discuss legal procedures and related issues.
2. A social worker discusses with a single parent the question of job training and how the Employment and Training Program can be of help.

Un paso más

A Review the **Vocabulario adicional** in this lesson and give the word or phrase that means the same as the following.

1. La necesitan las personas que van a cambiar de trabajo.

   ____

2. opuesto de **caro**

   ____

3. demandar

   ____

4. gratis

   ____

5. presentar una queja

   ____

6. elegir

   ____

7. ayudar

____

8. dar especificaciones

____

9. que tiene la responsabilidad

____

B With a partner, write a case scenario similar to the one presented in this lesson, in which you incorporate the additional vocabulary.

Lección 10

El programa de empleo y entrenamiento (II)

Objectives

Structures

- The preterit of regular verbs
- The preterit of **ser, ir,** and **dar**
- Uses of **por** and **para**

Communication:

- Assisting an unemployed mother improve her chances of finding work

La Sra. Rojas llenó las planillas que le dio el Sr. Torres y volvió al Departamento tres días después.

1–19

Sr. Torres —¿Ya fue a matricularse?
Sra. Rojas —Sí, fui anoche y me matriculé en tres clases.
Sr. Torres —¿Cuál es su horario de clases, señora?
Sra. Rojas —Tengo dos clases por la mañana y una por la tarde.
Sr. Torres —¿Qué arreglos puede hacer Ud. para el cuidado de sus hijos?
Sra. Rojas —Bueno, yo fui a hablar con mi tía ayer y ella puede cuidarlos en su casa por muy poco dinero.
Sr. Torres —Ella debe ir a la casa de Ud.; si no, el Departamento no paga.
Sra. Rojas —Y si los niños pequeños van a una guardería, ¿recibo el dinero para pagar eso?
Sr. Torres —En ese caso nosotros le pagamos directamente a la guardería, no a Ud.
Sra. Rojas —Yo prefiero dejarlos con mi tía. Ya hablé con ella y sé que necesita el dinero.
Sr. Torres —Está bien. Ahora, ¿a qué escuela asiste su hijo mayor?
Sra. Rojas —Le dieron una beca para asistir a una escuela parroquial.
Sr. Torres —Y los otros dos, ¿se quedan en casa?
Sra. Rojas —No, uno está en el primer grado, en el programa bilingüe, y vuelve a casa a las dos.
Sr. Torres —Ud. necesita tomar más clases para mejorar su inglés, Sra. Rojas.
Sra. Rojas —Sí. El verano pasado tomé clases de inglés para adultos en una escuela nocturna, pero aprendí muy poco. Falté mucho a clase por enfermedad.

Nombre ______________________ **Sección** ____________ **Fecha** ____________

Sr. Torres —Para ser auxiliar de enfermera necesita hablar bien el inglés.
Sra. Rojas —Entonces voy a matricularme otra vez en el semestre de primavera. Bueno, ¿qué le digo a mi tía?
Sr. Torres —Dígale que tiene que llamarme por teléfono para pedir una cita.
Sra. Rojas —¿Cuál es la mejor hora para llamarlo?
Sr. Torres —Por la mañana, de ocho a diez.
Sra. Rojas —Muy bien. Le agradezco mucho su ayuda.
Sr. Torres —No hay de qué, señora.

1-19

¡Escuchemos! While listening to the dialogue, circle **V (verdadero)** if the statement is true and **F (falso)** if it is false.

1. La señora Rojas se matriculó anoche.	V	F
2. Ella piensa tomar tres clases.	V	F
3. La tía de la señora Rojas va a cuidar a los niños.	V	F
4. La señora Rojas no habló con su tía todavía.	V	F
5. La señora Rojas quiere trabajar en una guardería.	V	F
6. El hijo mayor de la señora Rojas va a asistir a una escuela parroquial.	V	F
7. La Sra. Rojas tiene un hijo que está en el primer grado.	V	F
8. La Sra. Rojas habla muy bien el inglés.	V	F
9. La tía de la Sra. Rojas tiene que llamar al Sr. Torres por teléfono.	V	F
10. El Sr. Torres no está en su oficina de ocho a diez.	V	F

Nombre ______________________ Sección ______________ Fecha ______________

Vocabulario

Audio

COGNADOS

bilingüe
la clase
el grado
parroquial
el semestre

NOMBRES

el arreglo *arrangement*
la beca *scholarship*
la cita *appointment*
la enfermedad *sickness*
la escuela nocturna *night school*
la guardería, el centro de cuidado de niños (*Puerto Rico*) *nursery school*
el horario *schedule*
la primavera *spring*
el verano *summer*
la tía *aunt*

VERBOS

agradecer[1] *to thank*
matricularse *to register*
mejorar *to improve*
quedarse *to stay*

ADJETIVO

pasado(a) *last*

OTRAS PALABRAS Y EXPRESIONES

anoche *last night*
ayer *yesterday*
directamente *directly*
faltar a clase *to miss class*
llamar por teléfono *to phone*
otra vez *again*
por enfermedad *due to illness*
por la mañana *in the morning*
por la tarde *in the afternoon*

Vocabulario adicional

Audio

el (la) amigo(a) *friend*
ausente *absent*
el (la) compañero(a) *companion, pal, buddy*
el concubinato *common-law marriage*
el (la) consejero(a) *counselor*
la crianza *raising*
la custodia *custody*
el derecho a visitar *visiting rights*
el diploma, el título *diploma*
el (la) director(a) de la escuela *school principal*
en la escuela *at school*
la familia *family*
el hogar de crianza, el hogar sustituto *foster home*
el invierno *winter*
la licencia para cuidar niños *child care license*
el (la) maestro(a) *teacher*
el otoño *autumn*
otras estaciones *other seasons*
el parentesco *relationship* (*in a family*)
presente *present*
el trimestre *quarter* (*division of school year*)
el (la) tutor(a) *guardian*

[1]First person present indicative: **yo agradezco**

Nombre ______________________ Sección ______________ Fecha ______________

Search

NOTAS CULTURALES

- In Latino families, grandmothers or aunts are often involved in the daily care and raising of the children.
- In Spain and Latin America, sending children to private schools is a status symbol, one that is an option for the middle and upper classes only. Many of these schools are religious in orientation. For these reasons, many Latinos living in the United States and Canada prefer to send their children to parochial schools.

Actividades

Dígame... Answer the following questions, basing your answers on the dialogue.

1. ¿Cuándo volvió al Departamento la Sra. Rojas?

   ____

2. ¿Quién puede cuidar a los niños de la Sra. Rojas?

   ____

3. ¿Dónde puede cuidarlos?

   ____

4. Si los niños van a una guardería, ¿a quién le paga el Departamento?

   ____

5. ¿Qué necesita la tía de la Sra. Rojas?

   ____

6. ¿A qué escuela va el hijo mayor de la Sra. Rojas?

   ____

7. ¿A qué programa asiste el niño que está en primer grado?

   ____

8. ¿Qué debe hacer la Sra. Rojas para mejorar su inglés?

   ____

9. ¿Por qué necesita mejorar su inglés?

   ____

10. ¿Cuándo va a matricularse otra vez?

____

11. ¿Qué debe decirle la Sra. Rojas a su tía?

____

Hablemos

Interview a classmate, using the following questions. When you have finished, switch roles.

1. ¿Cuál es su horario de clases?
2. ¿Tiene Ud. hijos? ¿Qué arreglos hace para el cuidado de ellos?
3. Cuando Ud. está en la clase de español, ¿están en una guardería sus hijos o se quedan en casa?
4. ¿Sabe Ud. dónde hay una buena guardería para niños?
5. ¿A qué escuela primaria asistió Ud.? ¿En qué estado?
6. ¿Tomó Ud. clases de español el año pasado?
7. ¿Va Ud. a tomar otras clases para mejorar su español?
8. Si el profesor (la profesora) me pregunta por qué no está Ud. en clase, ¿qué le digo?
9. ¿Cuál es la mejor hora para llamarlo(a) a Ud. por teléfono?
10. ¿Tiene Ud. una beca para estudiar aquí?
11. ¿Qué cree Ud. de los programas bilingües?
12. ¿Qué va a hacer en el verano?

Quiz

Vamos a practicar

A Rewrite the following sentences, changing the italicized verbs to the preterit tense.

1. Este semestre *estudio* español.

   El semestre pasado ____.

2. Mis tías *van* a mi casa para cuidar a los niños.

   Ayer ____.

3. Este año mis hijos más pequeños *asisten* a la escuela primaria.

   El año pasado ____.

Nombre ________________________ **Sección** ____________ **Fecha** ____________

4. Él me *da* el dinero para el cuidado de mis hijos.

La semana pasada ____.

5. Mi tía me *cuida* a los niños.

Anoche ____.

6. Ella *es* auxiliar de enfermera.

____ por dos años.

B Write the following dialogues in Spanish, using **por** and **para** as appropriate.

1. "Where did you go yesterday, Mr. Vega?"

"I went to the nursery school."

"Did you go by the hospital?"

"Yes. Carlos and I went in the afternoon."

____

____

____

____

2. "When did your children go to Mexico?"

"They went last summer."

____

____

3. "They missed class a lot because of illness."

"Yes, they didn't learn anything."

____

____

4. "Did you go to his house, Carlos?"

"No, he called me on the phone."

____

____

5. "When can you (*pl.*) get the money, Miss Rivera?"

"We can get it tomorrow afternoon."

____

____

6. "I have to pay $100 for the medicine."

"I can give you the money Friday morning, Mrs. Barrios."

____

____

7. "Is the scholarship for you, Miss Soto?"

"No, it's for my oldest sister."

____

____

8. "What do you need the money for, Anita?"

"I need it in order to pay him."

____

____

Conversaciones breves

Complete the following dialogue, using your imagination and the vocabulary from this lesson.

La Sra. Armas volvió a ver al Sr. Brito dos días después.

Sra. Armas —Ya llené las planillas, pero necesito saber si Uds. pagan por el cuidado de mis hijos.

Sr. Brito —____

Sra. Armas —Mi mamá puede cuidarlos, pero ella no puede ir a mi casa.

Sr. Brito —____

Sra. Armas —¿Puedo mandarlos a una guardería?

Sr. Brito —____

Sra. Armas —¿Le pagan Uds. a la guardería o recibo yo el dinero?

Sr. Brito —____

Sra. Armas —Van a ir a la guardería los dos niños más pequeños. Los mayores van a una escuela primaria.

Sr. Brito —____

Nombre ______________________ Sección ____________ Fecha ____________

Sra. Armas —No, pero están en el programa bilingüe.

Sr. Brito —____

Sra. Armas —Sí, yo voy a matricularme en una clase de inglés para adultos.

Sr. Brito —____

Sra. Armas —Sí, yo tomé dos clases de inglés el año pasado, pero falté mucho a clase.

Sr. Brito —____

Sra. Armas —Por enfermedad. Bueno, ¿qué le digo a mi mamá?

Sr. Brito —____

Sra. Armas —¿Cuál es la mejor hora para llamarlo?

Sr. Brito —____

Sra. Armas —Bueno. Le agradezco su ayuda, Sr. Brito.

Sr. Brito —____

En estas situaciones

What would you say in the following situations? What might the other person say?

1. You are a social worker with an employment and training program. You are talking to Mrs. Gutiérrez about arrangements she can make for the care of her children. Her sister wants to take care of the older children at her house after school. Explain that if the younger children go to a nursery, the Department pays the nursery, not her. Find out what school the older children attend.
2. Urge Mr. Carreras to register next semester to take English classes. Tell him he cannot get a good job if he doesn't improve his English.
3. Tell Mrs. González that her husband should call you to make an appointment. Tell her what the best time to call is. When Mrs. González thanks you for your help, respond appropriately.

Casos

Act out the following scenarios with a partner.

1. A social worker with an employment and training program is talking to a client about child care and related issues.
2. Inquire about your client's English classes and encourage him/her to continue improving his/her English.

Un paso más

A Review the **Vocabulario adicional** in this lesson and complete the following sentences.

1. La Srta. Peralta es la ______________________ de mi hija.
2. ¿Quién es la ______________________ de la escuela Lincoln?

Nombre ______________________ Sección ____________ Fecha ____________

3. ¿Qué ____________________ tiene ella con Ud.? ¿Es su tía?

4. Antonio no está en clase hoy. Está ____________________. Los demás niños están ____________________.

5. Ella vive en un ____________________. Ésos son sus padres de crianza.

6. Voy a tomar otra clase de español el ____________________ que viene.

7. Mi hijo terminó la escuela secundaria y recibió su ____________________.

8. ¿Quién tiene la ____________________ de los niños, el padre o la madre?

9. Si no tiene padres, su ____________________ debe firmar el documento.

10. Sus padres no son casados, pero viven juntos. Viven en ____________________.

11. Su tía debe ir a la casa de Ud. para cuidar a los niños, porque ella no tiene ____________________.

12. Estamos divorciados, y mi esposo no tiene ____________________ a los niños.

B With a partner, write a case scenario similar to the one presented in this lesson, in which you incorporate the additional vocabulary.

LECTURA 2

DEPARTAMENTO DE SERVICIOS SOCIALES DEL ESTADO DE NUEVA YORK

Search

Read the following information about how to fill out a Social Services form. Try to guess the meaning of all cognates.

Cómo llenar la solicitud de servicios sociales

Para poder ayudarlo, el Departamento de Servicios Sociales debe saber quién es usted y qué necesita. Por eso, usted debe llenar esta solicitud, que nos informa de lo siguiente sobre usted:

- Quién es usted.
- Dónde vive usted.
- Cómo vive.
- Cómo podemos ayudarlo.

Las instrucciones y la solicitud están numeradas por sección para ayudarlo. No les preste atención a los números impresos en las casillas que usted completa. Puede escribir sobre estos números, si es necesario.

- ESCRIBA EN LETRAS DE MOLDE Y CLARAMENTE.
- NO ESCRIBA EN LAS ÁREAS SOMBREADAS.[1]
- ASEGÚRESE DE LLENAR CADA UNA DE LAS SECCIONES.
- SI USTED ESTÁ SOLICITANDO AYUDA EN REPRESENTACIÓN DE ALGUIEN, HAGA EL FAVOR DE ESCRIBIR EN LETRAS DE MOLDE LA INFORMACIÓN SOBRE ESA OTRA PERSONA, Y NO LA DE USTED.

RENUNCIA: Si usted desea renunciar a su solicitud o retirarla, discuta esto con su examinador(a) de elegibilidad.

Además de la forma DSS-2921-S NYC: "Solicitud", asegúrese de obtener los siguientes folletos:

1. "Lo que usted debe saber acerca de sus derechos y responsabilidades"
2. "Lo que usted debe saber acerca de los programas de servicios sociales"
3. "Lo que usted debe saber si tiene una emergencia"

[1]**sombreadas** *shaded*

Nombre ______________ Sección ______________ Fecha ______________

Dígame... After reading the **Lectura** carefully, answer the following questions.

1. ¿Qué necesita saber el Departamento de Servicios Sociales para poder ayudar a una persona?

   ____

2. ¿Qué información tiene el Departamento de Servicios Sociales cuando una persona llena la solicitud?

   ____

3. ¿Cómo están numeradas las instrucciones y la solicitud?

   ____

4. ¿Con qué tipo de letra debe escribir la persona?

   ____

5. ¿Dónde no debe escribir?

   ____

6. Si la persona desea renunciar a su solicitud o retirarla, ¿con quién debe discutir esto?

   ____

7. ¿Qué información puede obtener la persona que tiene los folletos que sugiere (*suggests*) la lectura?

   a. ______________

   b. ______________

   c. ______________

Nombre ______________________ Sección ____________ Fecha ____________

LECCIONES 6–10 REPASO

Práctica de vocabulario

A Circle the word or phrase that does not belong in each group.

1. volver gastar costar
2. menor siguiente mayor
3. salario sueldo almuerzo
4. ir mantener asistir
5. barrio empleo entrada
6. duro difícil actual
7. hacer saber durar avisar
8. preguntar contestar completar
9. ahora en este momento en efectivo
10. solamente nada más que por un tiempo
11. dato oficio profesión
12. juzgado entrenamiento abogada
13. cobrar casarse divorciarse
14. lo más pronto posible después cuanto antes
15. enfermedad beca dolor
16. horario hijos guardería
17. clase matricularse agradecer
18. no asiste falta mira
19. después más tarde poco
20. doler mandar enviar
21. continuar preparar seguir
22. escuela factoría fábrica
23. primavera cocinero verano
24. alguien nadie a veces
25. barato viejo caro

Nombre ______________________ **Sección** __________ **Fecha** __________

B Circle the word or phrase that best completes each sentence.

1. ¿Cuál es su situación (dura / actual / mayor)?
2. Todo (cuesta / demora / depende) mucho dinero.
3. El dinero no me (atiende / alcanza / gasta).
4. Ellos van a (volver / poder / costar) a las dos.
5. ¿Hay algún supervisor (disponible / nocturno / anterior)?
6. Elena no vive en mi (cuenta corriente / barrio / empleo).
7. Yo (gano / pido / asisto) a la escuela secundaria.
8. ¿Vas a (conseguir / llevar / consistir) a María a la oficina?
9. ¿A qué hora es (el banco / el reglamento / el almuerzo)?
10. ¿Es grande o (principal / primera / pequeña)?
11. No tiene dinero porque (está sin trabajo / no hay nadie / no reevalúa).
12. Está en (el ahorro / el hombro / la página) veinte.
13. Voy a (completar / preguntar / conocer) si todos van a ir.
14. Van a estar allí (por completo / por un tiempo / en efectivo).
15. Quiere ser auxiliar (familiar / de enfermera / de la necesidad).
16. ¿Cuánto (cuentan / cuestan / cobran) las copias?
17. ¡Es muy (anterior / menor / joven)! Tiene veinte años.
18. Tienen que venir mañana (mientras / sin falta / yo mismo).
19. Tengo una (cita / beca / enfermedad) con el supervisor.
20. ¿Te vas o (te quedas / dejas / mejoras)?
21. Ellos (gastan / se mantienen / se quejan) mucho dinero.
22. Los demás regresaron el sábado (anoche / pasado / domingo).

Nombre ______________________ Sección ____________ Fecha ____________

C Match the questions in column **A** with the answers in column **B**.

	A	B
______	**1.** ¿Qué quieres?	**a.** El supervisor.
______	**2.** ¿Cuánto tiempo demoran?	**b.** No, abogado.
______	**3.** ¿Cuánto van a gastar?	**c.** Lo más pronto posible.
______	**4.** ¿Quién va a reevaluar tu caso?	**d.** No, menor.
______	**5.** ¿Eres mayor que ella?	**e.** Sí, es jardinero.
______	**6.** ¿Tienes una cuenta corriente?	**f.** Cien dólares. No tienen más.
______	**7.** ¿Es médico?	**g.** Sí, y por desgracia no tengo dinero...
______	**8.** ¿Tiene un oficio?	**h.** Sí, en el hombro.
______	**9.** ¿Tiene algún dolor?	**i.** La ropa.
______	**10.** ¿Cuándo vienen?	**j.** Una clase de inglés.
______	**11.** ¿Estás sin trabajo?	**k.** No, de ahorros.
______	**12.** ¿Qué vas a tomar?	**l.** Dos días.
______	**13.** ¿Trabaja mucho?	**m.** Cien dólares.
______	**14.** ¿Quién está con el bebé?	**n.** La niñera.
______	**15.** ¿Cuánto le hace falta?	**o.** Sí, nunca descansa.
______	**16.** ¿Hay alguien con usted?	**p.** No, estoy sola.

Nombre ______________________ Sección ____________ Fecha ____________

D Crucigrama

Horizontal

1. Voy a iniciar los __________ de divorcio.
4. centro de cuidado de niños
8. tomar parte
10. opuesto de **mucho**
11. Habla dos idiomas (*languages*); es __________.
14. opuesto de **preguntar**
16. Asiste a la __________ secundaria.
18. Vive en un __________ de la ciudad.
23. usar
24. *health,* en español
25. *training,* en español
26. Voy a hablar con una __________ familiar.
27. *medicine,* en español

Vertical

2. doctor en medicina
3. La necesitamos para el coche.
5. opuesto de **alguien**
6. sólo
7. Tengo una cuenta en el __________ de América.
9. ser suficiente
12. *to interview,* en español
13. opuesto de **mayor**
15. Seis trabajadoras sociales trabajan para ella. Es la __________ del departamento.
17. *schedule,* en español
19. dar gracias
20. opuesto de **grande**
21. opuesto de **antes**
22. sueldo

Nombre ______________________ **Sección** __________ **Fecha** __________

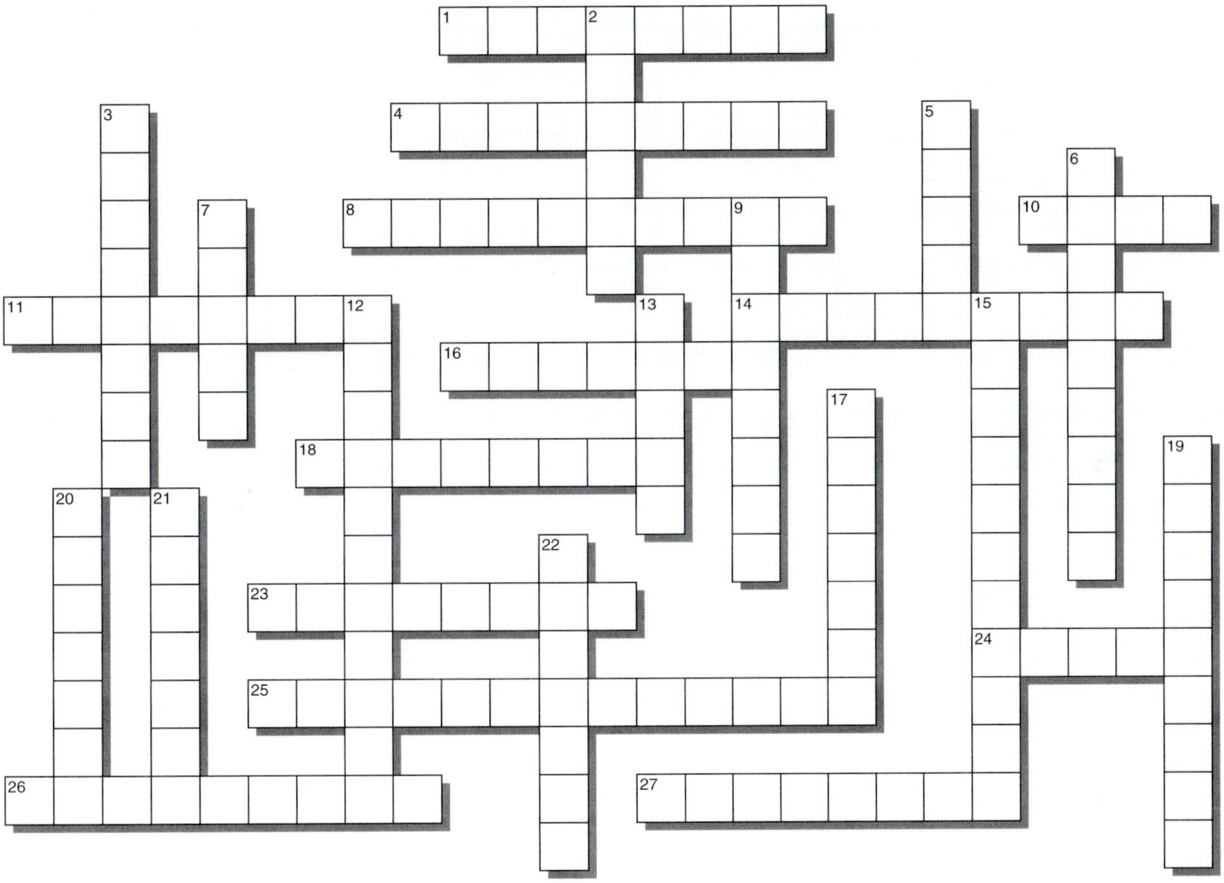

Nombre ______________________ Sección ____________ Fecha ____________

1-20 **Práctica oral** Listen to the following exercise on the audio program. The speaker will ask you some questions. Answer the questions using the cues provided. The speaker will confirm the correct answer. Repeat the correct answer.

1-21
1. ¿Está Ud. sin trabajo en este momento? (no)
2. ¿Trabaja Ud. por cuenta propia? (no)
3. ¿Cuántas horas al día trabaja Ud.? (ocho horas)
4. ¿A cuántas personas mantiene Ud. con su sueldo? (a tres)
5. ¿Gastan Uds. mucho dinero? (sí)
6. ¿Le alcanza a Ud. el dinero que recibe? (no)
7. ¿Cuánto dinero recibe Ud. al mes? (dos mil dólares)
8. ¿Cuánto dinero tiene Ud. en su cuenta de ahorros? (quinientos dólares)
9. ¿Cuánto dinero tiene Ud. en efectivo en este momento? (diez dólares)
10. ¿Cuánto paga Ud. por el cuidado de sus hijos? (cuatrocientos dólares al mes)
11. ¿Necesita Ud. algo nuevo este mes? (sí, un refrigerador)
12. ¿Prefiere Ud. los refrigeradores grandes o pequeños? (grandes)
13. ¿Tiene Ud. problemas de salud? (sí)
14. ¿A quién le va a escribir Ud. una carta? (a mi padre)
15. ¿Qué le va a decir? (que necesito ayuda)
16. ¿Cuánto tiempo piensa Ud. quedarse en esta ciudad? (por un tiempo)
17. ¿Sus hijos van a la escuela o a una guardería? (a la escuela)
18. ¿Con quién deja Ud. a sus hijos cuando sale? (con mi tía)
19. ¿Necesita Ud. hablar con un consejero familiar? (no)
20. ¿Cuántas clases tomó Ud. el año pasado? (dos)
21. ¿Aprendió Ud. mucho? (no)
22. ¿Por qué faltó Ud. mucho a clase? (por enfermedad)
23. ¿Cuándo piensa Ud. tomar otra clase de español? (el semestre próximo)
24. ¿Cuándo va a matricularse Ud. para la clase? (mañana)
25. ¿A qué hora termina la clase hoy? (a las diez)

Lección 11

Medicaid: El programa federal de servicios médicos

Objectives

Structures

- Time expressions with **hacer**
- Irregular preterits
- The preterit of stem-changing verbs (**e:i** and **o:u**)
- Command forms: **tú**

Communication

- Talking to Medicaid applicants: explaining the program

El Sr. Ortiz habla con la Srta. Juárez del programa federal de ayuda médica (Medicaid).

2-2

Srta. Juárez —Debe llenar estas planillas en su casa y traérmelas o mandármelas por correo.
Sr. Ortiz —Yo tengo que venir al centro mañana, de modo que se las puedo traer.
Srta. Juárez —Perfecto. Ahora, si además de su casa tiene alguna otra propiedad, debe traer los papeles.
Sr. Ortiz —Solamente tenemos la casa en que vivimos.
Srta. Juárez —¿Tienen Uds. automóviles?
Sr. Ortiz —Sí, mi señora tiene un carro, y yo tengo un camioncito para mi trabajo.
Srta. Juárez —Entonces, traiga el registro del camioncito, por favor.

Al día siguiente, el Sr. Ortiz y su esposa hablan con la Srta. Juárez.

Sr. Ortiz —Traje el registro y los otros papeles que Ud. me pidió.
Srta. Juárez —Muy bien. ¿Recibieron Uds. ayuda económica alguna vez?
Sr. Ortiz —Sí, en Oklahoma tuvimos que pedir ayuda. Estuvimos allí por unos seis meses, hasta que pudimos mudarnos.
Srta. Juárez —¿Cuándo dejaron de recibir ayuda?
Sra. Ortiz —El año pasado, cuando vinimos a Arizona.
Srta. Juárez —¿Cuánto tiempo hace que viven en Arizona?

Nombre ______________________ **Sección** ____________ **Fecha** ____________

Sr. Ortiz	—Hace ocho meses que vivimos en este estado.
Srta. Juárez	—Bien. Uds. son elegibles para recibir ayuda. Van a recibir su tarjeta de Medicaid dentro de dos semanas, más o menos.
Sra. Ortiz	—Pero yo necesito llevar a mi hijo al médico hoy.
Srta. Juárez	—En ese caso les voy a dar un documento provisional. Lleve esta planilla y el médico va a llenar esta sección. Fírmela al pie de la página y mándemela.
Sr. Ortiz	—¿Medicaid cubre todos los gastos médicos, incluidas las medicinas?
Srta. Juárez	—No, no todos. Este folleto les explica lo que cubre y lo que no cubre Medicaid.
Sr. Ortiz	—(*A su esposa*) Llama a Rosita y dile que ya tenemos ayuda médica.
Sra. Ortiz	—(*Por teléfono*) Rosita, conseguimos Medicaid. Llama a la Dra. González por teléfono y pídele un turno para tu hermano, para hoy mismo si es posible.

2-2

¡Escuchemos! While listening to the dialogue, circle **V (verdadero)** if the statement is true and **F (falso)** if it is false.

1.	La Srta. Juárez trabaja para el programa federal de ayuda médica.	V	F
2.	El Sr. Ortiz no puede traerle las planillas a la Srta. Juárez.	V	F
3.	El Sr. Ortiz tiene varias propiedades.	V	F
4.	El Sr. Ortiz y su esposa recibieron ayuda en Oklahoma.	V	F
5.	Ellos vivieron en Oklahoma por un año.	V	F
6.	Hace más de un año que el Sr. Ortiz y su esposa viven en Arizona.	V	F
7.	La Sra. Ortiz va a llevar a su hijo al médico.	V	F
8.	Medicaid cubre todos los gastos médicos.	V	F
9.	El Sr. Ortiz y su esposa no consiguieron ayuda médica.	V	F
10.	Rosita tiene que llamar a la Dra. González.	V	F

Nombre ______________________ Sección ______________ Fecha ______________

Audio

Vocabulario

Cognados

perfecto(a)
provisional
la sección

Nombres

el camioncito *pickup truck*
el centro *downtown area*
el folleto *brochure*
el hermano *brother*
la propiedad *property*
el turno *appointment*

Verbos

cubrir *to cover*
mudarse *to move (from one place to another)*

Adjetivos

incluido(a) *including*
médico(a) *medical*

Otras palabras y expresiones

además (de) *besides, in addition to*
al día siguiente *the next day, the following day*
al pie de la página *at the bottom of the page*
¿Cuánto tiempo hace que...? *How long have...?*
de modo que *so that*
dejar de (+ *inf.*) *to stop (doing something)*
hasta que *until*
lo que *what*
para hoy mismo *for today*
pedir (e:i) ayuda *to apply for aid*
si es posible *if possible*

Audio

Vocabulario adicional

La salud y el hospital

la ambulancia *ambulance*
el análisis, la prueba *test*
el antibiótico *antibiotic*
el cardiograma *cardiogram*
el (la) cirujano(a) *surgeon*
la clínica, la policlínica *clinic, hospital*
la Cruz Roja *The Red Cross*
dar de alta *to discharge (from the hospital)*
la emergencia *emergency*
el (la) especialista *specialist*
la farmacia, la botica *pharmacy, drugstore*
los gastos funerarios *funeral expenses*
el laboratorio *laboratory*
morir (o:ue) *to die*
operarse *to have surgery*
el (la) paciente externo(a) *outpatient*
el (la) paciente interno(a) *inpatient*
el (la) paramédico(a) *paramedic*
los primeros auxilios *first aid*
la radiografía *X-ray*
la receta *prescription*
la sala de emergencia *emergency room*
el sonograma *sonogram*

Nombre ______________________ Sección ____________ Fecha ____________

NOTAS CULTURALES

Search

In some Spanish-speaking countries, people consult not only medical doctors about their health problems but also their local pharmacists. In general, pharmacists in the Spanish-speaking world receive rigorous training and are up-to-date in pharmacology. They often give shots and recommend or prescribe medicines because many drugs, such as antibiotics, can be bought without a prescription. In view of this, many newly arrived Latinos in the United States are surprised to learn that they cannot get some medicines they bought over-the-counter in their countries without a doctor's prescription and that they need to factor in the cost of seeing a doctor to the cost of some of the medicine they may need.

Actividades

Dígame... Answer the following questions, basing your answers on the dialogue.

1. ¿Qué debe llenar el Sr. Ortiz?

   ____

2. ¿Qué debe hacer después de llenarlas?

   ____

3. ¿Adónde tiene que ir el Sr. Ortiz mañana?

   ____

4. ¿Qué propiedades tiene la familia Ortiz?

   ____

5. ¿Cuántos automóviles tiene la familia Ortiz? ¿Cuáles son?

   ____

6. ¿Recibió ayuda alguna vez la familia Ortiz?

   ____

7. ¿Cuándo dejó de recibir ayuda la familia Ortiz?

   ____

8. ¿Cuánto tiempo hace que la familia Ortiz vive en Arizona?

   ____

Nombre ________________________ Sección ____________ Fecha ____________

9. ¿Qué explica el folleto que la Srta. Juárez le da al Sr. Ortiz?

____

10. ¿Para qué va a llamar Rosita al médico?

____

Hablemos Interview a classmate, using the following questions. When you have finished, switch roles.

1. ¿Tiene Ud. alguna propiedad?
2. ¿Usa Ud. un automóvil para su trabajo? ¿De qué tipo?
3. ¿Cuánto tiempo hace que Ud. vive en este estado?
4. ¿Le gusta su barrio o quiere mudarse?
5. ¿Tiene Ud. seguro médico?
6. ¿Qué cubre y qué no cubre su seguro médico?
7. ¿Fue Ud. al médico ayer?
8. ¿Cuánto tiempo hace que no va al médico?
9. ¿Vino Ud. a clase ayer? ¿Qué más hizo?
10. ¿Cuánto tiempo hace que asiste a esta universidad?

Quiz

Vamos a practicar

A Write the following dialogues in Spanish.

1. "How long have they lived in New York?"

   "They have been living in New York for ten years."

   ____

   ____

2. "How long have you been receiving financial aid?"

   "I have been receiving it for six months."

   ____

   ____

Nombre ______________________ **Sección** ______________ **Fecha** ______________

3. "How long has she been working here?"

   "She has been working here for two weeks."

   ____

   ____

B Rewrite the following sentences, changing the italicized verbs to the preterit.

1. Ella *viene* porque *tiene* que firmar los documentos.

   ____

2. Nosotros no *podemos* llenar la otra sección.

   ____

3. ¿*Traes* los papeles de la otra propiedad?

   ____

4. Ellos *tienen* que llevar a su hijo al médico.

   ____

5. Yo no *quiero* pagar los servicios médicos.

   ____

6. Él lo *hace* por su cuenta.

   ____

7. No *es* posible pagar todos los servicios médicos.

   ____

8. María y Rosa *están* en la oficina del Sr. Pérez.

   ____

9. Ellos les *piden* las planillas.

   ____

10. Ud. *consigue* ayuda del condado.

    ____

11. El Sr. Paz *sigue* hablando.

    ____

12. Ella *prefiere* hablar con el supervisor.

    ____

Nombre ______________________ **Sección** ____________ **Fecha** ____________

C Change the following sentences to familiar (**tú**) commands.

MODELO *Tienes que hablar* con él.
***Habla* con él.**

1. *Tienes que venir* a las dos y *traerme* el registro.

____

2. *Tienes que darle* las planillas al supervisor; *no debes dárselas* al Sr. Peña.

____

3. *Tienes que ir* a la oficina y *decirle* a la Sra. Parra que la necesitamos.

____

4. *Tienes que hacerme* un favor. *Tienes que llamarme* a las cuatro.

____

5. *No debes quedarte* aquí. *Debes mudarte.*

____

Conversaciones breves

Complete the following dialogue, using your imagination and the vocabulary from this lesson.

La Srta. Paz habla con el Sr. Miró sobre el programa de ayuda médica.

Sr. Miró —Señorita, necesito ayuda económica y también ayuda médica.

Srta. Paz —____

Sr. Miró —Hace dos meses que no tengo trabajo.

Srta. Paz —____

Sr. Miró —Trabajé nueve meses en un banco.

Srta. Paz —____

Sr. Miró —Hace diez meses que vivo en este estado.

Srta. Paz —____

Sr. Miró —Empecé a recibir ayuda cuando me mudé a este estado.

Srta. Paz —____

Sr. Miró —Sí, soy casado y tengo dos niños.

Srta. Paz —____

Sr. Miró —¿Puedo llenar las planillas aquí mismo? Necesito llevar a uno de mis niños al médico.

Srta. Paz —____

Nombre ____________________ **Sección** __________ **Fecha** __________

Sr. Miró —¿Dónde debo firmar yo?

Srta. Paz —____

Sr. Miró —Después, ¿qué hago con la planilla?

Srta. Paz —____

En estas situaciones

What would you say in the following situations? What might the other person say?

1. You are a Medicaid worker, talking to a client. Tell him/her to fill out the forms and to bring them or mail them to you. Say also that if the client has any other property besides a house where he/she lives, he/she must bring the papers. Find out if the client has any other car in addition to the one he/she uses for transportation.
2. You are talking to a friend who is very poor. Tell your friend to apply for financial aid in order to get help and to go to the Department of Social Services tomorrow and fill out the forms. Explain that a Medicaid card will arrive in two or three weeks.
3. You are talking to a client. Ask your client how long he/she has lived in the state, and whether he/she has ever received financial aid. Tell the client that he/she is eligible to receive aid but that he/she must pay part of the medical expenses. Offer a brochure that explains what Medicaid covers.

Casos

Act out the following scenarios with a partner.

1. A Medicaid worker is telling a client what to do to receive Medicaid. All possible information about the client should be obtained.
2. Help a new client obtain medical assistance before his/her Medicaid card comes in.

Nombre ______________________ Sección ____________ Fecha ____________

Un paso más

A Review the **Vocabulario adicional** in this lesson and then match the questions in column **A** with the answers in column **B.**

A		B
______	**1.** ¿Cómo la trajeron a la sala de emergencia?	**a.** Sí, y yo tengo que pagar los gastos funerarios.
______	**2.** ¿Está en el hospital?	**b.** Sí, necesita un antibiótico.
______	**3.** ¿Qué te dijo tu médica?	**c.** Que tenía que operarme.
______	**4.** ¿Murió tu abuela?	**d.** Un buen cirujano.
______	**5.** ¿Quién te va a operar?	**e.** Sí, me van a hacer unos análisis.
______	**6.** ¿Vas a ir a la farmacia?	**f.** No, una radiografía.
______	**7.** ¿Tienes que ir al laboratorio?	**g.** No, lo dieron de alta.
______	**8.** ¿Tiene una infección?	**h.** Los paramédicos.
______	**9.** ¿Es un paciente interno?	**i.** No, porque no tengo la receta.
______	**10.** ¿Te hicieron un sonograma?	**j.** Un cardiograma.
______	**11.** ¿Quiénes te dieron los primeros auxilios?	**k.** No, externo.
______	**12.** ¿Qué necesita el paciente?	**l.** En una ambulancia.

B With a partner, write a case scenario similar to the one presented in this lesson, in which you incorporate the additional vocabulary.

LECCIÓN 12

MALTRATO DE UN NIÑO (I)

OBJECTIVES

Structures

- The imperfect tense
- The preterit contrasted with the imperfect

Communication

- Investigating child abuse

2-3

La Sra. Rosa Soto toca a la puerta de la casa de la familia Torres y un hombre le abre.

Sra. Soto —Buenos días. ¿Es Ud. el Sr. Pedro Torres?
Sr. Torres —Sí, soy yo. ¿Qué se le ofrece?
Sra. Soto —Soy Rosa Soto y trabajo para la Sección Protectora de Niños. Aquí tiene mi tarjeta.
Sr. Torres —Pase y siéntese. ¿En qué puedo servirle?
Sra. Soto —Vine para investigar cierta información que recibimos ayer. Alguien llamó para decir que aquí estaban maltratando a un niño.
Sr. Torres —¿Qué? ¿Quién dijo eso?
Sra. Soto —Lo siento, pero no puedo decírselo. Las denuncias de este tipo son confidenciales.
Sr. Torres —Pero eso es mentira. Además, nadie tiene autoridad para decirnos cómo disciplinar a nuestros hijos.
Sra. Soto —Está equivocado, Sr. Torres. En este país no aceptan ciertas formas de disciplinar a los niños. ¿Puedo ver a su hijo, por favor? Se llama... Raúl, ¿verdad?
Sr. Torres —Sí... Voy a llamarlo. Un momento.

El Sr. Torres trae a Raúl de la mano. El niño es muy delgado y está muy pálido. La Sra. Soto lo examina y ve que tiene un chichón en la cabeza, cicatrices en las piernas, y moretones en los brazos y en las nalgas.

Sra. Soto —¿Qué le pasó al niño?
Sr. Torres —Anoche se cayó en la escalera. Yo no lo vi porque no estaba en casa, pero mi esposa me contó lo que pasó.

Nombre ______________________ Sección ______________ Fecha ______________

Sra. Soto —¿Lo llevaron al médico?
Sr. Torres —No. El niño dijo que estaba bien y no lloró. Además, eran las ocho de la noche.
Sra. Soto —¿Dónde estaba su esposa?
Sr. Torres —Ella estaba en la cocina.
Sra. Soto —El médico debe examinar a este niño, Sr. Torres. ¿Cuándo puede llevarlo?
Sr. Torres —Esta tarde o mañana.
Sra. Soto —Muy bien. Necesito el nombre de su médico. Voy a hablar con él y voy a regresar dentro de tres días.

Tres días después:

Sra. Soto —Tuve que llamar a la policía, Sra. Torres. Ellos van a venir a llevar a su hijo a la casa de una familia que lo va a cuidar.
Sra. Torres —¡No, Uds. no me van a quitar a mi hijo!
Sra. Soto —Va a haber una audiencia y, después de oírlos a Uds., al médico y a otros testigos, un juez va a decidir si su hijo tiene que quedarse con la otra familia.
Sra. Torres —Eso no puede ser. Mi hijo no se va a criar con gente extraña.
Sra. Soto —Es para ayudar al niño, Sra. Torres, y a Uds. también.

2–3

¡Escuchemos!

While listening to the dialogue, circle **V (verdadero)** if the statement is true and **F (falso)** if it is false.

1. La Sra. Soto dijo que las denuncias sobre maltratos de niños eran confidenciales.	V	F
2. El Sr. Torres dice que él no sabe qué hacer para disciplinar a sus hijos.	V	F
3. La Sra. Soto quiere ver a Raúl.	V	F
4. Raúl tiene cicatrices y moretones y un chichón en la cabeza.	V	F
5. El Sr. Torres dice que su esposa se cayó en la escalera.	V	F
6. La Sra. Soto va a llevar a Raúl al médico.	V	F
7. La Sra. Soto llamó a la policía.	V	F
8. Raúl se va a quedar con sus padres.	V	F
9. Un juez va a decidir con quién se va a quedar Raúl.	V	F
10. La Sra. Soto quiere ayudar al juez.	V	F

Nombre ______________________ **Sección** ____________ **Fecha** ____________

Audio

VOCABULARIO

COGNADOS

la autoridad
confidencial
la policía

NOMBRES

la audiencia, la vista *(court) hearing*
el brazo *arm*
la cabeza *head*
el chichón *bump (on the head)*
la cicatriz *scar*
la cocina *kitchen*
la denuncia *accusation, report (of a crime)*
la escalera *stairs*
la forma *way*
la gente *people*
el (la) juez *judge*
el maltrato *abuse*
la mentira *lie*
el moretón, el morado, el cardenal *bruise*
la nalga *buttock, rump*
la noche *night*
la pierna *leg*
la Sección Protectora (el Departamento de Protección) de Niños *Child Protective Services*
el (la) testigo *witness*
el (la) vecino(a) *neighbor*

VERBOS

abrir *to open*
aceptar *to accept*
caerse[1] *to fall down*
examinar, chequear *to examine, to check*
criarse *to be raised*
decidir *to decide*
disciplinar *to discipline*
investigar *to investigate*
irse *to go away*
llamarse *to be named, to be called*
llorar *to cry*
maltratar *to abuse, to mistreat*
oír[2] *to hear*
pasar, suceder *to happen*
quitar *to take away*

ADJETIVOS

cierto(a) *certain*
delgado(a) *thin*
extraño(a) *strange (unknown)*
pálido(a) *pale*

OTRAS PALABRAS Y EXPRESIONES

¿cómo? *how?*
de la mano *by the hand*
estar equivocado(a) *to be wrong*
¿Qué se le ofrece? *What can I do for you?*
Siéntese. *Sit down.*
tocar a la puerta *to knock at the door*
va a haber *there is going to be*

---

[1]Irregular first person present indicative: **me caigo**
[2]Irregular present indicative: **oigo, oyes, oye, oímos, oyen**

Nombre ______________________ Sección ____________ Fecha ____________

Audio

VOCABULARIO ADICIONAL

LAS PARTES DEL CUERPO

la boca *mouth*
la cadera *hip*
la cara *face*
el corazón *heart*
el cuello *neck*
el dedo *finger*
el dedo del pie *toe*
el diente *tooth*
la espalda *back*
el estómago *stomach*
el hígado *liver*
la lengua *tongue*
la muela *molar, tooth*
la nariz *nose*
el ojo *eye*
la oreja *ear*
el pecho *chest*
el pelo, el cabello *hair*
el pie *foot*
el pulmón *lung*
el riñón *kidney*
la rodilla *knee*
el seno *breast*
el tobillo *ankle*

NOTAS CULTURALES

Search

In some Spanish-speaking countries, parents are still accustomed to disciplining their children through corporal punishment. This type of discipline either is not prohibited by law or is tolerated by the authorities. Generally speaking, mothers do the spanking, but if the misbehavior is serious, the father administers more serious punishment. He may hit the children with a belt or a leather strap. It is important, however, not to overgeneralize this disciplinary practice. Also keep in mind that, in general, Latino families tend to be close-knit units in which all family members spend time together and help and support one another. Usually, unless questions of study or work arise, children continue to live with their parents until they get married, even beyond the time when they are no longer minors.

Actividades

Dígame... Answer the following questions, basing your answers on the dialogue.

1. ¿Quién es la Sra. Soto?

____

2. ¿Para qué fue la Sra. Soto a casa de la familia Torres?

____

Nombre ______________________ Sección ____________ Fecha ____________

3. ¿Cuál es el nombre del niño maltratado?

____

4. ¿Cómo es Raúl? ¿Cómo está?

____

5. ¿Dónde tiene cicatrices y moretones?

____

6. ¿Qué dice el Sr. Torres que le pasó al niño? ¿Cómo lo sabe?

____

7. ¿Quién llamó a la Sección Protectora de Niños ayer? ¿Por qué llamó?

____

8. ¿Por qué llamó a la policía la Sra. Soto?

____

9. ¿Adónde van a llevar a Raúl?

____

Hablemos Interview a classmate, using the following questions. When you have finished, switch roles.

1. ¿Sabe Ud. si alguno de sus vecinos maltrata a sus hijos?
2. Si Ud. sabe que alguien está maltratando a un niño, ¿qué hace?
3. ¿Por qué no puede decir la Sección Protectora de Niños quién fue la persona que informó acerca del (*about*) maltrato?
4. Si una familia está maltratando a un niño, ¿qué hace la Sección Protectora de Niños?
5. ¿Por qué debe ser examinado el niño por un médico?
6. ¿Por qué necesita saber la Sección Protectora de Niños el nombre del médico?
7. Un niño maltratado, ¿debe ser criado por una familia extraña? ¿Por qué o por qué no?
8. ¿A quiénes llaman como testigos en una audiencia por maltrato de un niño?
9. ¿Quiénes maltratan más a los niños, los padres o las madres? ¿Por qué cree Ud. eso?
10. ¿Hay muchos casos de maltrato de niños en este país?

Nombre ______________________ Sección ____________ Fecha ____________

Vamos a practicar

Quiz

A Complete the following sentences, using the preterit or the imperfect of the verbs given.

Modelo La vecina le __________ (decir) a la policía que tú __________ (maltratar) al niño.
La vecina le **dijo** a la policía que tú **maltratabas** al niño.

1. Ayer ellos no ____________________ (poder) venir porque ____________________ (tener) un accidente.
2. Anoche yo le ____________________ (decir) que nosotros ____________________ (tener) que llevar a Raúl al médico.
3. Ayer nosotros te ____________________ (decir) que nosotros no ____________________ (poder) hablar con el juez.
4. ____________________ (Ser) las cuatro cuando el juez ____________________ (llegar).
5. Anoche el Sr. Torres le ____________________ (decir) al policía que nadie ____________________ (tener) autoridad para decirle cómo ____________________ (deber) disciplinar a sus hijos.
6. La Sra. Soto le ____________________ (informar) que en este país no ____________________ (aceptar) ciertos tipos de castigo.

B Answer the questions, using the cues provided.

Modelo —¿Qué hizo la Sra. Soto? (*knocked at the door*)
—La Sra. Soto tocó a la puerta.

1. —¿Dónde la viste? (*at school*)

   —____

2. —¿Cuándo vino? (*at noon*)

   —____

3. —¿Dónde estaba su esposa? (*at home*)

   —____

4. —¿Dónde se cayó? (*at the end of the hallway*)

   —____

Nombre ______________________ Sección ______________ Fecha ______________

Conversaciones breves Complete the following dialogues, using your imagination and the vocabulary from this lesson.

La Sra. Arocha, de la Sección Protectora de Niños, habla con la Sra. Silva.

Sra. Arocha —Buenos días, señora. Soy de la Sección Protectora de Niños y deseo ver a su hija.

Sra. Silva —____

Sra. Arocha —Deseo ver a su hija porque tenemos información de que alguien la maltrató ayer.

Sra. Silva —____

Sra. Arocha —Está bien, señora, pero yo necesito verla.

Sra. Silva —____

Sra. Arocha —Si no puedo verla ahora, voy a llamar a la policía.

Sra. Silva —____

La Sra. Silva llama a Lupita y la Sra. Arocha habla con ella.

Sra. Arocha —¿Qué te pasó, Lupita? ¿Por qué tienes esos moretones en los brazos y en las piernas?

Lupita —____

Sra. Arocha —¿Dónde te caíste, Lupita?

Lupita —____

Sra. Arocha —¿Qué hacías en la escalera?

Lupita —____

Sra. Arocha —¿Dónde estaba tu mamá?

Lupita —____

Sra. Arocha —¿Te llevó tu mamá al médico?

Lupita —____

Sra. Arocha —(*A la Sra. Silva*) Señora, el médico debe examinar a la niña. ¿Cuándo puede llevarla?

Sra. Silva —____

Sra. Arocha —Si no tiene seguro médico, llévela al hospital del condado.

Sra. Silva —____

Dos días después:

Sra. Arocha —Sra. Silva, el médico tuvo que notificar a la policía porque la niña tenía muchos moretones. Ellos van a llevar a la niña a casa de otra familia.

Sra. Silva —____

Sra. Arocha —Es por unos días, señora. Después va a haber una audiencia y un juez va a decidir quién debe criar a la niña.

Nombre ______________________ Sección ____________ Fecha ____________

En estas situaciones

What would you say in the following situations? What might the other person say?

1. You are visiting the house of the Herrera family. Introduce yourself and tell them whom you work for. Explain that you came to investigate certain information that you received the previous day. Tell them someone called to report that they were abusing a child and that the report is confidential.
2. You are talking to the mother of an abused child. Inform her that a doctor must check the child because she has scars on her face and bruises on her arms, legs, and buttocks. Explain that you need the name of their family doctor and that you are going to return in two days.
3. You have had to call the police about a case of child abuse. Tell the parents that the police are going to take the child to a family who is going to take care of him. Mention the witness hearing and what the judge has to decide. When the parents react to this information, reassure them that you want to help them and the child.

Casos

Act out the following scenarios with a partner.

1. You are a social worker making an initial visit to a home to investigate a possible case of child abuse.
2. You have taken an investigation of child abuse to the next stages. Explain to the parents the involvement of medical and police personnel and the court system.

Un paso más

A Review the **Vocabulario adicional** in this lesson, and name the following parts of the body.

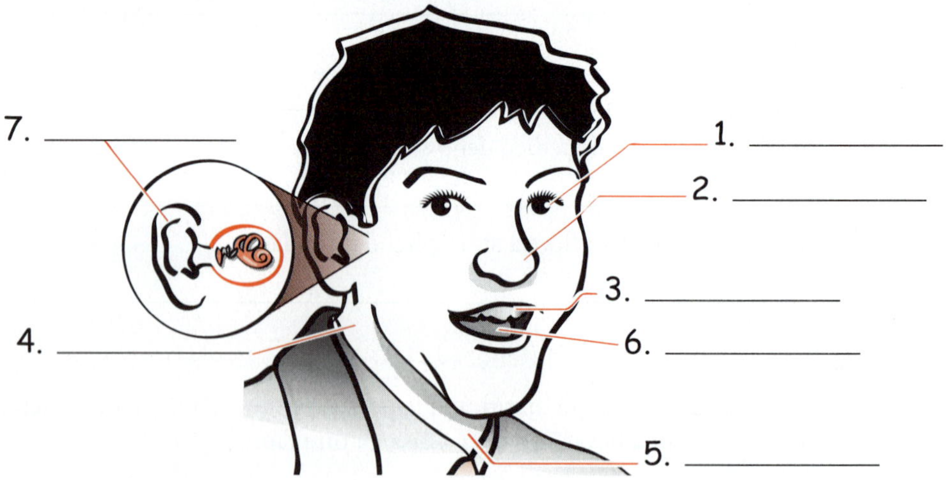

Nombre ______________________ **Sección** ____________ **Fecha** ____________

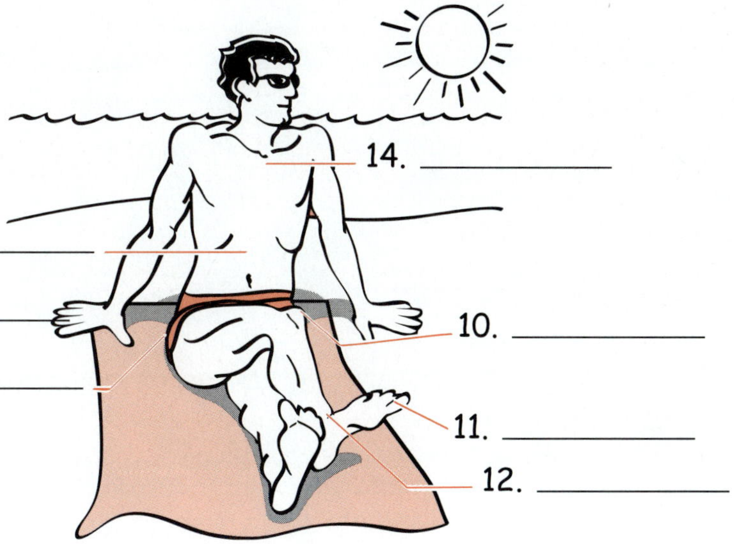

B Review the **Vocabulario adicional** in this lesson once again, and match the Spanish terms in column **A** with their English equivalents in column **B.**

A		B
______	**1.** corazón	**a.** *toe*
______	**2.** espalda	**b.** *kidney*
______	**3.** pelo	**c.** *heart*
______	**4.** hígado	**d.** *face*
______	**5.** cara	**e.** *liver*
______	**6.** seno	**f.** *hair*
______	**7.** riñón	**g.** *lung*
______	**8.** lengua	**h.** *back*
______	**9.** pulmón	**i.** *tongue*
______	**10.** dedo del pie	**j.** *breast*

C With a partner, write a case scenario similar to the one presented in this lesson, in which you incorporate the additional vocabulary.

LECCIÓN 13
MALTRATO DE UN NIÑO (II)

OBJECTIVES

Structures

- **Hace** meaning ***ago***
- **¿Qué?** and **¿cuál?** used with **ser**
- Changes in meaning with the imperfect and preterit of **conocer, saber,** and **querer**

Communication

- Child abuse: talking to abusive parents

2-4

Hace diez minutos que la Sra. Soto llegó a la casa del Sr. Torres. Ahora está hablando con el Sr. Torres para averiguar más sobre el caso.

Sra. Soto —¿Qué tipo de disciplina usan Uds., Sr. Torres? ¿Qué hacen cuando el niño se porta mal?
Sr. Torres —Bueno, yo no estoy mucho en mi casa. Mi señora es la que lo castiga.
Sra. Soto —¿Cómo lo castiga?
Sr. Torres —A veces lo manda a su cuarto y a veces le da una paliza.
Sra. Soto —¿Le pega con la mano abierta o con el puño?
Sr. Torres —Cuando está muy enojada le pega con el puño o con un cinto. Es que el niño es muy travieso.
Sra. Soto —¿Le nota Ud., a veces, marcas o morados?
Sr. Torres —Sí, el otro día noté que tenía un morado en la cara. Me dijo que no sabía qué era, pero yo sé que me mintió.
Sra. Soto —¿Sabía Ud. que maltratar a un niño es un delito?
Sr. Torres —No, no lo sabía; lo supe cuando Ud. me lo dijo.
Sra. Soto —¿Ud. y su esposa se llevan bien o están teniendo algunos problemas?
Sr. Torres —Tenemos problemas porque ella siempre se queja... sobre todo desde que murió nuestro bebito, hace un año.
Sra. Soto —¿Consultaron Uds. con algún consejero familiar?

Nombre ______________________ Sección ____________ Fecha ____________

Sr. Torres —Su mamá quería llevarla a un psicólogo, pero ella no quiso ir.
Sra. Soto —¿Por qué no?
Sr. Torres —Porque no nos gusta hablar de nuestras cosas con personas extrañas. No se gana nada con eso.
Sra. Soto —¿Ayuda Ud. a su esposa con los trabajos de la casa o con el cuidado del niño?
Sr. Torres —Ése es su trabajo. Yo vengo a casa cansado después de trabajar todo el día.
Sra. Soto —¿Toman Uds. bebidas alcohólicas?
Sr. Torres —No mucho. Cerveza o vino.
Sra. Soto —¿Todos los días?
Sr. Torres —No, los fines de semana, cuando yo cobro.
Sra. Soto —¿Está tomando su esposa alguna medicina para la depresión nerviosa?
Sr. Torres —Sí, mi esposa toma sedantes y también calmantes cuando le duele mucho la cabeza. Se los recetó el médico.
Sra. Soto —¿Toma *Prozac*?
Sr. Torres —¿Qué es el *Prozac*?
Sra. Soto —Es un antidepresivo que algunos piensan que pone violentas a algunas personas.
Sr. Torres —No, ella no toma eso.
Sra. Soto —¿Tiene Raúl algún problema de salud?
Sr. Torres —Creo que sí. No se queda quieto. Siempre anda corriendo y haciendo travesuras.
Sra. Soto —Gracias por contestar a mis preguntas, Sr. Torres. Ahora quiero hablar con su esposa, por favor.
Sr. Torres —Lo siento, pero mi señora acaba de salir. Fue a visitar a su mamá.
Sra. Soto —¿Cuál es el número de teléfono de su suegra?

2-4

¡Escuchemos! While listening to the dialogue, circle **V (verdadero)** if the statement is true and **F (falso)** if it is false.

1. La Sra. Torres es la que castiga al niño cuando él se porta mal.	V	F
2. A veces la Sra. Torres le pega al niño con el puño.	V	F
3. Es un delito maltratar a un niño.	V	F
4. El Sr. Torres siempre ayuda a su esposa cuando vuelve de su trabajo.	V	F
5. A veces la Sra. Torres necesita sedantes.	V	F
6. El Sr. Torres dice que su hijo no es un niño travieso.	V	F
7. La Sra. Soto quiere hablar con la Sra. Torres.	V	F
8. La Sra. Torres no está en su casa en este momento.	V	F
9. La mamá de la Sra. Torres está visitando a su hija.	V	F
10. La Sra. Soto quiere saber cuál es el número de teléfono de la suegra del Sr. Torres.	V	F

Nombre ____________________ Sección __________ Fecha __________

Audio

VOCABULARIO

COGNADOS

alcohólico(a)
el antidepresivo
la depresión nerviosa
la disciplina
la marca
el (la) psicólogo(a)
violento(a)

NOMBRES

la bebida *beverage, drink*
el bebito, el bebé *baby*
el calmante *painkiller, sedative*
la cara *face*
la cerveza *beer*
el cinto, el cinturón *belt*
la cosa *affair, thing*
el cuarto, el dormitorio, la habitación, la recámara (*Méx.*) *bedroom*
el delito *crime, transgression of law*
la paliza *spanking, beating*
la persona extraña *stranger*
el puño *fist*
el sedante *sedative, tranquilizer*
la suegra *mother-in-law*
el trabajo (las tareas) de la casa, los quehaceres del hogar *house chores, housekeeping, housework*
la travesura *mischief, prank*
el vino *wine*

VERBOS

andar *to go around, to walk*
averiguar *to find out*
castigar *to punish*
cobrar *to get paid*
consultar *to consult*
correr *to run*
ganar *to gain*
mentir (e:ie) *to lie, to tell a lie*
morir (o:ue) *to die*
notar *to notice*
pegar *to hit, to strike*
portarse *to behave*
quejarse *to complain*
recetar *to prescribe*
tomar *to drink, to take*
visitar *to visit*

ADJETIVOS

abierto(a) *open*
cansado(a) *tired*
enojado(a) *angry*
travieso(a), majadero(a), juguetón(ona) *mischievous, restless*

OTRAS PALABRAS Y EXPRESIONES

cuando *when*
el fin de semana *weekend*
el que, la que *the one who*
llevarse bien *to get along well*
mal *badly*
poner[1] **violento(a)** *to make violent*
portarse mal *to misbehave*
quedarse quieto(a) *to sit (stay) still*
sobre todo *especially, above all*
todo el día *all day long*

---

[1]Irregular first person present indicative: **yo pongo**

Nombre ______________________ Sección ____________ Fecha ____________

VOCABULARIO ADICIONAL

Audio

TÉRMINOS RELACIONADOS CON LOS MALTRATOS Y LA DISCIPLINA

el abuso sexual *sexual abuse*
la bofetada, la galleta (*Cuba, Puerto Rico*) *slap*
la fractura *fracture*
golpear, dar golpes *to hit, to strike*
el incesto *incest*
la mordida *bite*
la nalgada *spanking*
la patada *kick*
la quemadura *burn*
la sospecha *suspicion*
sospechar *to suspect*
la tensión familiar *family tension*
la trompada, el puñetazo *punch*
la víctima *victim*
la violencia doméstica *domestic violence*

NOTAS CULTURALES

Search

In Spanish-speaking cultures, the traditional view of the ideal family is that of a patriarchy in which a strong male figure wields the authority and is ultimately responsible for the well-being of all family members. This traditional view also calls for the wife to make child rearing and household chores her main concern. The concept of **machismo,** in which males are seen as virile, aggressive, and authoritative, plays a role in this idealized view of gender roles and family. While **machismo** and these traditional views may still be active in some Spanish-speaking countries, they frequently are not a reality in everyday life among Hispanic Americans. Degrees of male authoritarianism vary widely across families and individuals, and in general, women are important contributors to decision making and have, in subtle and direct fashions, authority in the family. More and more, Latina women are entering the workforce, and more and more Latino men are helping with the household chores and the care of the children.

Actividades

Dígame... Answer the following questions basing your answers on the dialogue.

1. ¿Qué desea averiguar la Sra. Soto?

____

2. ¿Cómo castiga la Sra. Torres a su hijo?

____

3. ¿Por qué lo castiga?

____

4. ¿Cuándo le pega al niño con el puño?

____

5. ¿Se llevan bien el Sr. Torres y su esposa?

____

6. ¿Desde cuándo se queja mucho la Sra. Torres?

____

7. ¿Por qué no consultan los Torres con un consejero familiar?

____

8. ¿Por qué no ayuda el Sr. Torres a su esposa con los trabajos de la casa?

____

9. ¿Qué bebidas alcohólicas toman el Sr. Torres y su esposa?

____

10. ¿Por qué no está en su casa la esposa del Sr. Torres?

____

Hablemos Interview a classmate using the following questions. When you have finished, switch roles.

1. ¿Era Ud. muy travieso(a) cuando era niño(a)?
2. ¿Cómo lo (la) disciplinaban sus padres?
3. ¿Le dieron alguna vez una paliza? ¿Por qué?
4. ¿Con quién habla Ud. de sus cosas?
5. ¿Se queja Ud. cuando tiene que hacer el trabajo de la casa?
6. ¿Es muy duro su trabajo? ¿Llega Ud. a su casa cansado(a)?
7. ¿Es Ud. casado(a)? ¿Se lleva Ud. bien con su suegra?
8. ¿A Ud. le gusta tomar bebidas alcohólicas? ¿Cuándo? ¿Cuál es su bebida favorita?
9. ¿Tomó Ud. alguna medicina hoy? ¿Para qué?
10. ¿Cuánto tiempo hace que Ud. le mintió a alguien?

Nombre ______________________ Sección ____________ Fecha ____________

Vamos a practicar

Quiz

A Complete the following sentences, using the preterit or imperfect of **saber, conocer,** or **querer.**

1. ¿Cuándo ____________ Ud. que él era el hijo de la Sra. Carreras?
2. Yo no ____________ a la mamá de Arnaldo. La ____________ anoche en la casa de Susana.
3. ¿Tú ____________ que ella vivía en esa casa?
4. Jorge no ____________ ir a hablar con el Sr. Guerra, pero tuvo que ir.
5. ¿Tú no fuiste a la casa de Teresa porque no ____________ o porque no pudiste?

B Say how long ago everything happened according to the information given.

MODELO Son las cuatro y media. Ella llegó a las cuatro.
Hace media hora que ella llegó.
or **Ella llegó hace media hora.**

1. Hoy es domingo. Ellos vinieron el jueves.
____
2. Estamos en agosto. Yo llegué a esta ciudad en febrero.
____
3. Son las seis de la tarde. Nosotros comenzamos a trabajar a las nueve de la mañana.
____
4. Son las siete y veinte. Ellos hablaron conmigo a las siete.
____

C Complete the following sentences with the Spanish equivalent of the words in parentheses.

1. ¿____________ (*What is*) su dirección?
2. ¿____________ (*Nothing is gained*) con hablar con personas extrañas.
3. ¿____________ (*What is*) una guardería? ¡Yo no sé qué es eso!
4. La oficina ____________ (*opens*) a las ocho y ____________ (*closes*) a las cinco.

Nombre ______________________ Sección ____________ Fecha ____________

Conversaciones breves

Complete the following dialogue, using your imagination and the vocabulary from this lesson.

La Sra. Arocha habla con el Sr. Silva para averiguar más sobre el maltrato de Lupita.

Sra. Arocha —¿Quién castiga a Lupita cuando se porta mal y no se queda quieta?

Sr. Silva —______________________________

Sra. Arocha —¿Solamente ella?

Sr. Silva —______________________________

Sra. Arocha —Lupita tiene muchas marcas y chichones en la cabeza. ¿Sabe Ud. por qué?

Sr. Silva —______________________________

Sra. Arocha —¿Por qué le pega su esposa a la niña?

Sr. Silva —______________________________

Sra. Arocha —¿Sabe Ud. con qué le pega?

Sr. Silva —______________________________

Sra. Arocha —¿Le pega frecuentemente?

Sr. Silva —______________________________

Sra. Arocha —Ud. y su esposa, ¿se llevan bien o tienen problemas?

Sr. Silva —______________________________

Sra. Arocha —¿Ayuda Ud. a su señora con los trabajos de la casa?

Sr. Silva —______________________________

Sra. Arocha —Yo creo que Uds. deben hablar con un consejero familiar.

Sr. Silva —______________________________

Sra. Arocha —¿Por qué no?

Sr. Silva —______________________________

En estas situaciones

What would you say in the following situations? What might the other person say?

1. You are conducting an investigation in a child-abuse case. Ask the child's mother what kind of discipline she uses and how she punishes misbehavior. Ask whether she uses a belt and whether she hits the child with an open hand or with her fist.
2. You are trying to ascertain what problems a family is having. The wife tells you that she and her husband don't get along well, especially now that they have another baby. Question her about who does the housework and who cares for the children, the use of alcohol, whether she takes any special medication, and whether their children have any special problems. Finally, thank her for answering your questions.
3. A client wants to see your supervisor. Tell him/her that the supervisor has just left and suggest that he/she return or call tomorrow. Your client asks for the supervisor's phone number and thanks you.

Nombre ______________________________ Sección ____________ Fecha ____________

Casos

Act out the following scenarios with a partner.

1. You are talking with a parent whom you suspect of child abuse. Ask him/her about the child's behavior and about the kind of discipline used. Then discuss any other problems that the parent is having with the child.
2. Discuss a couple's marital problems with them and recommend counseling.

Un paso más

A Review the **Vocabulario adicional** in this lesson and complete the following sentences.

1. La trabajadora social ____________________ que el padre maltrata a sus dos hijos.
2. El ____________________ es un caso de abuso sexual.
3. La médica debe ver al niño en seguida porque creo que tiene una ____________________ en la pierna derecha.
4. El trabajador social cree que la niña es una ____________________ de la violencia ____________________ porque tiene quemaduras en los brazos.
5. Maltratan al niño porque hay mucha ____________________ en la casa.
6. Le dio una ____________________ en la cara y luego le dio una ____________________ en la espalda.
7. La mamá le va a dar una ____________________ al niño porque él le dio una patada a su hermana.
8. Nunca es una buena idea ____________________ a un niño.

B With a partner, write a case scenario similar to the one presented in this lesson, in which you incorporate the additional vocabulary.

Lección 14 Ayuda a los ancianos

Objectives

Structures

- The past participle
- The present perfect tense
- The past perfect (pluperfect) tense

Communication

- The elderly: making a house call

2–5

El Sr. Ríos, visitador social, va a la casa de la Sra. Díaz, una anciana de noventa y un años.

Sr. Ríos —¿Qué tal, Sra. Díaz? ¿Cómo se siente?

Sra. Díaz —Estoy muy disgustada. La mujer que viene a hacerme la comida y la limpieza no ha ido al mercado.

Sr. Ríos —Recuerde que ella tiene solamente dos horas para limpiar y cocinar. Posiblemente no ha tenido tiempo, pero voy a hablar con ella.

Sra. Díaz —Ud. sabe que yo no manejo. ¿Cómo voy a ir al mercado?

Sr. Ríos —¿No puede ayudarla algún pariente o vecino?

Sra. Díaz —Algunos vecinos me ayudan, pero no siempre tienen tiempo. Otra cosa, el médico me ha dicho que necesito un andador.

Sr. Ríos —Muy bien. Déjeme anotarlo.

Sra. Díaz —Pronto voy a necesitar una silla de ruedas. A veces las piernas me duelen mucho y no puedo caminar con el bastón.

Sr. Ríos —¿Se lo ha dicho al médico?

Sra. Díaz —Sí. Otra cosa, los chicos de al lado han roto una ventana con una pelota.

Sr. Ríos —¿Qué otros problemas tiene? ¿Ya le arreglaron el calentador? Hace un mes me dijo que se había descompuesto.

Sra. Díaz —No. El dueño de la casa nunca arregla nada.

Sr. Ríos —Sra. Díaz, yo sé que a Ud. no le gusta la idea, pero yo creo que Ud. va a estar mejor en un asilo de ancianos. Allí no va a estar sola.

Sra. Díaz —Prefiero quedarme aquí.

Sr. Ríos —Lo sé, pero el otro día se cayó en la bañadera...
Sra. Díaz —Sí, y por suerte la señora que me hace la limpieza había venido ese día.
Sr. Ríos —Pero ella no está siempre aquí para atenderla. Ud. puede resbalar y caerse... Puede quemarse... No debe seguir viviendo sola. Es peligroso.
Sra. Díaz —Sí. A veces tengo dificultad hasta para ponerme los zapatos y la ropa, por la artritis. ¡Es terrible ser vieja!
Sr. Ríos —No diga eso, señora. Ud. va a ver que con otras personas de su edad se va a sentir mejor.
Sra. Díaz —No lo creo. Mi esposo murió en un hospital para convalecientes... Estaba muy enfermo y nunca había nadie con él.
Sr. Ríos —No debe pensar en eso.
Sra. Díaz —Bueno, vamos a ver. A lo mejor me mudo, porque aquí hay ratones y cucarachas.
Sr. Ríos —¡Tantos problemas! A ver por dónde empezamos.

2-5

¡Escuchemos!

While listening to the dialogue, circle **V (verdadero)** if the statement is true and **F (falso)** if it is false.

1. Hay una mujer que limpia la casa de la Sra. Díaz.	V	F
2. Los vecinos de la Sra. Díaz nunca la ayudan.	V	F
3. La Sra. Díaz ha hablado con su médico.	V	F
4. La Sra. Díaz no quiere una silla de ruedas.	V	F
5. Todavía no han arreglado el calentador.	V	F
6. El Sr. Ríos piensa que la Sra. Díaz debe ir a un asilo de ancianos.	V	F
7. El Sr. Ríos piensa que la Sra. Díaz puede tener un accidente si sigue viviendo sola.	V	F
8. La Sra. Díaz no tiene ninguna dificultad.	V	F
9. El esposo de la Sra. Díaz vive todavía.	V	F
10. La Sra. Díaz dice que a lo mejor se va a mudar.	V	F

Nombre ______________________ Sección ____________ Fecha ____________

VOCABULARIO

Audio

COGNADOS

la artritis
el (la) convaleciente
la dificultad
la idea
posiblemente
terrible

NOMBRES

el (la) anciano(a) *elderly man (woman)*
el andador *walker*
el asilo de ancianos, la casa para ancianos *home for the elderly*
la bañadera, la bañera (*Puerto Rico*), **la tina** (*Méx.*) *bathtub*
el bastón *cane*
el calentador, el calentón (*Méx.*) *heater*
los chicos *children*
la cucaracha *cockroach*
el (la) dueño(a) de la casa *landlord (landlady)*
la limpieza *cleaning*
el mercado *market*
el (la) pariente *relative*
la pelota *ball*
el ratón *mouse*
la silla de ruedas *wheelchair*
la ventana *window*
el (la) visitador(a) social *social worker who makes home visits*
el zapato *shoe*

VERBOS

anotar *to write down*
arreglar *to fix*
caminar *to walk*
cocinar *to cook*
dejar *to let, to allow*
descomponerse[1] *to break*
limpiar *to clean*
manejar, conducir[2] *to drive*
poner(se) *to put (on)*
quemar(se) *to burn (oneself)*
recordar (o:ue) *to remember*
resbalar *to slip*
romper *to break*
sentirse (e:ie) *to feel*

ADJETIVOS

descompuesto(a) *out of order, broken down*
disgustado(a) *upset*
peligroso(a) *dangerous*
tantos(as) *so many*

OTRAS PALABRAS Y EXPRESIONES

a lo mejor, quizá(s) *perhaps, maybe*
de al lado *next door*
había[3] *there was, there were*
hace un mes *a month ago*
hacer la comida *to cook (to prepare) dinner*
lo sé *I know*
nunca *never*
pensar (e:ie) en eso *to think about that*
por suerte *luckily*
pronto *soon*

---

[1]Irregular first person present indicative: **me descompongo**
[2]Irregular first person present indicative: **yo conduzco**
[3]The imperfect of the verb **haber,** whose impersonal form **hay** you are familiar with

Nombre ______________________ Sección ____________ Fecha ____________

Vocabulario adicional

Audio

LA CASA

el baño, el escusado[1] (*Méx.*) *bathroom*
el comedor *dining room*
la entrada *entrance*
el garaje *garage*
el jardín *garden*
el patio *backyard*
el portal *porch*
la sala *living room*
la sala de estar *family room, den*
el sótano *basement*

LOS MUEBLES Y LAS PARTES DE UN CUARTO

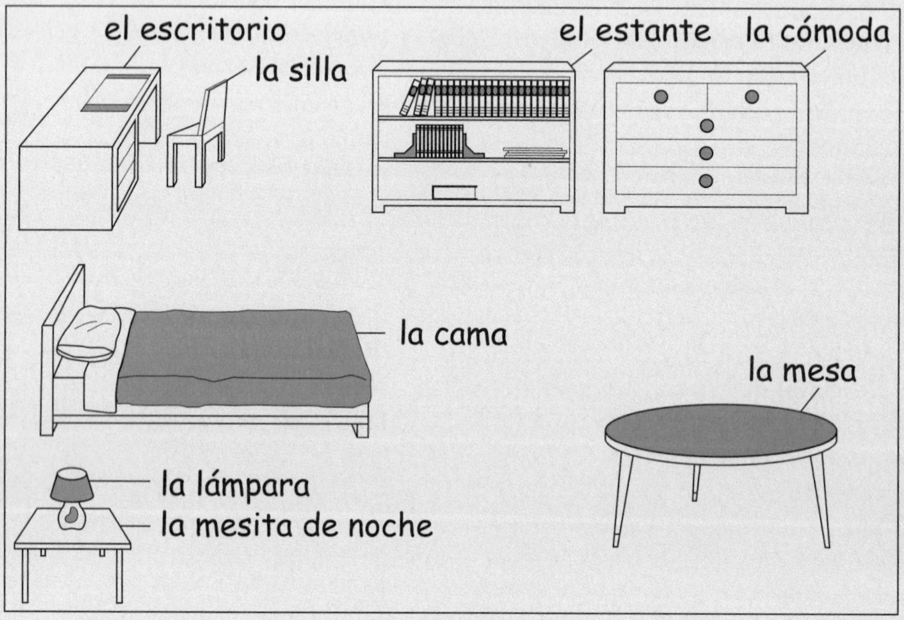

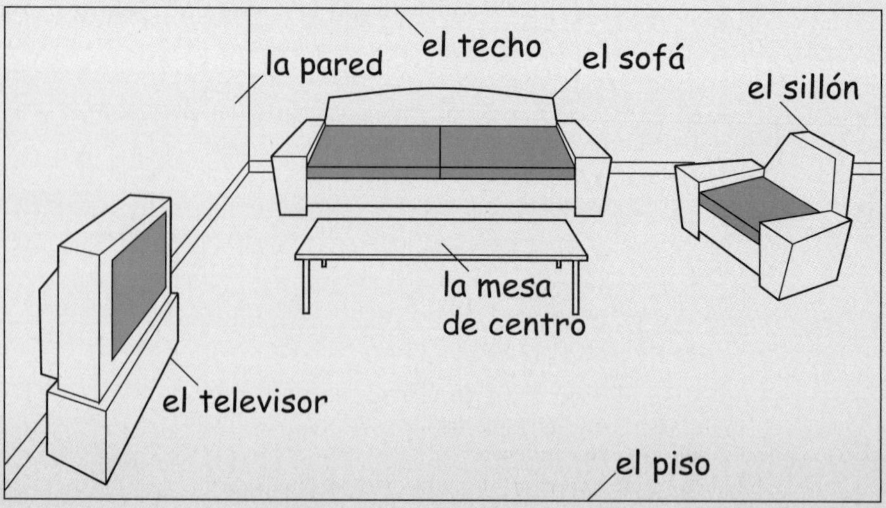

[1]Or **el excusado.**

Nombre ______________________ Sección ______________ Fecha ______________

NOTAS CULTURALES

Search

In general, in Spanish-speaking countries, sending a parent to a nursing home or to a home for the elderly is considered a social stigma and is used as a last resort. Institutions that care for the elderly do exist; they often have a religious affiliation and serve almost exclusively the elderly who lack families. For the most part, the elderly rarely live alone in Hispanic countries and cultures. Sometimes, one of the grown children and his/her spouse continue to live in the parents' home after marriage, particularly if only one parent is alive or remains alone in the household. Other times, one of the grown children will bring a parent to live in his/her home. This type of care for the elderly is not limited simply to parents: grandparents, uncles, aunts, and, at times, friends and neighbors also benefit from it, as well as other relatives who may or may not be elderly. For example, rarely does an unmarried, divorced, or widowed woman live alone. Like the elderly, she lives with a relative as a member of the extended family.

Actividades

Dígame... Answer the following questions, basing your answers on the dialogue.

1. ¿Quién visita a la Sra. Díaz?

   ____

2. ¿Qué edad tiene la Sra. Díaz?

   ____

3. ¿Por qué está disgustada la Sra. Díaz?

   ____

4. ¿Por qué no puede ir al mercado la Sra. Díaz?

   ____

5. ¿Por qué necesita un andador la Sra. Díaz?

   ____

6. ¿Dónde cree el visitador social que va a estar mejor la Sra. Díaz? ¿Por qué?

   ____

7. ¿Qué le pasó el otro día a la Sra. Díaz?

   ____

8. ¿Por qué no debe vivir sola la Sra. Díaz?

____

9. ¿Quién la ayudó cuando se cayó?

____

10. ¿Dónde murió el esposo de la Sra. Díaz?

____

Hablemos Interview a classmate, using the following questions. When you have finished, switch roles.

1. ¿Hay algunos ancianos en su familia? ¿Quiénes son?
2. ¿Viven solos? Si no viven solos, ¿con quién(es) viven?
3. ¿Cómo ayudan Ud. y los otros parientes a los ancianos de su familia?
4. ¿Cree Ud. que los ancianos viven mejor solos o en asilos?
5. ¿Vive Ud. solo(a)?
6. ¿Se ha caído Ud. en el baño alguna vez?
7. Cuando Ud. salió de su casa hoy, ¿ya había limpiado su cuarto?
8. ¿Ha tenido Ud. tiempo para ir al mercado hoy?
9. ¿Ha hecho la comida para esta noche?
10. ¿Ha visto cucarachas o ratones en su casa?
11. ¿Está Ud. disgustado(a) hoy?

Quiz

Vamos a practicar

A Rewrite the following sentences to show that the action reported has already occurred.

MODELO La anciana va a caerse.
La anciana *se ha caído*.

1. La mujer no va a ir al mercado.

____

2. Algunos vecinos me van a ayudar a limpiar la casa.

____

3. Los chicos de al lado van a romper una ventana.

____

4. El anciano va a ir al hospital para convalecientes.

____

5. Yo no me voy a mudar.

____

6. Nosotros ya vamos a comer.

____

B Combine the following sentences to indicate that the action reported has already occurred before the given time in the past.

MODELO La mujer no limpió la casa. Yo llegué.
La mujer no *había limpiado* la casa cuando yo llegué.

1. La mujer que hace la limpieza ya llegó. Él se cayó.

____

2. Ya ella tomó la medicina. Yo se lo dije.

____

3. Mi esposo se murió. Yo me mudé a Colorado.

____

4. El calentador no se descompuso. Ud. vino el mes pasado.

____

5. El Sr. Ríos habló con la señora que hace la limpieza. Él visitó a la Sra. Díaz.

____

Conversaciones breves

Complete the following dialogue, using your imagination and the vocabulary from this lesson.

La Sra. Rubio, visitadora social, habla con el Sr. Lora, un anciano de ochenta años.

Sra. Rubio —____

Sr. Lora —Me siento muy mal. Tengo muchos problemas.

Sra. Rubio —____

Nombre ______________________ Sección ______________ Fecha ______________

Sr. Lora —No, todavía no han arreglado el calentador. El dueño de la casa no arregla nada.

Sra. Rubio —____

Sr. Lora —Sí, me duelen mucho las piernas y las manos, y tengo dificultad para ponerme la ropa.

Sra. Rubio —____

Sr. Lora —Sí, es por la artritis.

Sra. Rubio —____

Sr. Lora —Sí, tengo más problemas. Ayer resbalé y me caí.

Sra. Rubio —____

Sr. Lora —No, no es peligroso. No estoy solo. Mis vecinos me atienden.

Sra. Rubio —____

Sr. Lora —Yo no quiero vivir en una casa para ancianos.

Sra. Rubio —____

Sr. Lora —Porque es terrible; allí todos son viejos con muchos problemas.

Sra. Rubio —____

Sr. Lora —No, no quiero mudarme. Me quedo aquí.

En estas situaciones What would you say in the following situations? What might the other person say?

1. You are talking to the son or daughter of an elderly woman who is your client. The child is upset because of problems in the mother's apartment: a broken heater, broken windows, roaches, and mice. You ask about the landlord and say that you think the situation is dangerous.
2. You are visiting one of your elderly clients. Ask him how he is feeling, if he can go shopping by himself, if he has any relative or friend to help him, and if he has difficulties dressing because of arthritis.
3. Explain to a housekeeper what she has to do for your client: make dinner and do the housecleaning, including cleaning the windows and the bathtub. (Use the command form.)

Casos Act out the following scenario with a partner.

A social worker and an elderly man discuss his needs and problems.

Nombre ______________________ Sección ____________ Fecha ____________

Un paso más

A Review the **Vocabulario adicional** in this lesson and name the following pieces of furniture or parts of a room.

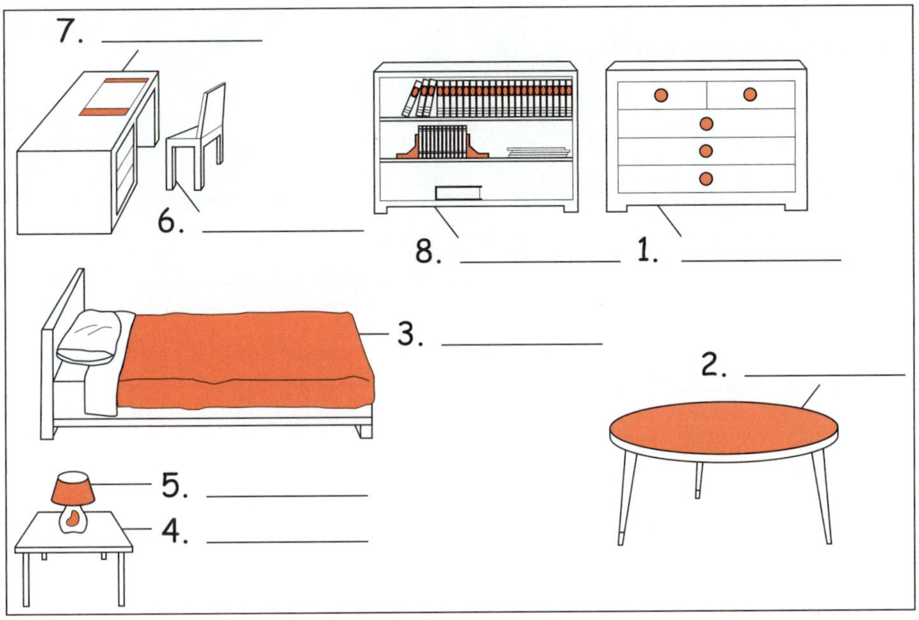

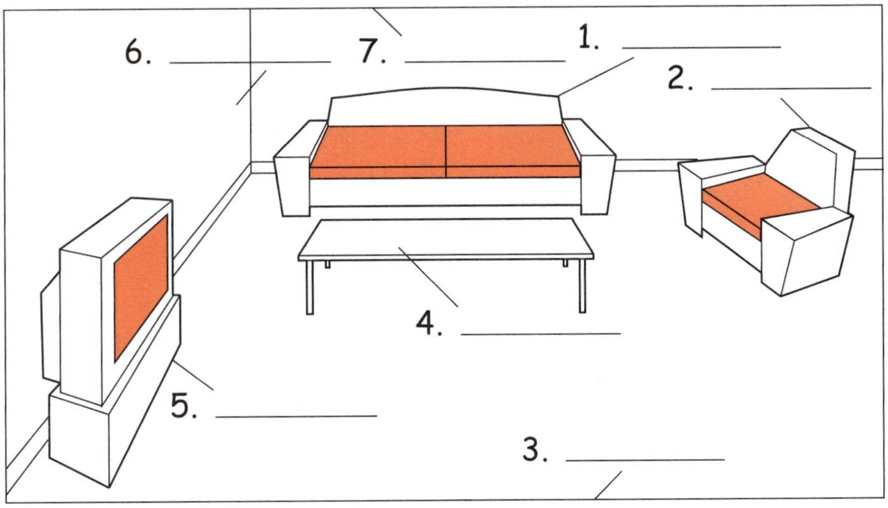

Nombre ______________________ **Sección** __________ **Fecha** __________

B Review the **Vocabulario adicional** in this lesson once again, and complete the following sentences.

1. Los niños no deben jugar (*play*) en la sala. Pueden jugar en la ______________.
2. Pongo mi carro en el ______________.
3. El jardinero está trabajando en el ______________.
4. Algunas personas llaman escusado al ______________.
5. La mesa y las sillas están en el ______________.
6. En el verano (*summer*), los niños juegan en el ______________ y en el invierno (*winter*), juegan en el ______________.

C With a partner, write a case scenario similar to the one presented in this lesson, in which you incorporate the additional vocabulary.

Lección 15

En la Oficina del Seguro Social (II)

Objectives

Structures

- The future tense
- The conditional tense
- Some uses of the prepositions **a, de,** and **en**

Communication

- Long-term disability: talking to an injured person about rights and obligations
- Talking about long-term disability benefits

El Sr. Casas habla con la Sra. Mena, empleada de la Oficina del Seguro Social.

2-6

Sr. Casas —Me manda mi patrón porque me lastimé la espalda y no puedo trabajar.
Sra. Mena —¿Cuánto tiempo hace que Ud. está incapacitado?
Sr. Casas —Un mes.
Sra. Mena —¿Cree Ud. que va a estar incapacitado por doce meses o más?
Sr. Casas —Sí. El médico me ha dicho que este problema durará por lo menos un año.
Sra. Mena —¿Cuánto tiempo hace que Ud. trabaja para la Compañía Sandoval y Hnos.?[1]
Sr. Casas —Ocho años. ¿Califico para recibir beneficios?
Sra. Mena —Sí, porque para recibirlos Ud. necesita haber trabajado durante cinco años en los últimos diez años.
Sr. Casas —Menos mal, porque necesito el dinero para mantener a mi familia.
Sra. Mena —Bien, primero llene la solicitud con su historia clínica.
Sr. Casas —¿Cuándo empezaré a recibir los cheques?
Sra. Mena —Demoran entre sesenta y noventa días para decidir.
Sr. Casas —¿Tanto tiempo? ¿Por qué?
Sra. Mena —Porque su historia clínica va a otra agencia que se encargará de verificarla y decidirá si Ud. es elegible o no.

---

[1]Abbreviation for **Hermanos**

Nombre ______________________ Sección ____________ Fecha ____________

Sr. Casas —Me habían dicho que comenzarían a pagarme en seguida.
Sra. Mena —No, no es así. Si Ud. es elegible, comenzaremos a pagarle a partir del sexto mes.
Sr. Casas —¿Y mientras tanto?
Sra. Mena —El Programa Estatal de Beneficios para Incapacitados paga los primeros cinco meses. Ud. debe presentar su solicitud.
Sr. Casas —Muy bien. ¿Cuánto dinero recibiré al mes?
Sra. Mena —Eso depende. Nosotros vamos a obtener información acerca del dinero que Ud. ha ganado durante el tiempo que ha trabajado.
Sr. Casas —Está bien. ¿Qué debo hacer ahora?
Sra. Mena —Tendrá que firmar este permiso autorizándonos a obtener información acerca de su historia clínica.
Sr. Casas —Otra pregunta, por favor. ¿Podría jubilarme antes de los sesenta y cinco años?
Sra. Mena —¿Cuándo nació Ud.?
Sr. Casas —Yo nací en mil novecientos cincuenta.
Sra. Mena —Entonces puede jubilarse en el año 2015, pero solamente recibirá el ochenta por ciento de su jubilación si se jubila antes.
Sr. Casas —Y al cumplir los sesenta y cinco años, ¿comenzaría a recibir el ciento por ciento?
Sra. Mena —No, si Ud. se jubila antes, continuará recibiendo el ochenta por ciento por el resto de su vida.
Sr. Casas —En ese caso será mejor esperar.

2-6

¡Escuchemos! While listening to the dialogue, circle **V (verdadero)** if the statement is true and **F (falso)** if it is false.

1. La señora Mena trabaja en la Oficina del Seguro Social.	V	F
2. El patrón del Sr. Casas se lastimó.	V	F
3. Hace ocho años que el Sr. Casas trabaja para la compañía.	V	F
4. Hace un mes que el Sr. Casas no trabaja.	V	F
5. El Sr. Casas no califica para recibir beneficios.	V	F
6. Demoran entre dos y tres meses para decidir si alguien puede recibir beneficios.	V	F
7. Si el Sr. Casas es elegible, le van a empezar a pagar en seguida.	V	F
8. Para obtener información acerca de la historia clínica del Sr. Casas, el Sr. Casas tiene que darles autorización.	V	F
9. Si el Sr. Casas se jubila antes de los 65 años, puede recibir el ciento por ciento de su jubilación.	V	F
10. El Sr. Casas decide esperar.	V	F

Nombre ______________________ **Sección** ____________ **Fecha** ____________

Vocabulario

Cognados

la agencia
el cheque
el resto

Nombres

el beneficio *benefit*
la espalda *back*
la historia clínica *medical history*
la jubilación, el retiro *retirement*
el (la) patrón(ona), el (la) jefe(a) *boss*
el permiso *permission, permission form*
la vida *life*

Verbos

autorizar *to authorize*
continuar[1] *to continue*
encargarse (de) *to be in charge (of)*
jubilarse, retirarse *to retire*
lastimarse *to get hurt, to hurt oneself*
nacer *to be born*
obtener[2] *to obtain, to get*
presentar *to present*
verificar *to verify*

Adjetivos

estatal *state*
sexto(a) *sixth*
último(a) *last*

Otras palabras y expresiones

a partir de *at the beginning of, starting with, as of*
acerca de *about*
al cumplir... años *on becoming... (years old), on turning... (years old)*
ciento por ciento[3] *one hundred percent*
¿Cuánto tiempo hacía...? *How long had...?*
durante *during*
entre *between, among*
haber trabajado *to have worked*
menos mal *thank goodness*
mientras tanto *in the meantime*
No es así. *It is not that way.*
por ciento *percent*
por lo menos *at least*
tanto tiempo *so long*

Vocabulario adicional

Algunos defectos físicos

cojo(a) *one-legged, lame*
las dificultades del habla *speech impediments*
inválido(a) *disabled, crippled*
manco(a) *one-handed*
mudo(a) *mute*
paralítico(a) *paralyzed*
sordo(a) *deaf*
tuerto(a) *one-eyed*

---

[1]Present indicative: **continúo, continúas, continúa, continuamos, continúan**
[2]Conjugated like **tener**
[3]Colloquial: **cien por ciento**

Nombre ______________________ Sección ______________ Fecha ______________

Notas culturales

Search

- The laws regulating the monies received by people who have suffered work-related accidents or injuries vary widely from one Spanish-speaking country to another. In some countries, disabled people receive a pension from the national social security system or from the insurance fund of the industry or business in which the disabled person worked. In other countries, specific jobs are reserved for the disabled. Those who are self-employed or who work for small businesses, however, often lack disability protection and may find themselves in severe economic straits in the event of an accident.
- When the effects of an injury are temporary, the laws generally mandate that the worker be paid his/her full salary during the period of disability. If the disability involves the loss of an organ or limb or the loss of its use, the laws generally set down a fixed amount of compensation for the organ or limb affected.

Actividades

Dígame... Answer the following questions, basing your answers on the dialogue.

1. ¿Dónde está el Sr. Casas?

____

2. ¿Qué problema tiene el Sr. Casas?

____

3. ¿Cuánto tiempo hace que está incapacitado?

____

4. ¿Qué le ha dicho el médico al Sr. Casas?

____

5. ¿Cuánto tiempo hacía que trabajaba cuando se lastimó la espalda?

____

6. ¿Por qué califica el Sr. Casas para recibir beneficios?

____

7. ¿Quién le pagará los primeros cinco meses al Sr. Casas?

____

8. ¿Qué debe autorizar el Sr. Casas?

____

Nombre ______________________ Sección ____________ Fecha ____________

9. ¿Puede jubilarse antes el Sr. Casas?

____

10. Si el Sr. Casas se retira antes de los 65 años, ¿qué por ciento de su jubilación recibirá por el resto de su vida?

____

Hablemos

Interview a classmate, using the following questions. When you have finished, switch roles.

1. ¿Está Ud. incapacitado(a) para hacer trabajos duros?
2. ¿Trabaja Ud.? ¿Dónde?
3. ¿Cómo se llama su jefe(a)?
4. ¿Ha estado Ud. alguna vez incapacitado(a) para trabajar? ¿Cuándo? ¿Por qué?
5. ¿Recibió ayuda durante el tiempo que estuvo incapacitado(a)?
6. ¿Ha leído Ud. su historia clínica alguna vez?
7. ¿Podría Ud. leer la historia clínica de otra persona sin su permiso? ¿Por qué o por qué no?
8. ¿En qué año podría Ud. retirarse?
9. Tengo 62 años. Si me retiro ahora, ¿cuánto recibiré?
10. ¿Cuánto recibiré si espero tres años más para retirarme?

Quiz

Vamos a practicar

A Answer the questions, using the future tense and the cues provided in parentheses.

MODELO ¿Cuándo va a hablar Ud. con el supervisor? (mañana)
***Hablaré* con el supervisor mañana.**

1. ¿Cuánto tiempo va Ud. a estar incapacitado(a)? (unos dos meses)

____

2. ¿Cuándo voy a empezar a recibir los pagos? (el día primero)

____

3. ¿Quién se va a encargar de verificar mi historia clínica? (otra agencia)

____

Nombre ______________________ **Sección** __________ **Fecha** __________

4. ¿Cuándo van Uds. a decidir si soy elegible o no? (en dos semanas)

____

5. ¿Quiénes se van a jubilar el año próximo? (nosotros)

____

B Answer the questions, using the cues provided.

MODELO ¿Qué dijo él? (venir mañana)
Dijo que *vendría* mañana.

1. ¿Qué le dijeron a Ud. los médicos? (no poder trabajar por un mes)

____

2. ¿Qué dijo tu esposo(a)? (yo deber obtener la información)

____

3. ¿Qué dijo el patrón? (nosotros no recibir el ochenta por ciento de la jubilación)

____

4. ¿Qué dijiste tú? (encargarme de verificar la historia clínica)

____

5. ¿Qué dijimos nosotras? (no poder jubilarnos todavía)

____

C Complete the following sentences with the Spanish equivalent of the words in parentheses.

1. Voy a autorizar ______________ (*my mother*) a firmar los documentos.
2. Ellos llegan ______________ (*at ten thirty*).
3. Vinimos ______________ (*to speak*) con Ud.
4. Ana ______________ (*began to work*) a las ocho ______________ (*in the morning*).
5. ¿A qué hora ______________ (*do you arrive in*) San Diego, señorita?
6. Ella es la más pobre ______________ (*in the family*).
7. ______________ (*Rosa's husband*) es ______________ (*from*) La Habana.
8. Nosotros estamos hablando ______________ (*about*) los gastos de la casa.

Nombre ______________________ **Sección** ____________ **Fecha** ____________

9. Ellos trabajan ____________________ (*at*) el Departamento de Bienestar Social.

10. Nosotros vamos a viajar ____________________ (*by*) autobús.

Conversaciones breves

Complete the following dialogue, using your imagination and the vocabulary from this lesson.

En la Oficina del Seguro Social el Sr. Pinto habla con la Sra. Caro, empleada de la oficina.

Sra. Caro —¿Por qué no puede trabajar Ud., Sr. Pinto?

Sr. Pinto —____

Sra. Caro —¿Cuándo se lastimó Ud., señor?

Sr. Pinto —____

Sra. Caro —¿Cuánto tiempo cree Ud. que estará incapacitado?

Sr. Pinto —____

Sra. Caro —¿Un año y medio (*and a half*)? ¿Cuánto tiempo hacía que trabajaba cuando se lastimó?

Sr. Pinto —____

Sra. Caro —Sí, si trabajó diez años es elegible para recibir beneficios.

Sr. Pinto —____

Sra. Caro —Ahora tiene que llenar la solicitud con su historia clínica.

Sr. Pinto —____

Sra. Caro —No, no empezará a recibir los cheques en seguida.

Sr. Pinto —____

Sra. Caro —Demorará en recibirlos entre sesenta y noventa días.

Sr. Pinto —____

Sra. Caro —Durante los primeros meses, Ud. recibirá dinero del Programa Estatal de Beneficios para Incapacitados.

Sr. Pinto —____

Sra. Caro: —Sí, Ud. debería presentar la solicitud en seguida.

Sr. Pinto —____

Sra. Caro —Sí, vaya hoy mismo y llene la solicitud.

En estas situaciones

What would you say in the following situations? What might the other person say?

1. You work for the Social Security Office, and you are talking with a client who is applying for disability benefits. Find out how long the client has been disabled and whether he/she thinks he/she is going to be disabled for a year or longer. Ask also how long the client had been working when he/she got hurt. Say how long it will take to decide whether the client is entitled to benefits and when he/she will start receiving the checks.

2. You are talking with a client about disability benefits. Explain that before he/she can receive benefits, he/she must sign a permission (form), authorizing you to obtain information on his/her medical history. Then the medical history will have to go to another agency. Say that you must obtain information about the money the client has earned during the time he/she has worked to decide how much money he/she will receive monthly.

3. Mrs. Peralta wants some information about early retirement. Explain to her that she will be able to retire before 65, but that if she does, she can only receive 80 percent of her retirement, and that she will continue to receive only 80 percent for the rest of her life.

Casos Act out the following scenarios with a partner.

1. A worker from the Social Security Office is talking with a person who is applying for disability benefits.
2. A worker from the Social Security Office is discussing early retirement with a client.

Un paso más

A Review the **Vocabulario adicional** in this lesson and complete the following sentences.

1. Le falta una mano; es ______________________.
2. Ella no puede hablar; es ______________________.
3. Le falta un ojo; es ______________________.
4. Esa niña necesita ver a un terapista porque tiene ______________________ del habla.
5. Este hombre necesita una silla de ruedas porque es ______________________.
6. Necesita un audífono (*hearing aid*) porque es casi ______________________.

B With a partner, write a case scenario similar to the one presented in this lesson, in which you incorporate the additional vocabulary.

LECTURA 3 ¡NO SE DESQUITE CON SUS HIJOS!

Search

Read the following information from a pamphlet about preventing child abuse. Try to guess the meaning of all cognates.

¿MOLESTO?
¿FRUSTRADO?
¿ENOJADO?
¡NO SE DESQUITE CON SUS HIJOS!

Tener hijos puede ser algo maravilloso, pero cuando las cosas no andan bien[1] y no se tiene a quién recurrir,[2] a familia puede convertirse en una carga[3] difícil de sobrellevar.[4] Sin embargo, hay servicios sociales que pueden ayudarlo.

Si Ud. necesita hablar de sus problemas y enterarse de[5] estos servicios, puede llamar a la Línea de ayuda a los padres (*Parent Helpline*) a cualquier hora del día o de la noche, cualquier día de la semana.

Los padres que estén atravesando una situación muy difícil, que pueda llevarlos a maltratar o a descuidar[6] a sus hijos, pueden llevarlos a la "Guardería de crisis" (*Crisis Nursery*). El personal de la guardería se encargará de cuidar a niños menores de siete años hasta tres días, para darles tiempo de calmarse.

Mientras los niños están en la guardería, los padres pueden hablar con un trabajador social, que los ayudará a obtener los servicios necesarios de ayuda a largo plazo.

No sólo los niños necesitan paciencia y compasión. ¡Ud. también las necesita!

[1]**no andan bien** *are not going well*
[2]**recurrir** *to turn (to)*
[3]**carga** *burden*
[4]**sobrellevar** *to bear*
[5]**enterarse de** *to find out about*
[6]**descuidar** *to neglect*

Nombre ______________________ Sección ____________ Fecha ____________

Dígame... After reading the **Lectura** carefully, answer the following questions.

1. ¿Qué puede pasar cuando las cosas no andan bien y no se tiene a quién recurrir?

   ____

2. ¿A qué línea puede llamar una persona si quiere hablar de sus problemas?

   ____

3. ¿Cuándo puede llamar?

   ____

4. Si una persona está atravesando una situación muy difícil, ¿adónde puede llevar a sus hijos pequeños?

   ____

5. ¿De qué se encarga el personal de la guardería?

   ____

6. ¿Puede un niño de ocho años ir a esa guardería?

   ____

7. ¿Por cuánto tiempo pueden estar los niños en la guardería?

   ____

8. Mientras los niños están en la guardería, ¿qué pueden hacer los padres?

   ____

9. ¿Qué puede hacer el trabajador social?

   ____

10. ¿Sólo los niños necesitan paciencia y compasión o también los adultos?

    ____

Nombre ______________________ Sección ____________ Fecha ____________

LECCIONES 11–15

REPASO

Práctica de vocabulario

A Circle the word or phrase that does not belong in each group.

1. carro camioncito folleto
2. moretón cardenal cocina
3. noche cicatriz chichón
4. mentira nalgas pierna
5. chequear llorar examinar
6. brazo cabeza escalera
7. audiencia centro juez
8. bastón calentador andador
9. bañadera ratón cucaracha
10. limpiar escribir anotar
11. retiro vida jubilación
12. conseguir recetar obtener
13. manejar mudarse conducir
14. resbalar denunciar caerse
15. pálido delgado cierto

B Circle the word or phrase that best completes each sentence.

1. El hotel está en (el folleto / el centro / la bañera).
2. Tiene que firmar (al pie de la página / en la disciplina / por lo menos).
3. Yo voy a tomar (las palizas / las bebidas / las marcas).
4. El seguro no (cubre / arregla / camina) todos los gastos.
5. Tiene (un chichón / un testigo / una mentira) en la cabeza.
6. El niño estaba (criándose / denunciando / corriendo) y se cayó.
7. Anita está llorando. ¿Qué (quitó / presentó / pasó)?
8. ¡Yo no maltrato a mi hijo! ¡Ud. está (viejo / sexto / equivocado)!
9. Le dio una (cerveza / cara / paliza) porque se portó mal.

Nombre ______________________ Sección ____________ Fecha ____________

10. Los niños están en su (zapato / cuarto / puño).
11. Los niños siempre andan corriendo y haciendo (travesuras / vino / habitaciones).
12. Me duele mucho (el calmante / el brazo / el cinturón).
13. No sé dónde están, pero voy a (consultarlo / continuarlo / averiguarlo).
14. ¿Qué te (pegó / murió / recetó) el médico?
15. Siempre anda corriendo; nunca (se lleva bien / se queda quieto / es travieso).
16. Trabajan para él; él es el (último / patrón / cinturón).
17. Se cayó y (se jubiló / se lastimó / se encargó).
18. Empiezan a trabajar (acerca del / a partir del / entre) primero de junio.
19. Maltratar a un niño es un (delito / pariente / calmante).
20. No me gusta mi apartamento; me voy a (ganar / poner violento / mudar).

C Match the questions in column **A** with the answers in column **B**.

A		B
_____	1. ¿Cuánto tiempo hace que trabaja?	a. Anoche.
_____	2. ¿Van a pedir ayuda?	b. Sí, acaba de llegar.
_____	3. ¿Para cuándo la necesitan?	c. Sí, tiene noventa años.
_____	4. ¿Cuándo pasó eso?	d. No, se mudaron.
_____	5. ¿Con qué le pegó?	e. En el mercado.
_____	6. ¿Antonio está aquí?	f. Sí, él es el dueño.
_____	7. ¿Lo castigaron?	g. Para hoy mismo.
_____	8. ¿Es un anciano?	h. Sí, porque se portó mal.
_____	9. ¿La casa es de él?	i. Dos años.
_____	10. ¿Dónde lo consiguió?	j. Bien.
_____	11. ¿Todavía viven en esa casa?	k. Con el puño.
_____	12. ¿Cómo te sientes?	l. Sí, porque no tienen dinero.

Nombre ______________________ Sección ____________ Fecha ____________

D Crucigrama

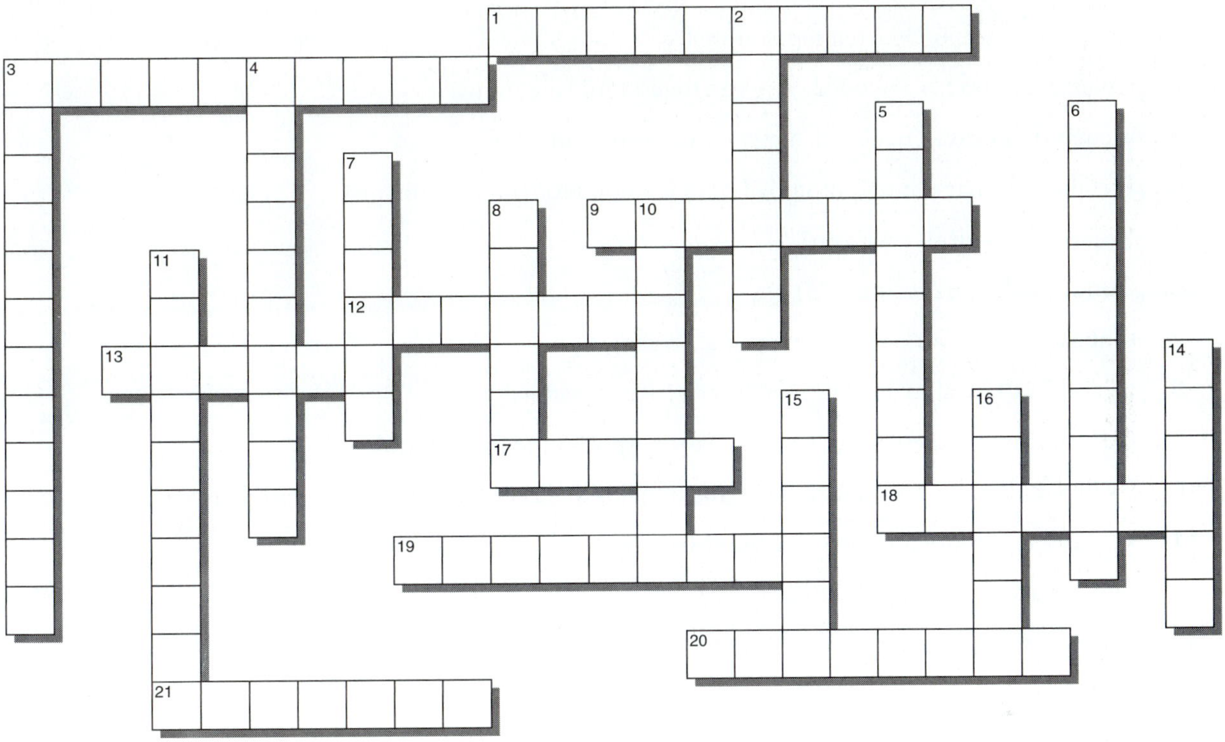

Horizontal

1. Ella trabaja como ____________ social. Debe ir a muchas casas.
3. manejamos
9. bañera
12. andar
13. moretón
17. Necesita una ____________ de ruedas.
18. pasar
19. *dangerous,* en español
20. chequear
21. *walker,* en español

Vertical

2. mujer muy vieja
3. No puedo hablar de esto con nadie; es ____________.
4. calentón
5. una tía, un hermano, etc. (*pl.*)
6. *upset,* en español
7. niños
8. a lo mejor
10. Está descompuesto; lo tienen que ____________.
11. Trabaja para la Sección ____________ de Niños.
14. Tocan a la ____________. Voy a abrir.
15. Quiero una ____________ de fútbol.
16. Ella es mi ____________. Vive al lado de mi casa.

Nombre ______________________ Sección ____________ Fecha ____________

Practica oral Listen to the following exercise. The speaker will ask you some questions. Answer the questions, using the cues provided. The speaker will confirm the correct answer. Repeat the correct answer.

2–7

2–8

1. ¿En qué mes nació Ud.? (en septiembre)
2. ¿Cuánto tiempo hace que Ud. vive en este estado? (diez años)
3. Además de su casa, ¿tiene Ud. alguna otra propiedad? (no)
4. ¿Prefiere Ud. manejar un automóvil o un camioncito? (un camioncito)
5. ¿Hay escaleras en su casa? (no)
6. ¿Conoce Ud. a sus vecinos? (sí)
7. ¿Qué va a hacer Ud. este fin de semana? (trabajar)
8. ¿Cuándo va Ud. al mercado generalmente? (los sábados)
9. ¿Cuánto dinero necesita Ud. para sus gastos? (por lo menos cien dólares)
10. ¿Prefiere Ud. hacer la comida o los otros trabajos de la casa? (los otros trabajos de la casa)
11. ¿Le gusta más limpiar la casa o cocinar? (cocinar)
12. ¿Quién hace la limpieza de su casa? (yo)
13. ¿Hay ratones o cucarachas en su casa? (no)
14. ¿Hay alguien en su habitación en este momento? (no, nadie)
15. ¿Pasó algo en su casa ayer? (no, nada)
16. ¿Cree Ud. que a veces es necesario mentir? (sí)
17. Cuando Ud. estaba en la escuela secundaria, ¿cómo se portaba? (mal)
18. ¿Cómo se lleva Ud. con su mamá? (bien)
19. ¿Le gustan a Ud. los bebés? (sí, mucho)
20. ¿Llora Ud. a veces? (sí)
21. ¿Cree Ud. que es mejor tomar bebidas alcohólicas o agua? (agua)
22. ¿Se ha quemado Ud. alguna vez? (sí, muchas veces)
23. ¿Le duele a Ud. algo en este momento? (sí, la cabeza)
24. ¿Tiene Ud. un moretón? (sí, en la pierna)
25. ¿Cubre su seguro médico las medicinas? (no)

LECCIÓN 16

EN LA OFICINA DE MEDICARE (I)

OBJECTIVES

Structures

- The present subjunctive
- The subjunctive with verbs of volition
- The absolute superlative

Communication

- Explaining Medicare

En la Oficina de Medicare, la Srta. Alba atiende a dos personas que vienen a pedir información sobre el programa de seguro de hospitalización de Medicare.

2-9 Con el Sr. Gómez:

Sr. Gómez —Señorita, necesito que Ud. me informe si yo soy elegible para el programa de Medicare.
Srta. Alba —Cualquier persona de sesenta y cinco años o más es elegible para el programa. ¿Cuántos años tiene Ud.?
Sr. Gómez —Yo tengo sesenta y tres años, pero he estado recibiendo beneficios del seguro social por incapacidad por dos años consecutivos.
Srta. Alba —Entonces es elegible.
Sr. Gómez —Ahora voy a empezar a trabajar de nuevo y pienso seguir trabajando después de los sesenta y cinco años. ¿Podré obtener el seguro de hospitalización de Medicare si no estoy retirado?
Srta. Alba —Sí, Ud. tendrá esta protección a los sesenta y cinco años si ha trabajado el tiempo requerido por el seguro social o el seguro ferroviario.
Sr. Gómez —Yo creo que no tengo el tiempo requerido. Soy inmigrante y llegué a este país hace pocos años.
Srta. Alba —Si Ud. no ha trabajado el tiempo requerido, yo le sugiero que compre el seguro de hospitalización, pagando una prima básica.

Nombre ______________________ Sección ______________ Fecha ______________

Sr. Gómez —Entonces, ¿Ud. me aconseja que compre ese seguro?
Srta. Alba —Sí... No, no, perdón. No necesita comprar el seguro porque ha estado recibiendo beneficios del seguro social por incapacidad durante dos años consecutivos.
Sr. Gómez —Muchísimas gracias, señorita.

2-10 Con la Sra. Peña:

Sra. Peña —El médico me ha dicho que tengo un tumor y tendré que operarme. Tengo que ingresar en el hospital la semana que viene. Quiero saber qué gastos cubre Medicare.
Srta. Alba —El seguro de hospitalización de Medicare paga hasta noventa días de cuidados en el hospital.
Sra. Peña —Yo estaré hospitalizada por una semana, más o menos, si no hay complicaciones. ¿El seguro paga el costo total?
Srta. Alba —Los servicios cubiertos por Medicare incluyen el costo de un cuarto semiprivado, es decir, de dos a cuatro camas, medicinas y comida. Si necesita cuidado intensivo, también lo paga.
Sra. Peña —¿Entonces el seguro de hospitalización de Medicare lo pagaría todo?
Srta. Alba —No, no paga los servicios que no son necesarios para el diagnóstico o el tratamiento de una enfermedad o lesión.
Sra. Peña —¿Y si necesito una transfusión?
Srta. Alba —El seguro no paga el costo de las tres primeras pintas de sangre. Si necesita más de tres pintas, el seguro paga el resto.

¡Escuchemos!

While listening to the dialogue, circle **V (verdadero)** if the statement is true and **F (falso)** if it is false.

2-9
2-10

1. El Sr. Gómez necesita información sobre el programa de Medicare.	V	F
2. El Sr. Gómez todavía no ha culmplido sesenta y cinco años.	V	F
3. Hace dos años que el Sr. Gómez recibe beneficios del seguro social.	V	F
4. El Sr. Gómez piensa jubilarse a los sesenta y cinco años.	V	F
5. El Sr. Gómez es de otro país.	V	F
6. El seguro de hospitalización de Medicare paga hasta un mes de cuidados en el hospital.	V	F
7. Medicare paga el costo de un cuarto privado.	V	F
8. Medicare paga todos los servicios, sin excepción.	V	F
9. La Sra. Peña quiere saber si Medicare paga una transfusión.	V	F
10. Medicare cubre el costo de las tres primeras pintas de sangre.	V	F

Nombre ______________________ Sección ____________ Fecha ____________

Audio

VOCABULARIO

COGNADOS

básico(a)
la complicación
consecutivo(a)
el costo
la hospitalización
hospitalizado(a)
el (la) inmigrante
intensivo(a)
la pinta
requerido(a)
semiprivado(a)
total
la transfusión
el tumor

NOMBRES

la cama *bed*
el diagnóstico *diagnosis*
la incapacidad *disability*
la lesión *injury*
la prima *premium*
la sangre *blood*
el seguro de hospitalización *hospital insurance*
el seguro ferroviario *railroad insurance*
el tratamiento *treatment*

VERBOS

aconsejar *to advise*
comprar *to buy*
incluir[1] *to include*
informar *to inform, to tell*
ingresar *to be admitted*
operarse *to have surgery*
sugerir (e:ie) *to suggest*

ADJETIVOS

cualquier(a) *any*
cubierto(a) *covered*
muchísimo(a) *very much*
necesario(a) *necessary*
pocos(as) *few*

OTRAS PALABRAS Y EXPRESIONES

de nuevo *again*
es decir *that is to say*
perdón *pardon me, excuse me*

[1]Present indicative: **incluyo, incluyes, incluye, incluimos, incluyen**

Nombre ______________________ Sección ______________ Fecha ______________

Audio

VOCABULARIO ADICIONAL

LAS ENFERMEDADES Y OTROS PROBLEMAS DE LA SALUD

el asma *asthma*
el ataque al corazón *heart attack*
la bronquitis *bronchitis*
los cálculos en la vejiga *bladder stones*
los cálculos en la vesícula *gallstones*
el cáncer *cancer*
las cataratas *cataracts*
el catarro, el resfrío *cold*
la colitis *colitis*
contagioso(a) *contagious*
el derrame cerebral, la embolia *stroke*
la diabetes *diabetes*
la diarrea *diarrhea*
la epidemia *epidemic*
la fiebre, la calentura *fever*
la gripe, la gripa (*Méx.*), **la influenza** *flu*
la hepatitis *hepatitis*
la hipertensión, la presión alta *hypertension, high blood pressure*
la pulmonía, la pneumonía *pneumonia*
el reumatismo *rheumatism*
el síndrome de inmunodeficiencia adquirida (SIDA) *AIDS*
la tos *cough*
toser *to cough*
la tuberculosis *tuberculosis*
el virus de inmunodeficiencia humana (VIH) *human immunodeficiency virus (HIV)*

Search

NOTAS CULTURALES

- The use of health care services by Hispanic Americans depends greatly upon socioeconomic status and type of employment because these affect access to comprehensive and preventative medical care. Data from the Hispanic Health and Nutrition Examination Survey (HHNES) indicates that one-third of the Mexican American population, one-fifth of the Puerto Rican population, and one-fourth of the Cuban American population are uninsured for medical expenditures. Furthermore, compared with Latinos with private health insurance, uninsured Latinos are less likely to have a regular source of health care, less likely to have visited a physician in the past year, and less likely to have had a routine physical examination. Mexican Americans, who have the least insurance, visit physicians least often. The highest rate in number of physician visits is among Puerto Ricans, which may be due in part to the fact that, as American citizens, they have greater access to Medicaid and Medicare. Also, Hispanic Americans who speak English are more likely to have a regular source of medical care compared with those who speak only Spanish.
- In large urban areas in the United States, economically disadvantaged Latinos receive a large portion of their health care services from big, public hospitals that have rotating staffs. In this type of setting, they rarely experience continuity of health care. Also, data from HHNES reveals that many Hispanic Americans use the emergency department as a source of primary care and that they are more likely to enter hospitals via emergency rooms than by other means.

Nombre ______________________ Sección ____________ Fecha ____________

Actividades

Dígame... Answer the following questions, basing your answers on the dialogues.

1. ¿Para qué fueron el Sr. Gómez y la Sra. Peña a la Oficina de Medicare?

____

2. ¿Qué quiere saber el Sr. Gómez?

____

3. Si el Sr. Gómez tiene menos de sesenta y cinco años, ¿por qué es elegible para recibir Medicare?

____

4. ¿Hasta cuándo va a seguir trabajando el Sr. Gómez?

____

5. ¿Necesita el Sr. Gómez comprar el seguro de hospitalización? ¿Por qué?

____

6. ¿Qué le ha dicho el médico a la Sra. Peña?

____

7. ¿Qué quiere saber la Sra. Peña?

____

8. ¿Por cuánto tiempo va a estar hospitalizada la Sra. Peña?

____

9. ¿Cuántas camas hay en un cuarto semiprivado?

____

10. Si la Sra. Peña necesita una transfusión, ¿tendrá que pagar por la sangre?

____

Hablemos Interview a classmate, using the following questions. When you have finished, switch roles.

1. ¿Tiene Ud. seguro médico? ¿Quién lo paga?
2. ¿Hasta cuántos días de hospitalización paga su seguro médico?
3. ¿Es Ud. elegible para el programa de Medicare? ¿Por qué o por qué no?

Nombre ______________________ Sección ______________ Fecha ______________

4. ¿Cuántos días de hospitalización paga Medicare?
5. ¿Qué servicios cubre Medicare?
6. ¿Qué servicios no paga Medicare?
7. ¿Ha ingresado Ud. en un hospital alguna vez? ¿Por qué?
8. ¿Ha tenido que operarse alguna vez? ¿Cuándo? ¿En qué hospital?
9. ¿Qué sistema de salud cree que es mejor, el de Canadá o el de los Estados Unidos? ¿Por qué?
10. ¿Qué sabe Ud. sobre los sistemas de salud en los países hispánicos?

Quiz

Vamos a practicar

A Rewrite the following sentences, beginning each one with the cue provided.

MODELO Yo vengo temprano.
Quieren que **yo *venga* temprano.**

1. Él paga la prima básica.

   Queremos que ______________________________.

2. Le hacen una transfusión de sangre.

   Necesita que ______________________________.

3. No trabaja después de la operación.

   El médico le aconseja que ______________________________.

4. Ella ingresa en el hospital del condado.

   Yo le sugiero que ______________________________.

5. Seguiré trabajando después de los sesenta y cinco años.

   Prefieren que ______________________________.

6. Ellas van al médico y reciben tratamiento.

   Yo les aconsejo que ______________________________.

7. Me hablas de todas las complicaciones.

   No quiero que ______________________________.

8. Ud. le dice que el seguro incluye el costo de un cuarto semiprivado.

Yo le sugiero que ____.

9. Ellos pueden recibir beneficios por incapacidad.

Deseamos que ____.

10. Uds. me dan la información.

Necesito que ____.

B Rewrite the following sentences using the absolute superlative of the italicized adjectives.

1. Ésa es una operación *peligrosa.*

____

2. El tumor es *grande.*

____

3. Hoy estoy *disgustada.*

____

4. Mi familia es *pobre.*

____

5. El niño está *pálido.*

____

Conversaciones breves

Complete the following dialogue, using your imagination and the vocabulary from this lesson.

El Sr. Lazo le pide a la Sra. Navarro, empleada de la Oficina de Medicare, información sobre el seguro de hospitalización.

Sra. Navarro —____

Sr. Lazo —Señora, mi esposa debe ingresar en el hospital mañana y deseo información sobre el seguro médico.

Sra. Navarro —____

Sr. Lazo —Deseo saber qué gastos cubre el seguro de Medicare.

Sra. Navarro —____

Sr. Lazo —Mi esposa va a estar hospitalizada por una semana, por lo menos. ¿Paga el seguro el costo del cuarto?

Nombre ______________________ **Sección** ____________ **Fecha** ____________

Sra. Navarro —______________________________

Sr. Lazo —Mi esposa quiere estar sola en el cuarto.

Sra. Navarro —______________________________

Sr. Lazo —¿Solamente paga un cuarto semiprivado? ¿Paga las medicinas?

Sra. Navarro —______________________________

Sr. Lazo —Otra cosa, mi esposa va a operarse de un tumor en un pulmón y va a necesitar cuidados intensivos. ¿Cubre esto el seguro de Medicare?

Sra. Navarro —______________________________

Sr. Lazo —Y si mi esposa necesita una transfusión, ¿tenemos que pagar por la sangre?

Sra. Navarro —______________________________

Sr. Lazo —Entonces, ¿el seguro no lo paga todo?

Sra. Navarro —______________________________

Sr. Lazo —Muy bien, muchísimas gracias por la información, señora.

En estas situaciones

What would you say in the following situations? What might the other person say?

1. A person comes to the Medicare office where you work to ask about hospital insurance benefits. Tell him/her that any person 65 or over is eligible for the program. Add that the person will be able to obtain Medicare hospital insurance if he/she has worked during the required time under Social Security or Railroad Insurance and that, if the person has not worked during the required time, he/she can buy hospital insurance by paying a basic premium.
2. You need to explain Medicare hospital coverage to a client who will have surgery in two weeks. Point out that Medicare hospital insurance pays up to 90 days of hospital care and that Medicare pays for a semiprivate room, medicine, meals, and, if needed, intensive care.
3. You answer a call from someone who has just become eligible for Medicare and who wants to know what aspects of hospitalization Medicare doesn't cover. Inform the person that the following are not covered: services that are not necessary for the diagnosis or treatment of an illness or injury; the cost of the first three pints of blood if a transfusion is necessary; the cost of a private room.

Casos

Act out the following scenarios with a partner.

1. Explain Medicare eligibility requirements to a client.
2. Explain to someone who is about to have an operation what hospital expenses are covered by Medicare and those that are not covered.

Nombre ______________________ Sección ____________ Fecha ____________

Un paso más

A Review the **Vocabulario adicional** in this lesson and complete the following sentences.

1. Mi abuela tiene que operarse porque tiene ____________ en los dos ojos.
2. Creo que tengo gripe porque tengo mucha ____________ y estoy ____________ mucho.
3. El médico le recetó insulina porque tiene ____________.
4. ____________ es un sinónimo de presión alta.
5. Le duelen las rodillas porque tiene ____________.
6. Tenía la presión alta, pero no murió de un ataque al corazón. Murió de un ____________.
7. No tiene bronquitis. Es peor (*worse*). Tiene ____________.
8. Mi hija tiene catarro. Voy a darle un jarabe (*syrup*) para la ____________.
9. La tuberculosis y la hepatitis son muy ____________.
10. Hay una ____________ de influenza.
11. No tiene SIDA, pero tiene ____________.
12. No es ____________; es un tumor benigno.
13. Tiene ____________ en la vejiga, no en la ____________.
14. ____________ es una inflamación del colon.
15. El ____________ generalmente es un problema alérgico.
16. Le voy a dar Kaopectate porque tiene ____________.

B With a partner, write a case scenario similar to the one presented in this lesson, in which you incorporate the additional vocabulary.

Lección 17

En la oficina de Medicare (II)

Objectives

Structures

- The subjunctive to express emotion
- The subjunctive with some impersonal expressions
- Formation of adverbs

Communication

- Answering questions about Medicare

2-11

Al día siguiente, la Srta. Alba habla con la Sra. Ramos y contesta varias preguntas sobre el seguro médico de Medicare.

Srta. Alba —¿En qué puedo servirle, señora?

Sra. Ramos —Mi esposo está enfermo y ha tenido que ver al médico tres veces en esta semana. Le han hecho varios análisis y una radiografía. Ahora teme que tengamos que pagar todas esas cuentas.

Srta. Alba —Bueno, como Ud. sabe, los primeros sesenta dólares son deducibles.

Sra. Ramos —¿Eso quiere decir que nosotros tenemos que pagar los primeros sesenta dólares?

Srta. Alba —Sí, y el seguro médico pagará el ochenta por ciento de todos los demás servicios de salud recibidos por Uds. durante el año.

Sra. Ramos —Puede ser que mi esposo tenga que ingresar en el hospital.

Srta. Alba —En ese caso Medicare paga todos los servicios médicos en el hospital, las radiografías y los demás gastos de la hospitalización.

Sra. Ramos —Entonces, ¿es necesario que nosotros paguemos otra vez los primeros sesenta dólares?

Srta. Alba —No, señora.

Sra. Ramos —Otra pregunta. Es probable que yo vaya a ver a un quiropráctico porque últimamente he tenido muchos problemas con la espalda.

Srta. Alba —Bueno, los pagos por servicios de terapia física independiente están muy limitados. Medicare paga solamente ochenta dólares al año.

Nombre ______________________ Sección ____________ Fecha ____________

Sra. Ramos —Eso es muy poco. Desgraciadamente, también me hacen falta zapatos ortopédicos y necesito cambiar los anteojos. Espero que Medicare pague estos gastos.

Srta. Alba —Lo siento, señora, pero no los paga. Aquí tiene una lista de lo que Medicare no paga.

Sra. Ramos —¿Puedo quedarme con ella? Es mejor que mi esposo la lea. Si uno de nosotros se enferma, va a ser imposible que podamos pagar todo esto.

Srta. Alba —¿Han pensado Uds. en hacerse miembros de una HMO?[1]

Sra. Ramos —¿Cree Ud. que ésa es una buena opción para nosotros?

Srta. Alba —Ésa es una decisión que tienen que tomar Uds. Yo simplemente les sugiero que estudien la posibilidad.

Sra. Ramos —Sí, es lo mejor. Muchas gracias por todo, señorita.

Srta. Alba —Por nada, y ojalá que su esposo se mejore pronto.

Gastos que no están cubiertos por el seguro médico de Medicare

1. Servicios o accesorios que no son necesarios para el diagnóstico o tratamiento de la enfermedad o lesión
2. Exámenes físicos de rutina y exámenes de laboratorio directamente relacionados con esos exámenes
3. Medicinas no recetadas por el médico
4. Anteojos o lentes de contacto y exámenes de la vista para recetarlos
5. Audífonos y exámenes del oído para recetarlos
6. Dentaduras postizas y cuidado dental de rutina
7. Servicios de quehaceres del hogar y comidas entregadas a domicilio
8. Los servicios de una enfermera en el hogar
9. Zapatos ortopédicos
10. Artículos de conveniencia personal
11. Las tres primeras pintas de sangre recibidas en un año

2-11

¡Escuchemos! While listening to the dialogue, circle **V (verdadero)** if the statement is true and **F (falso)** if it is false.

1. El esposo de la Sra. Ramos ha ido al médico.	V	F
2. La Sra. Ramos y su esposo tienen que pagar los primeros sesenta dólares.	V	F
3. Es probable que el Sr. Ramos tenga que pagar el ochenta por ciento de los gastos.	V	F
4. A la Sra. Ramos no le gusta la idea de ver a un quiropráctico.	V	F
5. A la Sra. Ramos le duele la espalda.	V	F

[1]HMO is **hache-eme-o** in Spanish.

Nombre ______________________ Sección ____________ Fecha ____________

6. Medicare paga el ciento por ciento de los servicios de terapia física independiente.	V	F
7. La Sra. Ramos no usa anteojos.	V	F
8. Medicare no paga por cambiar los anteojos.	V	F
9. Los Ramas son miembros de una HMO.	V	F
10. Medicare no paga por zapatos ortopédicos.	V	F

Audio

Vocabulario

COGNADOS

el accesorio
el artículo
la conveniencia
dental
imposible
independiente
el laboratorio
limitado(a)
la lista
la opción
ortopédico(a)
personal
probable
el (la) quiropráctico(a)

NOMBRES

el análisis, la prueba *test*
los anteojos, las gafas, los lentes, los espejuelos (*Cuba*) *eyeglasses*
el audífono *hearing aid*
la comida *meal*
la dentadura postiza *denture*
el examen *examination*
los lentes de contacto *contact lenses*
el miembro[1] *member*
la radiografía *X-ray*
la terapia física *physical therapy*

VERBOS

cambiar *to change*
enfermarse *to get sick, to fall ill*
entregar *to deliver*
esperar *to hope*
hacerse *to become*
mejorarse *to get better*
temer *to be afraid, to fear*

ADJETIVOS

deducible *deductible*
recetado(a) *prescribed*
relacionado(a) *related*

[1]The feminine form is rarely used.

Nombre ______________________ Sección ____________ Fecha ____________

OTRAS PALABRAS Y EXPRESIONES

al año, anual *yearly*
de rutina *routine*
el examen de la vista *eye examination*
el examen del oído *hearing test*
lo mejor *the best*
los (las) demás *the others*
ojalá, Dios quiera *I hope, God grant*
puede ser... *it may be...*
quedarse con *to keep*
querer (e:ie) decir, significar *to mean*
simplemente *simply*
tomar una decisión *to make a decision*
últimamente *lately*

Audio

Vocabulario adicional

LA ROPA

el abrigo *coat*
la blusa *blouse*
la bufanda *scarf*
los calcetines, las medias de hombre, las tobilleras (*Méx.*) *socks*
la camisa *shirt*
la camiseta *T-shirt*
la chaqueta, la chamarra (*Méx.*) *jacket*
la falda *skirt*
los guantes *gloves*
el impermeable, la capa de agua *raincoat*
las medias *stockings*
los pantalones *pants*
las pantimedias *pantyhose*
el vestido *dress*

Notas culturales

Search

- In Spain and throughout Latin America, medical and hospital care are provided by social services, but their efficiency varies widely from country to country. In general, the health care system in most Spanish-speaking countries depends greatly on one's socioeconomic status and type of employment. There are private doctors and hospitals called clinics that are generally used by the upper and the upper-middle classes. Those of the middle class often belong to group health care organizations that function similarly to HMOs in the United States, while employees of large businesses and industries have insurance paid for by their companies or by their labor unions. There are also public doctors and hospitals whose services are usually free for those who cannot pay, although in many countries the public hospitals are found only in urban centers. In Cuba, all health care services are provided and paid for by the state.
- In many Spanish-speaking countries, people are taken to special centers called **Casa de Socorro** (literally, House of Help) or **Casa de Primeros Auxilios** (House of First Aid) when they have medical emergencies. The staff at these centers treats the patient's problem and releases the person or sends him/her to a hospital for further treatment.

Nombre ______________________ Sección ______________ Fecha ______________

Actividades

Dígame... Answer the following questions, basing your answers on the dialogue.

1. ¿Cuándo habla la Srta. Alba con la Sra. Ramos?

____

2. ¿Quién está enfermo?

____

3. ¿Quién debe pagar los primeros sesenta dólares de los gastos médicos?

____

4. ¿Qué por ciento de los demás servicios paga el seguro médico de Medicare?

____

5. Si el Sr. Ramos ingresa en el hospital, ¿qué paga el seguro médico?

____

6. ¿Por qué cree la Sra. Ramos que necesita ver a un quiropráctico?

____

7. ¿A cuánto están limitados los pagos por servicios de terapia física independiente?

____

8. ¿Qué le da la Srta. Alba a la Sra. Ramos?

____

9. ¿Paga el seguro médico de Medicare por los servicios de conveniencia personal?

____

10. ¿Qué otras cosas no paga el seguro de Medicare?

____

Hablemos Interview a classmate, using the following questions. When you have finished, switch roles.

1. ¿Es Ud. miembro de una HMO?
2. ¿Paga su seguro médico todos sus gastos médicos o tiene alguna cantidad deducible?
3. ¿Quién paga la prima de su seguro?

Nombre ______________________ Sección ____________ Fecha ____________

4. ¿Qué seguro es mejor, el suyo o el de Medicare? ¿Por qué?
5. Si Ud. necesita una transfusión, ¿paga su seguro toda la sangre?
6. ¿Paga su seguro los exámenes físicos anuales?
7. ¿Es necesario que tengamos un examen físico todos los años? ¿Por qué o por qué no?
8. ¿Es probable que Ud. ingrese en un hospital este año?
9. ¿Tiene Ud. seguro dental? ¿Cuál?
10. ¿Qué otros seguros tiene Ud.?

Quiz

Vamos a practicar

A Rewrite the following sentences, beginning each one with the cue provided.

Modelo Él no necesita comprar un audífono.
Espero que **él no *necesite* comprar un audífono.**

1. Ellos necesitan anteojos.

   Temo que ______________________.

2. Te hacen una radiografía.

   Espero que ______________________.

3. No pagan los servicios de quehaceres del hogar directamente.

   Sentimos que (*We regret that*) ______________________.

4. Ud. no tiene problemas con la espalda.

   Ojalá que ______________________.

5. Los primeros sesenta dólares son deducibles.

   Siento que ______________________.

B Rewrite each of the following sentences in the subjunctive mood, using the impersonal expression provided.

Modelo Su esposo ingresa en el hospital mañana.
Es necesario que **su esposo *ingrese* en el hospital mañana.**

1. El seguro médico paga esos servicios y esos accesorios.

   Es probable que ______________________.

Nombre ______________________ Sección ____________ Fecha ____________

2. Puede entregarle la lista de los artículos ahora.

   Es imposible que ____.

3. Necesitamos servicios de terapia física independiente.

   Es posible que ____.

4. Hacen los exámenes físicos de rutina aquí.

   No es seguro que ____.

5. Uds. se hacen miembros de una HMO.

   Es mejor que ____.

C Form adverbs from the adjectives given, and then use them to complete the following sentences.

MODELO peligroso
peligrosamente
Ella está conduciendo **peligrosamente.**

directo simple desgraciado último sólo

1. Yo tengo ____________________ veinte.
2. No quiero hablar con la secretaria; quiero hablar ____________________ con la supervisora.
3. Quiero comprar esa casa, pero ____________________ no tengo dinero.
4. Para solicitar una tarjeta de seguro social, ____________________ tiene que llenar esta planilla.
5. ____________________ no hemos gastado mucho dinero.

Conversaciones breves

Complete the following dialogue, using your imagination and the vocabulary from this lesson.

En la Oficina de Medicare, el Sr. Ortiz habla con la Sra. Vega.

Sra. Vega —¿En qué puedo servirle, señor?
Sr. Ortiz —____
Sra. Vega —¿Cuánto tiempo hace que su esposa está enferma?
Sr. Ortiz —____
Sra. Vega —¿Necesita ingresar en el hospital?
Sr. Ortiz —____

Nombre ______________________ Sección ____________ Fecha ____________

Sra. Vega —Si tiene un tumor y necesita operarse, el seguro paga todos los gastos médicos.

Sr. Ortiz —____

Sra. Vega —Sí, también paga los gastos de radiografías.

Sr. Ortiz —____

Sra. Vega —No, si necesita los cuidados de una enfermera en el hogar, el seguro de Medicare no cubre ese gasto.

Sr. Ortiz —____

Sra. Vega —Si Ud. necesita un examen del oído para saber si necesita un audífono, debe pagarlo Ud. El seguro no paga por eso tampoco (*either*).

Sr. Ortiz —____

Sra. Vega —Lo siento, Sr. Ortiz, pero el seguro tampoco paga por las dentaduras postizas.

Sr. Ortiz —____

Sra. Vega —Sí, señor. Hay una lista de las cosas que el seguro no cubre.

Sr. Ortiz —____

Sra. Vega —Sí, cómo no, puedo darle una copia. Aquí la tiene.

Sr. Ortiz —____

Sra. Vega —De nada, Sr. Ortiz.

En estas situaciones What would you say in the following situations? What might the other person say?

1. One of your clients is going to be admitted to the hospital and is afraid he/she will have to pay a lot of bills. Reassure him/her that Medicare will cover all medical services in the hospital, X-rays, and the other costs of hospitalization.
2. Explain to a client how Medicare works in relation to medical expenses not involving hospitalization. Include the following points: $60 deductible, routine physical examinations, orthopedic shoes, glasses, medicines, hearing aids, dentures, and nursing care in the home.

Casos Act out the following scenarios with a partner.

1. A Medicare worker is answering a client's questions about what hospital costs Medicare covers.
2. Explain to a client exactly what medical costs are not covered by Medicare.

Nombre ______________________ Sección ______________ Fecha ______________

Un paso más

A Review the **Vocabulario adicional** in this lesson, and name the following articles of clothing.

1. ______________

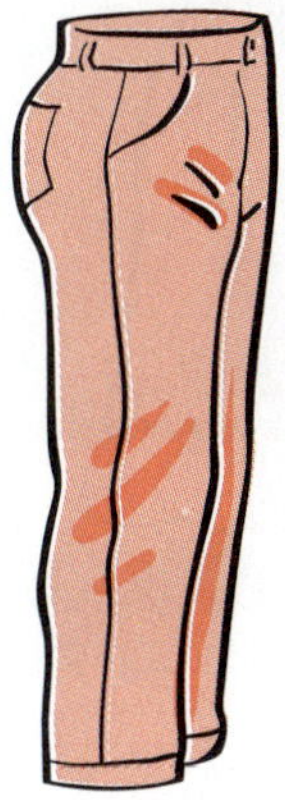

2. ______________

3. ______________

4. ______________

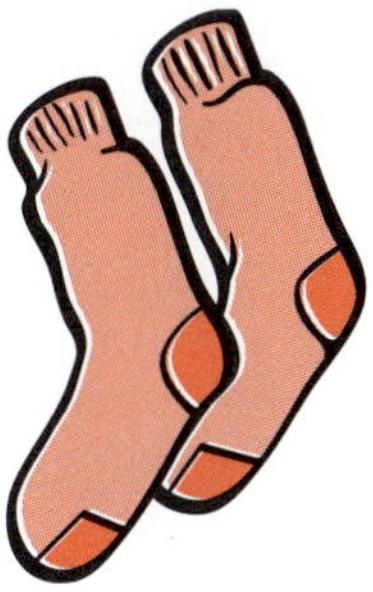

5. ______________

6. ______________

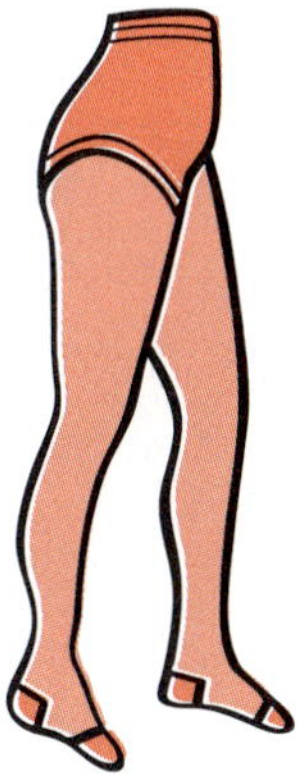

7. ______________

8. ______________

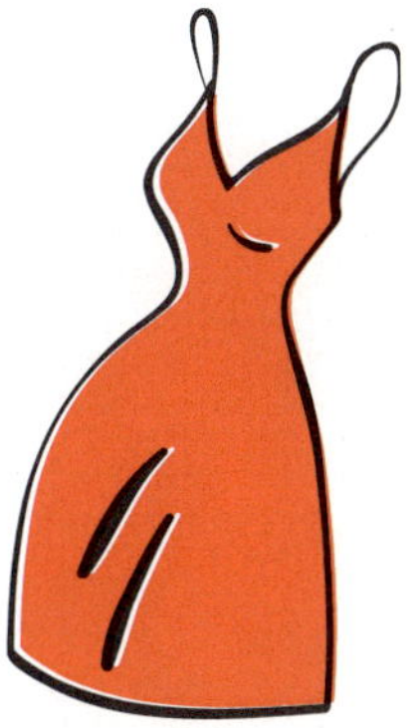

9. ______________

Nombre ______________________ Sección ____________ Fecha ____________

10. ____________

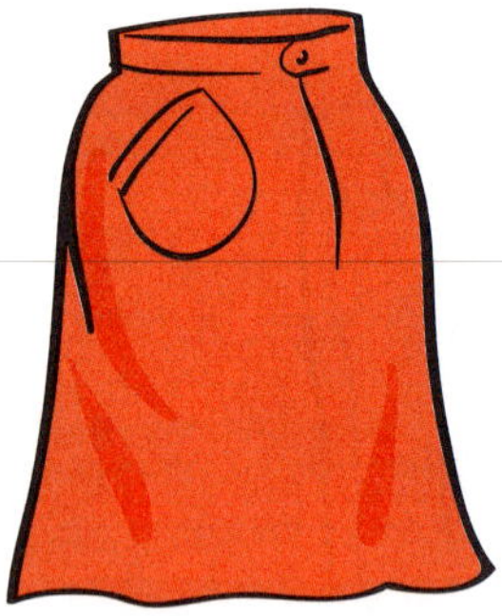

11. ____________

12. ____________

B With a partner, write a case scenario similar to the one presented in this lesson, in which you incorporate the additional vocabulary.

Lección 18

Resolviendo problemas

Objectives

Structures

- The subjunctive to express doubt, disbelief, and denial
- The subjunctive to express indefiniteness and nonexistence

Communication

- Talking about AIDS
- Talking to the spouse of an alcoholic

La Sra. Miño, trabajadora social, ayuda a dos clientas que tienen diferentes problemas.

2–12 Con Eva Torales, una adolescente:

Eva —¡Qué suerte que vino hoy! Tengo que preguntarle algo pero... me da vergüenza.

Sra. Miño —No te preocupes, Eva. Yo estoy aquí para ayudarte. Cuéntame qué te pasa.

Eva —No hay nadie que pueda ayudarme... Tuve relaciones sexuales con Carlitos, mi novio, y creo que estoy enferma.

Sra. Miño —¿El muchacho no usó condón cuando tuvieron contacto sexual?

Eva —No, porque yo estoy tomando la píldora.

Sra. Miño —Mira, Eva, la píldora puede prevenir un embarazo no deseado, pero no evita el SIDA ni las enfermedades venéreas como la gonorrea, la sífilis y los herpes.

Eva —Tengo irritación en la vagina y pus. ¿Ud. cree que tengo el SIDA? ¡Ay, Dios mío!

Sra. Miño —No creo que sea el SIDA. Ésos son síntomas de gonorrea. Ve a ver a tu médico o al Departamento de Sanidad. Te tienen que examinar en seguida.

Eva —Pero mis padres no saben nada. ¡Me van a matar!

Sra. Miño —No necesitas permiso de tus padres, pero yo te aconsejo que hables con ellos. Estoy segura de que te van a ayudar.

Eva —Dudo que me ayuden porque ellos me prohibieron ver a Carlitos. Él a veces toma drogas, y ellos dicen que es drogadicto.

Sra. Miño —Eva, has estado jugando con fuego. Ve al Departamento de Sanidad hoy mismo, y dile a tu novio que vaya también. Uds. pueden infectar a otras personas.

Nombre ______________________ Sección ____________ Fecha ____________

2-13 Con la Sra. Ríos, que tiene un esposo alcohólico:

Sra. Ríos —Estoy muy preocupada porque mi esposo faltó al trabajo otra vez y temo que lo despidan.
Sra. Miño —¿Sigue tomando mucho?
Sra. Ríos —Sí, más que nunca. Antes se emborrachaba los fines de semana, pero ahora bebe casi todos los días.
Sra. Miño —¿Ha hablado con él sobre su problema?
Sra. Ríos —Sí, muchas veces. También el padre Francisco trató de hablarle, pero mi marido dice que él bebe con su dinero y que a nadie le importa.
Sra. Miño —¿Le ha pegado él a Ud. alguna vez por culpa de la bebida?
Sra. Ríos —Sí, muchas veces, y a los niños también. Después, se arrepiente y me pide que lo perdone, pero dudo que cambie.
Sra. Miño —¿Ha tenido alguna vez un accidente o algún problema con la policía?
Sra. Ríos —Hasta hace poco había tenido suerte, pero la semana pasada un policía lo detuvo por manejar estando borracho y pasó la noche en la cárcel.
Sra. Miño —El caso de su esposo es grave, pero no hay nadie que pueda ayudarlo si él no coopera.
Sra. Ríos —¿Qué puedo hacer yo? ¿Buscar a alguien que lo ayude?
Sra. Miño —Bueno, lo primero, tratar de convencerlo de que tiene un problema alcohólico, y de que no puede resolverlo sin la ayuda de otras personas.
Sra. Ríos —¿Quiénes podrían ayudarlo?
Sra. Miño —Hay muchas organizaciones que pueden ayudarlos a él y a Uds., entre ellas los capítulos locales de Alcohólicos Anónimos y Al-Anon.
Sra. Ríos —¿Cómo puedo ponerme en contacto con esas organizaciones?
Sra. Miño —Sus números de teléfono aparecen en las páginas amarillas del a guía telefónica. Un momentito, aquí tengo el número de Alcohólicos Anónimos.

¡Escuchemos!

While listening to the dialogue, circle **V (verdadero)** if the statement is true and **F (falso)** if it is false.

2-12
2-13

1. Carlitos es el novio de Eva.	V	F
2. La píldora evita las enfermedades venéreas.	V	F
3. Eva tiene los síntomas de gonorrea.	V	F
4. No hay necesidad de que los médicos examinen a Eva.	V	F
5. Los padres de Eva no quieren que Carlitos y ella sean novios.	V	F
6. La Sra. Miño no quiere que ella hable con sus padres.	V	F
7. El esposo de la Sra. Ríos no fue a trabajar.	V	F
8. El Sr. Ríos estaba manejando borracho y un policía lo detuvo.	V	F

Nombre ______________________ Sección ______________ Fecha ______________

9. El Sr. Ríos tiene que aceptar el hecho de que tiene un problema alcohólico. V F

10. La Sra. Ríos no tiene interés en ponerse en contacto con organizaciones que ayudan a los alcohólicos. V F

Audio

Vocabulario

COGNADOS

el accidente
Alcohólicos Anónimos
el (la) cliente(a)
el contacto
diferente
la droga
el (la) drogadicto(a)
la gonorrea
los herpes
la irritación
local
el momento[1]
la organización
el pus
las relaciones sexuales
la sífilis
el síntoma
la vagina
venéreo(a)

NOMBRES

el (la) adolescente *teenager*
el capítulo *chapter*
la cárcel *jail*
el condón, el preservativo *condom*
el Departamento de Sanidad *Health Department*
el embarazo *pregnancy*
la guía telefónica, el directorio telefónico *telephone book*
el (la) muchacho(a) *young man (woman)*
el (la) novio(a) *boyfriend (girlfriend)*
el padre, el cura, el sacerdote *(Catholic) priest*
los padres *parents*
la píldora, la pastilla *pill*
el (la) policía *police officer*
el SIDA (síndrome de inmunodeficiencia adquirida) *AIDS*

VERBOS

aparecer[2] *to appear*
arrepentirse (e:ie) *to regret, to feel sorry*
beber *to drink*
buscar *to look for*
convencer[3] *to convince*
cooperar *to cooperate*
despedir (e:i), cesantear *to fire*
detener[4] *to stop*
dudar *to doubt*
emborracharse *to get drunk*
evitar *to avoid*
infectar, contagiar *to infect*
matar *to kill*
pasar *to spend (time)*
perdonar *to pardon, to forgive*
preocuparse *to worry*

---

[1]Diminutives: **momentito, momentico**
[2]Irregular first person indicative: **yo aparezco**
[3]Irregular first person indicative: **yo convenzo**
[4]Conjugated like **tener**

Nombre ______________________ Sección ____________ Fecha ____________

prevenir (e:ie)[1] *to prevent*
prohibir *to forbid, to prohibit*
resolver (o:ue) *to solve*
tratar (de) *to try*

ADJETIVOS

amarillo(a) *yellow*
grave *serious*
preocupado(a) *worried*

OTRAS PALABRAS Y EXPRESIONES

A nadie le importa. *It's nobody's business.*
¡Ay, Dios mío! *Oh my goodness!*
casi *almost*
darle vergüenza a uno *to be embarrassed*
hasta hace poco *until recently*
jugar (u:ue) con fuego *to play with fire*
lo primero *the first thing*
más que nunca *more than ever*
ponerse en contacto *to get in touch*
por culpa de *because of*
por manejar estando borracho(a) *for drunk driving*
qué suerte *how fortunate, it's a good thing, what luck*
¿Qué te pasa? *What's the matter with you?*
tener suerte *to be lucky*
todos los días *every day*

Audio

VOCABULARIO ADICIONAL (*EL SISTEMA LEGAL, PENAL*)

acusar *to accuse*
arrestar, detener *to arrest*
cometer *to commit, to perpetrate*
el crimen[2] *crime*
el delincuente juvenil *juvenile delinquent*
el delito *crime*
el delito grave (mayor) *felony*
el delito menor *misdemeanor*
estar en libertad bajo fianza *to be free on bail*
estar en libertad condicional *to be on probation*
estar preso(a) *to be in jail*
la fianza *bail*
la orden de detención, el permiso de detención *warrant, arresting order*
el reclusorio para menores *juvenile hall*
el reformatorio *reformatory*

LA RELIGIÓN

el aborto *abortion*
católico(a) *Catholic*
el consentimiento *consent*
la iglesia *church*
judío(a), hebreo(a) *Jewish*
el (la) pastor(a) *pastor, person of the clergy*
protestante *Protestant*
el rabí, el rabino *rabbi*
la sinagoga *synagogue, temple*

[1] Conjugated like **venir**
[2] Used mainly to refer to murder or manslaughter.

Nombre ______________________ Sección ______________ Fecha ______________

Search

NOTAS CULTURALES

Hispanic Americans are at greater risk for HIV infection due to factors such as living in high-prevalence areas (New York, San Francisco, and Los Angeles account for about 60% of AIDS cases), exposure to intravenous drug use (29% among Hispanics versus 13% among non-Hispanic white men), and cultural attitudes that generally do not promote the use of condoms (the AIDS case rate among Hispanic women is almost five times the rate for non-Hispanic white women). The American Medical Association has recommended that AIDS prevention programs be tailored to subgroups such as Mexican Americans and Puerto Ricans due to cultural and language differences.

Actividades

Dígame... Answer the following questions, basing your answers on the dialogues.

1. ¿A quién ayuda la Sra. Miño?

 ____

2. ¿Qué le da vergüenza a Eva?

 ____

3. ¿Con quién tuvo Eva relaciones sexuales?

 ____

4. ¿Qué cree Eva?

 ____

5. ¿Qué está tomando Eva?

 ____

6. ¿Qué enfermedades ayuda a evitar el uso del condón?

 ____

7. ¿Para qué debe ir Eva al Departamento de Sanidad?

 ____

8. Los padres de Eva le prohibieron ver a Carlitos. ¿Por qué?

 ____

Nombre ______________________ **Sección** ______________ **Fecha** ______________

9. ¿Quiénes pueden infectar a otras personas?

____

10. ¿Qué teme la Sra. Ríos?

____

11. ¿Cuándo se emborracha el Sr. Ríos?

____

12. ¿Quién trató de hablar con el Sr. Ríos?

____

13. ¿Por qué detuvieron al Sr. Ríos?

____

14. ¿Dónde pasó la noche el Sr. Ríos?

____

15. ¿Qué organizaciones pueden ayudar al Sr. Ríos?

____

Hablemos Interview a classmate, using the following questions. When you have finished, switch roles.

1. En su opinión, ¿cuáles son los problemas más frecuentes entre los jóvenes?
2. ¿Cuáles son algunos de los peligros (*dangers*) del uso de drogas y del alcoholismo?
3. ¿Cuáles son los problemas que pueden traer las relaciones sexuales?
4. ¿Qué problemas puede evitar la píldora?
5. ¿Qué problemas puede evitar el uso del condón?
6. En su opinión, ¿es seguro el condón para evitar el SIDA y las enfermedades venéreas?
7. ¿Qué enfermedades venéreas conoce Ud.?
8. ¿Cuál cree Ud. que es un problema mayor entre los adolescentes, el alcoholismo o las enfermedades venéreas?
9. ¿Cuándo decimos que una persona es alcohólica?
10. ¿Toma Ud. bebidas alcohólicas? ¿Con qué frecuencia (*How frequently*)?
11. ¿Qué organizaciones ayudan a las personas con problemas de alcoholismo?
12. ¿Dónde puedo encontrar el número de teléfono de Alcohólicos Anónimos?

Nombre ______________________ Sección ____________ Fecha ____________

Vamos a practicar Rewrite each of the following sentences to express doubt or indefiniteness, using the cue provided.

Quiz

MODELO Sé que muchos padres se preocupan por sus hijos aquí.
Dudo **que muchos padres se *preocupen* por sus hijos aquí.**

1. Creo que el uso del condón ayuda a controlar las enfermedades venéreas.

   No creo ______________________________

2. Aquí hay alguien que puede examinarla.

   Aquí no hay nadie ______________________________

3. Es cierto que nosotros somos alcohólicos.

   No es cierto ______________________________

4. Pienso que pueden despedir a mi hija.

   No pienso ______________________________

5. Conozco a un señor que se emborracha todos los días.

   No conozco a nadie ______________________________

6. Hay una muchacha que toma la píldora.

   ¿Hay alguna ______________________________?

7. Aquí hay alguien que usa drogas.

   Aquí no hay nadie ______________________________

8. Conozco a alguien que puede hablar con la supervisora.

   Busco a alguien ______________________________

9. María es la amiga que quiere aconsejarla.

   Buscamos a alguien ______________________________

10. Yo sé que hay algunas organizaciones que ayudan a los alcohólicos.

    Necesitamos ponernos en contacto con ______________________________

    ____

Nombre ______________________ Sección ____________ Fecha ____________

Conversaciones breves

Complete the following dialogue, using your imagination and the vocabulary from this lesson.

La Sra. Ledo habla con el Sr. Garza, consejero familiar.

Sra. Ledo —Estoy muy preocupada. Tengo muchos problemas en mi casa, Sr. Garza.

Sr. Garza —______________________________

Sra. Ledo —Mi esposo se emborracha todos los días.

Sr. Garza —______________________________

Sra. Ledo —No, no hay nadie que pueda ayudarlo. Él no quiere hablar con nadie; dice que no quiere que nadie se preocupe por él.

Sr. Garza —______________________________

Sra. Ledo —No, a mí no me ha pegado, pero les pega mucho a los niños.

Sr. Garza —______________________________

Sra. Ledo —Sí, la semana pasada tuvo un accidente. ¿Hay alguien que pueda ayudarlo?

Sr. Garza —______________________________

Sra. Ledo —¿Cómo puedo ponerme en contacto con una de esas organizaciones?

Sr. Garza —______________________________

Sra. Ledo —Muchas gracias por todo, Sr. Garza.

En estas situaciones

What would you say in the following situations? What might the other person say?

1. You are talking to Mariana, a teenager who thinks she may have a venereal disease. You tell her that she's playing with fire and advise her to go to the Health Department right away to be examined. Explain that she doesn't need her parents' permission to be checked. Finally, encourage her to tell her sexual partner to go to the Health Department also because both of them can infect other people.
2. The parents of a teenage daughter are worried because they are afraid she may be pregnant. They confide their concerns and ask for your advice. Her boyfriend takes drugs and drinks a lot every day. He says he will stop drinking, but he never does. Sometimes he even drives while drunk and has spent several nights in jail for that reason. He wants to marry their daughter.
3. Your client, Mrs. Fernández, is talking to you about her alcoholic husband. Ask her the following questions: Is he still drinking a lot? Has he missed work a lot? Is she afraid he'll be fired? Has he ever hit her or the children because of the drinking? Has he ever had an accident? Has she ever contacted any organization like Alcoholics Anonymous or Al-Anon? Direct her to the yellow pages of the phone book for the telephone numbers of those organizations.

Nombre ______________________ Sección ____________ Fecha ____________

Casos

Act out the following scenarios with a partner.

1. You are helping an adolescent who thinks he or she has a venereal disease.
2. You are advising a client whose spouse is an alcoholic.

Un paso más

A Review the **Vocabulario adicional** in this lesson and then match the questions in column **A** with the answers in column **B.**

A

_______ 1. ¿La arrestaron?

_______ 2. ¿Por qué lo detuvieron?

_______ 3. ¿Es católica?

_______ 4. ¿Está preso?

_______ 5. ¿Es un delincuente juvenil?

_______ 6. ¿Pudieron hablar con el rabino?

7. ¿Dónde cree Ud. que deben estar los delincuentes juveniles?

_______ 8. ¿Le hicieron un aborto a una menor?

_______ 9. ¿Es protestante?

_______ 10. ¿Dónde está el sacerdote?

B

a. Sí, lo vimos en la sinagoga.

b. No, está en libertad condicional. Puso una fianza de diez mil dólares.

c. Sí, porque el médico dijo que no necesitaba el consentimiento de sus padres.

d. En un reformatorio.

e. Sí, es metodista.

f. Porque cometió un delito.

g. En la iglesia.

h. No, es judía.

i. Sí, por eso está en un reclusorio para menores.

j. Sí, está presa.

B With a partner, write a case scenario similar to the one presented in this lesson, in which you incorporate the additional vocabulary.

Lección 19

Consejos a las madres

Objectives

Structures

- The subjunctive after certain conjunctions
- The present perfect subjunctive
- Uses of the present perfect subjunctive

Communication

- Talking to a new mother
- Advising parents about child development

La enfermera visitadora Julia Mena habla con dos madres.

2-14 Con la Sra. Rojas, madre de un recién nacido:

Madre —Enfermera, ¿cuál es la mejor posición para acostar al bebé, boca arriba, boca abajo o de lado?
Enfermera —Boca arriba. Las otras posiciones pueden ser peligrosas.
Madre —Mi mamá dice que ella siempre nos ponía boca abajo.
Enfermera —Sí, antes se creía que ésa era la mejor posición.
Madre —Otra cosa. Todavía tengo miedo de dejar al bebé solo en la cuna.
Enfermera —En la cuna está seguro, si no hay en ella objetos peligrosos.
Madre —Él sólo tiene su almohadita.
Enfermera —No use almohadas; pueden asfixiar al niño.
Madre —¿De veras? No lo sabía. Una pregunta más. Si está dormido y es hora de darle el pecho, ¿debo despertarlo?
Enfermera —No es necesario. Déjelo dormir. Él se despertará cuando tenga hambre.

2-15 Con la Sra. Argueda, madre de un niño de un año:

Madre —Srta. Mena, el niño ya cumplió un año y todavía no camina. ¿Qué puedo hacer?
Enfermera —Espere a que haya madurado lo suficiente. No todos los niños empiezan a caminar a la misma edad.

Nombre ______________________ **Sección** __________ **Fecha** __________

Madre —Mi esposo quiere comprarle un andador...
Enfermera —No, no deben tratar de forzarlo a caminar. El andador le puede deformar las piernas.
Madre —Otra cosa. Ahora que gatea, agarra todo lo que encuentra y se lo mete en la boca.
Enfermera —Tiene que tener mucho cuidado de no dejar objetos pequeños a su alcance.
Madre —Bueno, cuando empiece a pararse y a caminar voy a tener más problemas.
Enfermera —Sí, en cuanto empiece a andar por la casa, va a tener muchos más peligros.
Madre —Sí, se puede caer de la escalera, o se puede subir a una mesa y caerse...
Enfermera —También puede envenenarse con muchas de las cosas que hay en la casa, como lejía, insecticidas, pinturas, detergentes, etc.
Madre —O con las medicinas para adultos, si no tienen tapas de seguridad.
Enfermera —Mire, en este folleto encontrará algunos otros consejos útiles.
Madre —Tan pronto como llegue a casa, voy a poner la lista en el refrigerador.

ALGUNOS CONSEJOS ÚTILES

1. El niño no debe estar cerca del fogón, del horno, de la estufa, de la plancha, de los fósforos, de los líquidos calientes ni de los aparatos eléctricos.
2. Si el niño se quema, trate la quemadura con agua, no con hielo. Nunca ponga yodo ni mantequilla en la quemadura. Si ésta es grave, lleve al niño al médico.
3. Ponga tapas de seguridad sobre los tomacorrientes que no use y tape con muebles los que están en uso.
4. En casos de cortaduras y rasguños, limpie la herida con agua y jabón y cúbrala con una venda. Si sangra mucho, aplique presión sobre la herida y lleve al niño al médico.
5. No deje al niño al sol por mucho tiempo y póngale un gorro. Para un niño pequeño, dos minutos al sol por día son suficientes.
6. No deje al niño solo en la casa, ni en la bañadera, ni en la piscina ni en el coche.
7. Haga vacunar a sus niños antes de que empiecen a ir a la escuela.
8. En su casa y en el carro tenga siempre un botiquín o un estuche de primeros auxilios con lo siguiente:

   cinta adhesiva, esparadrapo
   curitas
   gasa
   pinzas
   tijeras
   termómetro
   alcohol
   agua oxigenada
   crema antibacteriana
   antihistamínicos
   líquido de Benadryl
   ungüento para quemaduras menores
   ipecacuana
   Tylenol

Nombre ______________________ Sección ____________ Fecha ____________

¡Escuchemos!

While listening to the dialogue, circle **V (verdadero)** if the statement is true and **F (falso)** if it is false.

2-14
2-15

1. Es mejor acostar a un bebé boca arriba.	V	F
2. La cuna es muy peligrosa.	V	F
3. Las almohadas pueden sofocar al niño.	V	F
4. Todos los niños empiezan a caminar al cumplir dos años.	V	F
5. El hijo de la Sra. Argueda empezó a gatear.	V	F
6. Las medicinas deben tener tapas de seguridad cuando hay niños en la casa.	V	F
7. Si un niño se quema, trate la quemadura con mantequilla.	V	F
8. En casos de cortaduras y rasguños, hay que limpiar la herida con agua y jabón.	V	F
9. Los niños deben ser vacunados antes de empezar la escuela.	V	F
10. El botiquín que guardamos en el coche debe incluir curitas.	V	F

Vocabulario

Cognados

el alcohol
el antihistamínico
la crema
el detergente
el insecticida
el líquido
el objeto
la posición

Nombres

el agua oxigenada *hydrogen peroxide*
la almohada *pillow*
el aparato eléctrico, el equipo electrodoméstico, el electrodoméstico *electrical appliance, household appliance*
el botiquín de primeros auxilios, el estuche de primeros auxilios *first-aid kit*
la cinta adhesiva, el esparadrapo *adhesive tape*
el consejo *advice*
la cortadura, la cortada (*Méx., Cuba*) *cut*
la cuna *crib*
la curita *Band-Aid*
el (la) enfermero(a) visitador(a) *visiting nurse*
la estufa *heater*
el fogón, la cocina *stove*
el fósforo *match*
la gasa *gauze*
el gorro *hat, cap*

la herida *wound*
el hielo *ice*
el horno *oven*
la ipecacuana *(syrup of) ipecac*
el jabón *soap*
la lejía *bleach*
la mantequilla *butter*
la mesa *table*
los muebles *furniture*
el peligro *danger*
la pintura *paint*
las pinzas *tweezers*
la piscina, la alberca (*Méx.*) *swimming pool*
la plancha *iron*
la presión *pressure*
la quemadura *burn*
el rasguño *scratch*
el (la) recién nacido(a) *newborn baby*
el sol *sun*
la tapa de seguridad *safety cap, safety cover*
el termómetro *thermometer*
las tijeras *scissors*
el tomacorrientes, el enchufe *electrical outlet, socket*
el ungüento *ointment*
la venda, el vendaje *bandage*

VERBOS

acostar (o:ue) *to put to bed*
agarrar, coger[1] *to take*
aplicar *to apply*
asfixiar *to suffocate*
deformar *to deform*
despertar (e:ie) *to wake (someone) up*
despertarse (e:ie) *to wake up*
dormir (o:ue) *to sleep*
encontrar (o:ue) *to find*
envenenar(se) *to poison (oneself)*
forzar (o:ue) *to force*
gatear *to crawl*
madurar *to mature*
pararse *to stand up*
sangrar *to bleed*
subir *to climb, to go up*
tapar *to cover, to block*
tratar *to treat*
vacunar *to vaccinate, to immunize*

ADJETIVOS

antibacteriano(a) *antibacterial*
caliente *hot*
dormido(a) *asleep*
seguro(a) *safe*
útil *useful*

OTRAS PALABRAS Y EXPRESIONES

a casa *home*
a su alcance *within reach*
boca abajo *face down*
boca arriba *face up*
cerca (de) *near*
dar el pecho *to nurse*
de lado *on (one's) side*
¿De veras? *Really?*
en caso de *in case of*
en cuanto *as soon as*
en uso *in use*
lo suficiente *enough*
meterse en la boca *to put in one's mouth*
sobre *on*
tener cuidado *to be careful*
tener miedo *to be afraid*

[1]Irregular first person indicative: **yo cojo.** In some countries this verb has a sexual connotation and should be avoided. Either **tomar** or **agarrar** should be used instead.

Nombre ______________________ **Sección** ____________ **Fecha** ____________

Audio

VOCABULARIO ADICIONAL

EL CUIDADO DE LOS BEBÉS

el babero *bib*
el biberón, la mamadera, la mamila (*Méx.*) *baby bottle*
cambiar el pañal *to change the diaper*
el chupete, el chupón (*Méx.*), **el tete** (*Cuba*), **el bobo** (*Puerto Rico*) *pacifier*
el cochecito *baby carriage*
la comidita de bebé *baby food*
la fórmula *formula*
el jarabe *syrup*
la leche *milk*
la loción para bebé *baby lotion*
el pañal desechable *disposable diaper*
los pañuelos de papel *tissues*
el (la) pediatra *pediatrician*
la toallita *washcloth*

OTROS TÉRMINOS RELACIONADOS CON LA SALUD

el cólico *colic*
el crup, el garrotillo *croup*
la inyección antitetánica *tetanus shot*
las paperas *mumps*
ponerse azul *to turn blue*
ponerse blanco(a) *to turn white*
ponerse pálido(a) *to turn pale*
ponerse rojo(a) *to turn red*
el sarampión *measles*
la varicela *chicken pox*

NOTAS CULTURALES

Search

- According to a recent study, only about 60% of Latina females (excluding Cuban Americans) initiate prenatal care in the first trimester. Also, Hispanic Americans are three times as likely to receive no prenatal care, and Puerto Ricans receive prenatal care later and less often. In spite of this, Latina females, especially Mexican Americans, have lower rates of premature deliveries and low birth weights.
- Due to general poverty, the number of children without vaccinations is still a serious problem in some Spanish-speaking countries. In addition, some people may have misconceptions about vaccinations. For example, they may believe that as a result of vaccinations certain diseases such as polio, diphtheria, and whooping cough have been eradicated, or that it is not necessary to vaccinate children until they are of school age. Moreover, some Latinos, particularly those who are migrant workers, find it difficult to maintain vaccination schedules because they are constantly moving their place of residence. In these situations, parents should be informed of the importance of each type of vaccination, and they should be encouraged to keep a written record of their child's vaccinations.

Nombre ______________________ **Sección** ____________ **Fecha** ____________

Actividades

Dígame... Answer the following questions, basing your answers on the dialogues.

1. ¿Cuál es la mejor posición para acostar a un bebé?

   ____

2. ¿En qué posición se acostaba antes a los bebés?

   ____

3. ¿De qué tiene miedo la Sra. Rojas?

   ____

4. ¿Qué es necesario para que el bebé esté seguro en la cuna?

   ____

5. ¿Por qué son peligrosas las almohadas para el bebé?

   ____

6. Si el bebé está dormido a la hora de darle el pecho, ¿qué debe hacer la Sra. Rojas?

   ____

7. ¿Qué pasará cuando el bebé tenga hambre?

   ____

8. El niño de la Sra. Argueda ya cumplió un año y no camina. ¿Qué debe hacer la madre?

   ____

9. ¿Qué hace el bebé de la Sra. Argueda desde que gatea?

   ____

10. ¿Con qué cosas puede envenenarse el bebé?

    ____

Hablemos Interview a classmate, using the following questions. When you have finished, switch roles.

1. Cuando Ud. era un(a) bebé, ¿en qué posición lo (la) acostaba su mamá?
2. ¿En qué posición duerme Ud. ahora?
3. ¿Usa Ud. almohada para dormir?

4. Ahora, ¿hay algún bebé en su familia?
5. ¿Ha cuidado Ud. alguna vez a un bebé de otra persona? ¿Cuándo? ¿Por qué?
6. Generalmente, ¿a qué edad caminan los bebés?
7. ¿A qué edad empezó Ud. a gatear? ¿Y a caminar?
8. ¿Por qué no deben poner las madres a sus bebés en andadores?
9. ¿Cuándo se vacunan los niños?
10. ¿Contra qué enfermedades está Ud. vacunado(a)?
11. ¿Tiene Ud. un botiquín de primeros auxilios en su casa?

Quiz

Vamos a practicar

A Complete the following sentences, using the present subjunctive or the present indicative of the verbs given.

1. Va a darle el pecho al bebé cuando ____________ (despertarse).
2. Vamos a vacunarlo antes de que ____________ (empezar) a ir a la escuela.
3. Todos los días lo llamo tan pronto como (*as soon as*) ____________ (llegar) a casa.
4. Yo siempre le doy dinero cuando ____________ (ir) a su casa.
5. Voy a despertar al niño cuando ____________ (ser) las ocho.
6. Llámelo tan pronto como ____________ (llegar) a la oficina, por favor.

B Rewrite each of these sentences, making any changes required by the cue provided.

1. Él no ha traído el detergente.

   Temo que él ______________________________.
2. Ellos se han envenenado.

   No creo que ______________________________.
3. El niño se ha asfixiado.

   No es verdad que ______________________________.
4. Hemos traído la lejía y los insecticidas.

   Esperan que ______________________________.

Nombre ________________ Sección ________ Fecha ________

5. No se han asustado mucho.

   Es posible que ________________________________.

6. No he tenido tiempo.

   No es cierto que ________________________________.

7. La enfermera visitadora se ha enojado.

   Siento que ________________________________.

8. Te has quemado.

   Ojalá que no ________________________________.

Conversaciones breves

Complete the following dialogue, using your imagination and the vocabulary from this lesson.

Una madre joven habla con la Srta. Ramírez, una enfermera visitadora.

Madre —Srta. Ramírez, mi mamá dice que debo acostar al bebé boca abajo. ¿Es verdad?

Enfermera —________________________________

Madre —Entonces, ¿por qué dice eso mi mamá?

Enfermera —________________________________

Madre —Cuando tengo que hacer las tareas de la casa, ¿puedo dejar al bebé solo en la cuna?

Enfermera —________________________________

Madre —Él sólo tiene su almohadita en la cuna. Así está seguro, ¿verdad?

Enfermera —________________________________

Madre —Yo no sabía eso. Otra cosa. ¿Cuántas veces debo despertar al bebé para darle el pecho de noche?

Enfermera —________________________________

Madre —¿Puedo dejarlo dormir toda la noche?

Enfermera —________________________________

Madre —Otra pregunta. ¿A qué edad le salen los dientes?

Enfermera —________________________________

Madre —Muchísimas gracias por todo, Srta. Ramírez.

Nombre ______________________ **Sección** ____________ **Fecha** ____________

En estas situaciones

What would you say in the following situations? What might the other person say?

1. You are a visiting nurse, and a mother tells you her son is one year old and doesn't walk yet. Her husband wants to buy a walker. Advise her.
2. You are the parent of a young child. Tell the babysitter not to leave your daughter alone in the kitchen, the car, or the bathtub. Remind her to keep the child away from the oven, the stove, the iron, matches, hot liquids, and electrical appliances.
3. You are a visiting nurse speaking with the parents of two preschoolers. Tell the parents to keep a first-aid kit at home and another one in the car. Remind them to have their children vaccinated before they start school.

Casos

Act out the following scenarios with a partner.

1. A visiting nurse is talking with a young mother, whose child is beginning to walk, about the dangers around the house.
2. A visiting nurse and a mother are discussing the dos and don'ts of caring for a small baby.

Un paso más

A Review the **Vocabulario adicional** in this lesson and complete the following sentences.

1. Antes, el niño solamente tomaba biberón, pero ahora también le doy ____________________.
2. En la clínica me pusieron una ____________________.
3. El bebé tiene tos. Voy a darle ____________________ para la tos.
4. Creo que mi hija tiene sarampión. Debo llevarla al ____________________ hoy mismo.
5. El bebé no duerme bien y tose mucho. Temo que tenga ____________________.
6. Póngale un ____________________ al bebé cuando le dé la comida.
7. La mamá tiene que cambiarle el pañal al bebé. Necesita un ____________________, una ____________________ y unos ____________________.
8. La niña lloró tanto que se puso ____________________.
9. El niño no puede respirar (*breathe*) y se está ____________________.
10. El bebé tiene la piel muy seca (*dry*). Voy a comprar ____________________.

B With a partner, write a case scenario similar to the one presented in this lession, in which you incorporate the additional vocabulary.

Lección 20

El ingreso suplementario

Objectives

Structures

- The imperfect subjunctive
- Uses of the imperfect subjunctive
- *If* clauses

Communication

- Answering questions about supplemental income

El Sr. Arias, trabajador social, habla con la Sra. Parra sobre el ingreso suplementario.

2-16

Sra. Parra —Mi esposo me pidió que le preguntara si él califica para recibir ingreso suplementario, pues ahora tenemos más gastos y muchas deudas.

Sr. Arias —Su esposo es ciego, ¿verdad?

Sra. Parra —Sí, señor. Y ahora se está quedando paralítico.

Sr. Arias —Para poder contestar su pregunta tengo que saber cuáles son sus ingresos y cuál es el valor de las cosas que Uds. poseen.

Sra. Parra —Mi esposo vende suscripciones a periódicos y revistas por teléfono y recibe una comisión.

Sr. Arias —Como promedio, ¿cuánto recibe al mes de comisión?

Sra. Parra —Entre cuatrocientos y quinientos dólares al mes.

Sr. Arias —Y Ud., ¿tiene algunas entradas mensuales?

Sra. Parra —Sí, yo vendo cosméticos en mis ratos libres, pero gano muy poco. Unos doscientos a doscientos cincuenta dólares mensuales.

Sr. Arias —Entonces, los ingresos netos de la pareja son unos setecientos dólares mensuales. Bien, ¿cuáles son sus propiedades?

Sra. Parra —La casa rodante donde vivimos y los muebles y equipos electrodomésticos.

Sr. Arias —¿Tienen automóvil?

Sra. Parra —Ah, sí. Me olvidé de decirle que tenemos un Ford del 95.

Sr. Arias —Dudo que eso afecte su elegibilidad. Si fuera un coche de mucho valor, la afectaría.

Nombre ______________________ **Sección** ____________ **Fecha** ____________

Sra. Parra —Sí, nuestro coche es muy viejo y vale muy poco.
Sr. Arias —¿Tienen algunas inversiones? ¿Acciones, bonos, certificados de depósito, fondos mutuos...?
Sra. Parra —No, los únicos ahorros que tenemos son ochocientos y pico de dólares que guardamos en el banco para una emergencia.
Sr. Arias —¿Eso es todo lo que tienen?
Sra. Parra —Mi esposo tiene una póliza de seguro de vida. ¿Eso cuenta?
Sr. Arias —En la mayoría de los casos, no. ¿Algo más?
Sra. Parra —Bueno, a veces recibimos regalos en efectivo de nuestros hijos. ¿Eso cuenta como ingreso?
Sr. Arias —Sí, pero los primeros sesenta dólares en cada trimestre no se cuentan. Por ejemplo, si sus hijos le enviaran cien dólares, le descontaríamos cuarenta dólares de su pago de ingreso suplementario.
Sra. Parra —Entonces, si nos mandan doscientos cuarenta dólares por Navidad, nos descuentan ciento ochenta dólares, pero si recibimos la misma cantidad en partidas de sesenta dólares por trimestre no pagamos nada, ¿no es así?
Sr. Arias —Así es.
Sra. Parra —¿Qué otras cosas cuentan como ingresos?
Sr. Arias —Los pagos de las pensiones y retiros públicos o privados, las anualidades, las compensaciones obreras, las herencias, las rentas, los intereses y dividendos, y las pensiones alimenticias, en casos de divorcio.

2-16

¡Escuchemos! While listening to the dialogue, circle **V (verdadero)** if the statement is true and **F (falso)** if it is false.

1. El esposo de la Sra. Parra quiere saber si califica para recibir ingreso suplementario.	V	F
2. El Sr. Parra se está quedando ciego.	V	F
3. El Sr. Parra gana más o menos cuatrocientos cincuenta dólares al mes.	V	F
4. Los Parra viven en un apartamento.	V	F
5. Los Parra tienen acciones y bonos.	V	F
6. Los primeros sesenta dólares que los Parra reciben en regalos no cuentan.	V	F
7. Sería mejor que sus hijos les mandaran sesenta dólares por trimestre.	V	F
8. Los pagos de las pensiones no cuentan como ingreso.	V	F
9. En casos de divorcio, las pensiones alimenticias cuentan como ingreso.	V	F
10. Si los Parra recibieran una herencia, eso no contaría como ingreso.	V	F

Nombre ____________________ Sección ____________ Fecha ____________

Audio

Vocabulario

COGNADOS

la comisión
los cosméticos
el dividendo
la elegibilidad
la emergencia
el interés
  neto(a)
la pensión
  privado(a)
  público(a)
  suplementario(a)
la suscripción
el trimestre

NOMBRES

la acción *stock, share*
la anualidad *annuity*
el bono *bond*
la cantidad *amount*
la casa rodante *mobile home*
el certificado de depósito *certificate of deposit (C.D.)*
la compensación obrera *worker's compensation*
la deuda *debt*
el fondo mutuo *mutual fund*
la herencia *inheritance*
el ingreso *income, earnings, revenue*
la inversión *investment*
la mayoría *majority*
(la) Navidad *Christmas*
el promedio *average*
la pareja *couple*
el periódico *newspaper*
la propiedad *asset*
el rato libre, el tiempo libre *free time*
el regalo *gift, present*
la revista *magazine*
el seguro de vida *life insurance*

VERBOS

afectar *to affect*
guardar *to keep, to save*
descontar (o:ue) *to deduct*
olvidarse (de) *to forget*
poseer *to own*
valer[1] *to be worth*
vender *to sell*

ADJETIVO

único(a) *only*

OTRAS PALABRAS Y EXPRESIONES

así *like that, that way, so*
las partidas de... dólares *increments of... dollars*
ochocientos y pico *a little over eight hundred*
por ejemplo *for example*
quedarse paralítico(a) *to become paralyzed, to become crippled*

---

[1]Irregular first person present indicative: **yo valgo**

Nombre ______________________ Sección ____________ Fecha ____________

Audio

Vocabulario adicional

Más términos relacionados con las finanzas

la aprobación *approval*
los bienes raíces, los bienes inmuebles *real estate*
la cantidad fija *fixed amount*
conceder un crédito *to extend credit*
el (la) contribuyente *taxpayer*
las deducciones permitidas *allowable deductions*
el (la) dependiente *dependent*
exento(a) *exempt*
la ganancia *gain, earning, profit*
pagar a plazos *to pay in installments*
la pérdida *loss*
la persona de bajos ingresos *low-income person*
el plazo, el término *term*
provenir[1] *to come from, to originate*
el reembolso *refund*
la tarjeta de crédito *credit card*
vencer[2] *to expire*

Search

Notas culturales

It is hoped that, after having read the cultural notes in this manual, practicing and aspiring social services personnel will have a better understanding of the Spanish speakers that they may encounter in their profession. It is also hoped that these notes will have avoided stereotyping and will have successfully conveyed the diversity to be found among Latinos in the United States: They come from 20 different countries, from diverse social classes, from richly varied cultural backgrounds, and from religious upbringings or backgrounds that are not always Catholic. If these Spanish-speakers share a common trait, it is their desire to live better and to improve themselves, even if their concept about what this means varies across individuals. For the most part, this is why they or their preceding generation(s) came to the United States. For many, their contact with social services personnel, particularly with those who have some understanding of the Spanish language and Hispanic cultures, will help them reach their goal and will help them understand this country and its people better.

Actividades

Dígame... Answer the following questions, basing your answers on the dialogue.

1. ¿Sobre qué hablan el Sr. Arias y la Sra. Parra?

____

[1]Conjugated like **venir**
[2]Irregular first person singular: **yo venzo**

Nombre ______________________ Sección ____________ Fecha ____________

2. ¿Qué le pidió el Sr. Parra a su esposa?

___

3. ¿Qué problema tienen el Sr. Parra y su esposa?

___

4. ¿Está incapacitado el Sr. Parra? ¿Por qué?

___

5. ¿Cuál es el trabajo del Sr. Parra?

___

6. ¿Cuál es el trabajo de la Sra. Parra?

___

7. ¿Dónde vive la familia Parra?

___

8. ¿Cuáles son las propiedades de los Parra?

___

9. ¿Cómo es el carro de los Parra?

___

10. ¿Dónde guardan los Parra sus ahorros?

___

11. ¿Qué reciben a veces los Parra? ¿De quiénes?

___

12. Si los hijos de los Parra les regalaran cien dólares, les descontarían cuarenta dólares. ¿Por qué?

___

Hablemos Interview a classmate, using the following questions. When you have finished, switch roles.

1. ¿Cuál es su principal fuente de ingresos?
2. ¿Tiene Ud. algunos ingresos suplementarios? ¿De dónde provienen?
3. ¿Tiene Ud. más gastos este año que el año pasado?
4. Como promedio, ¿cuánto debe ganar al mes una pareja en esta ciudad para pagar todas sus cuentas?

Nombre ______________________ Sección ____________ Fecha ____________

5. Si tuviera mucho dinero, ¿en qué lo invertiría?
6. ¿Le gustan los regalos en efectivo? ¿Por qué o por qué no?
7. Si alguien le enviara a Ud. diez mil dólares mañana, ¿qué haría?
8. ¿Cómo es su automóvil? ¿Es de mucho o de poco valor?
9. ¿Tiene Ud. una póliza de seguro de vida? ¿Por qué o por qué no?
10. ¿Ha vivido Ud. alguna vez en una casa rodante?

Quiz

Vamos a practicar

A Rewrite the following sentences in the past tense. Be sure to use the subjunctive as needed.

MODELO Es imposible que él envíe los bonos.
***Era* imposible que él *enviara* los bonos.**

1. Temo que no pueda recibir el ingreso suplementario.

____

2. Quieren que nosotros tomemos la decisión hoy.

____

3. Necesito que traigas la póliza de seguro de vida.

____

4. No creo que él tenga tantos bonos y acciones.

____

5. Sugiere que paguen sus deudas.

____

B Answer the questions, using the cue in parentheses in your response.

MODELO ¿Califica Ud. para recibir ingreso suplementario? (ganar poco)
No, pero si ***ganara* poco, *calificaría.***

1. ¿Van a comprar una casa rodante? (tener más dinero)

No, pero si ____.

2. ¿Puede Ud. trabajar más hoy? (no estar enfermo[a])

No, pero si ____.

Nombre ______________________ Sección ____________ Fecha ____________

3. ¿Va a pagar sus deudas? (poder)

No, pero si ______________________________.

4. ¿Mi coche afecta mi elegibilidad para recibir ingreso suplementario? (ser de mucho valor)

No, pero si ______________________________.

______________________________.

5. ¿Quiere hablar con el supervisor ahora? (tener más tiempo)

No, pero si ______________________________.

Conversaciones breves

Complete the following dialogue, using your imagination and the vocabulary from this lesson.

La Sra. León habla con el Sr. Díaz sobre el ingreso suplementario.

Sra. León —Sr. Díaz, necesito información sobre el ingreso suplementario.

Sr. Díaz —______________________________

Sra. León —Deseo saber si puedo recibir el ingreso suplementario pues mi familia y yo necesitamos más dinero.

Sr. Díaz —______________________________

Sra. León —No, mi esposo no puede trabajar; está paralítico porque tuvo un accidente.

Sr. Díaz —______________________________

Sra. León —¿Qué preguntas necesito contestar?

Sr. Díaz —______________________________

Sra. León —Tenemos muy poco dinero en efectivo. Solamente unos quinientos dólares.

Sr. Díaz —______________________________

Sra. León —No, no tenemos bonos ni acciones, pero yo tengo poco más de dos mil dólares en una cuenta de retiro.

Sr. Díaz —______________________________

Sra. León —Sí, tenemos un automóvil.

Sr. Díaz —______________________________

Sra. León —Me alegro de (*I am glad*) que el carro no cuente, pues necesitamos el dinero.

Sr. Díaz —______________________________

Sra. León —Sí, yo vendo cosméticos de casa en casa, pero gano muy poco.

Sr. Díaz —______________________________

Sra. León —Bueno, él vende seguros de vida por teléfono.

Nombre ______________________ **Sección** ____________ **Fecha** ____________

Sr. Díaz —____

Sra. León —En la mayoría de los meses, no pasa de doscientos dólares.

Sr. Díaz —____

Sra. León —A veces nuestros hijos nos mandan dinero. ¿Cuenta eso como ingresos?

Sr. Díaz —____

Sra. León —¿Cree Ud. que tengamos derecho a recibir el ingreso suplementario?

Sr. Díaz —____

Sra. León —Muy bien, muchas gracias por la información.

En estas situaciones

What would you say in the following situations? What might the other person say?

1. A client is asking you to explain how one qualifies for receiving supplemental income. Explain that the maximum amount a couple can have to be able to receive federal payments is $2,250. Explain that a mobile home does not count as income if the people live in it and that a life insurance policy does not count as income in most cases. Tell the client that of the net earnings a person receives, the first $195 earned in a quarter is not counted and that Social Security checks, private pensions or annuities, worker's compensation, inheritances, support payments, interest, and dividends are counted as income.
2. Question your client to determine his/her eligibility for supplemental income. Find out if the client or his/her spouse is disabled. Ask the value of their possessions and what their monthly earnings and assets are. Inquire if they ever receive cash gifts from relatives.

Casos

Act out the following scenarios with a partner.

1. Explain to your client the main criteria used for determining eligibility for supplemental income.
2. Question your client to determine his/her eligibility for supplemental income.

Un paso más

A Review the **Vocabulario adicional** in this lesson, and complete the following sentences.

1. Ud. no es elegible para ayuda económica porque Ud. no es una ____________________.
2. Yo soy ____________________. Yo pago impuestos.
3. Tengo una casa y otros ____________________.
4. El plazo para presentar la solicitud ____________________ el día 8 de diciembre del 2006.
5. No sabremos cuánto recibiremos de reembolso hasta que sepamos cuáles son las ____________________.

6. Otra agencia debe dar su ____________________ para que Ud. empiece a recibir dinero.

7. A veces gana mil dólares y a veces gana mil quinientos. No es una ____________________.

8. Tengo tres ____________________: dos hijas y un hijo.

9. Los García tienen un carro nuevo que pagaron ____________________.

10. Sus ingresos ____________________ de su sueldo como trabajadora social.

11. Nadie le va a conceder ____________________ a ese hombre. Está sin trabajo.

12. Usamos nuestra ____________________ para comprar el refrigerador.

13. Sus ganancias no están ____________________ de impuestos.

B With a partner, write a case scenario similar to the one presented in this lesson, in which you incorporate the additional vocabulary.

LECTURA 4 AVISO

Read the following information from a pamphlet about eligibility for health care. Try to guess the meaning of all cognates.

AVISO A LOS SOLICITANTES Y BENEFICIARIOS DE LOS SEGUROS DE SALUD EN GRUPO

Como condición de elegibilidad para asistencia pública, los solicitantes y beneficiarios deben solicitar cualquier seguro de salud disponible a través de su empleador actual (o del último patrono[1] para quien trabajaron), o de otras fuentes.

Si usted o cualquier familiar que tiene responsabilidad legal es elegible para beneficios de seguro de salud en grupo, deberá proporcionarnos esta información en su entrevista de solicitud o de recertificación. Si tiene una tarjeta de seguro de salud, debe traerla a su entrevista. Además, su empleador actual o anterior tiene que llenar el reverso de esta planilla.

Si usted se niega a cooperar en la verificación de esta información o rehúsa solicitar cualquier seguro de salud disponible para usted, su asistencia pública y beneficios médicos pueden ser denegados[2] o suspendidos, de acuerdo con[3] las leyes del estado de Nueva York.

[1]**patrono** *boss*
[2]**denegados** *denied*
[3]**de acuerdo con** *in accordance with*

Nombre ______________________ **Sección** ____________ **Fecha** ____________

Dígame... After reading the **Lectura** carefully, answer the following questions.

1. ¿Qué deben hacer los solicitantes y beneficiarios como condición de elegibilidad para asistencia pública?

   ____

   ____

2. Si Ud. es elegible para beneficios de seguro de salud en grupo, ¿cuándo deberá proporcionar esta información?

   ____

   ____

3. ¿Qué debe hacer si tiene una tarjeta de seguro de salud?

   ____

4. ¿Qué tiene que hacer su empleador actual o anterior?

   ____

5. ¿Qué puede pasar si Ud. no coopera en la verificación de esta información o si no solicita cualquier seguro de salud disponible para Ud.?

   ____

   ____

Nombre ______________________ Sección ____________ Fecha ____________

Lecciones 16-20 Repaso

Práctica de vocabulario

A Circle the word or phrase that does not belong in each group.

1. cama cura sacerdote
2. despedir detener cesantear
3. periódico regalo revista
4. fogón horno tumor
5. plancha jabón lejía
6. agarrar coger enfermarse
7. cárcel ortopédico ipecacuana
8. sífilis gonorrea borrachera
9. transfusión vista sangre
10. análisis novio radiografía
11. espejuelos venda vista
12. bono píldora pastilla
13. infectar contagiar tratar
14. curita almohada cuna
15. costo cortadura cortada
16. gasa herida consejo
17. jabón sol detergente
18. terapia física radiografía mesa
19. muebles condón preservativo
20. piscina alberca pintura

Nombre ______________________ Sección ____________ Fecha ____________

B Circle the word or phrase that best completes each sentence.

1. Él es elegible para obtener el (tratamiento / seguro / anteojos) de hospitalización.
2. Ella necesita operarse porque tiene un (tumor / lente / horno).
3. Lo van a (despedir / comprar / incluir) porque no trabaja.
4. El policía lo detuvo por (ingresar / entregar / manejar) estando borracho.
5. Tengo que tratar de (sugerir / resolver / temer) mis problemas.
6. El condón ayuda a evitar las (enfermedades venéreas / inversiones / revistas).
7. La muchacha teme estar embarazada porque (compró muebles / tomó líquido / tuvo relaciones sexuales) con su novio.
8. La enfermera visitadora me dio unos consejos muy (cubiertos / útiles / dormidos).
9. En caso de cortaduras, limpie la herida con agua y (pintura / mantequilla / jabón).
10. Un niño puede (envenenarse / gatear / evitar) con muchas cosas que hay en la casa, como lejía y detergentes.
11. Debe tratar de tapar todos los (promedios / tomacorrientes / ingresos).
12. Tengo miedo de dejar al bebé solo en la (plancha / lesión / cuna).
13. Le van a hacer un examen de la (vista / cama / radiografía) porque no ve muy bien.
14. La niña ya cumplió un año y todavía no (ingresa / cambia / gatea).
15. Mi esposa tiene que pagar su (prima básica / pareja / comisión) de seguro de vida.
16. Ellos nos (afectan / descuentan / venden) ochenta dólares.
17. Las anualidades, los pagos de las pensiones y la (suscripción / herencia / cantidad) cuentan como ingresos.
18. Tengo que preguntarle algo, pero me da (vergüenza / audífono / vez).
19. ¿Cuánto recibe Ud. al mes de (consejo / gafas / comisión)?
20. Mis propiedades son: la casa rodante donde vivo, los equipos electrodomésticos y los (esparadrapos / muebles / clientes).
21. La píldora puede prevenir un (síntoma / botiquín / embarazo) no deseado.
22. He estado recibiendo beneficios del seguro social por dos años (pocos / deducibles / consecutivos).
23. El bebé se (despertará / operará / convencerá) cuando tenga hambre.
24. Cuando el niño empiece a gatear y a (incluirse / pararse / prohibirse) va a tener más peligros.
25. Mi esposo es ciego y ahora se está quedando (paralítico / relacionado / útil).

Nombre ____________ Sección ________ Fecha ________

C Match the questions in column **A** with the answers in column **B**.

A

_____ **1.** ¿Vas a ver a un quiropráctico?

_____ **2.** ¿Él tiene un tumor?

_____ **3.** ¿Le hicieron análisis?

_____ **4.** ¿Tiene problemas con la vista?

_____ **5.** ¿Su esposo se emborracha?

_____ **6.** ¿Pagan por una transfusión?

_____ **7.** ¿Ella faltó al trabajo otra vez?

_____ **8.** ¿Por qué lo detuvieron a Ud.?

_____ **9.** ¿El niño debe usar andador?

_____ **10.** ¿Se envenenó?

_____ **11.** ¿Cuánto tiempo puedo dejar al bebé al sol?

_____ **12.** ¿Cuáles son sus ingresos netos?

13. ¿Cuánto tiempo hace que recibe beneficios del seguro social?

_____ **14.** ¿Acuesto al bebé boca abajo?

_____ **15.** ¿Cuándo debo vacunar a mis hijos?

_____ **16.** ¿Él tiene una enfermedad venérea?

_____ **17.** ¿Dónde puedo encontrar su número de teléfono?

_____ **18.** ¿Tuvo Ud. relaciones sexuales?

_____ **19.** ¿Te pidió perdón?

_____ **20.** ¿Adónde fuiste?

B

a. No, boca arriba.

b. No, puede deformarle las piernas.

c. Sí, excepto por las tres primeras pintas de sangre.

d. Antes de que empiecen a ir a la escuela.

e. Ochocientos dólares.

f. Sí, tengo problemas con la espalda.

g. Sí, tendrá que operarse.

h. Sí, con mi novio.

i. Dos años.

j. Dos minutos por día.

k. Por manejar estando borracho.

l. En la guía telefónica.

m. Sí, y también radiografías.

n. Sí, bebe todos los fines de semana.

o. Sí, y temo que la despidan.

p. Sí, con un insecticida.

q. Sí, necesita anteojos.

r. Sí, tiene sífilis.

s. A casa.

t. Sí pero, desgraciadamente, dudo que cambie.

Nombre ______________________________ Sección ____________ Fecha ____________

D Crucigrama

Horizontal

1. Ud. no debe tener __________ en la cuna.

4. La gonorrea y la sífilis son enfermedades __________.

8. coger

9. fogón

11. *Time* es una __________.

12. Aquí tiene una __________ de lo que paga Medicare.

13. píldora

17. Siempre se emborracha. Siempre está __________.

21. Mi número de teléfono está en la guía __________.

24. Vivimos en una casa __________.

28. con límite

29. El bebé duerme en su __________.

30. Lo usamos para matar cucarachas, por ejemplo.

32. organización que ayuda a los alcohólicos: Alcohólicos __________.

35. Mi padre necesita una silla de ruedas porque es __________.

36. *bleach* (*pl.*), en español

37. La pareja quiere niños. No es un caso de __________ no deseado.

39. *I avoid*, en español

40. estuche de primeros auxilios

41. que tiene relación

Vertical

2. El bebé se puede __________ con la almohadita.

3. No usa anteojos. Usa __________ de contacto.

5. *until recently*: __________ hace poco

6. Ellos no me daban permiso para salir. Ellos me __________ salir.

7. *chapter*, en español

10. Necesita espejuelos porque tiene problemas con la __________.

14. al año

15. Me quemé. Tengo una __________.

16. Está en el hospital. Está __________.

18. tres meses

19. Necesitamos __________ el dinero en el banco.

20. Es drogadicto. Usa __________.

22. El niño puede __________ con pintura, detergente, etc.

23. Esos servicios no están __________ por Medicare.

25. Tiene quince años. Es un __________.

26. cura, padre

27. alberca

31. tengo

32. Necesita usar un __________ porque no oye bien.

33. Debo __________ en el hospital para operarme.

34. Es un bebé __________ nacido.

38. Trate la quemadura con __________, no con hielo.

Nombre ______________________ Sección ______________ Fecha ______________

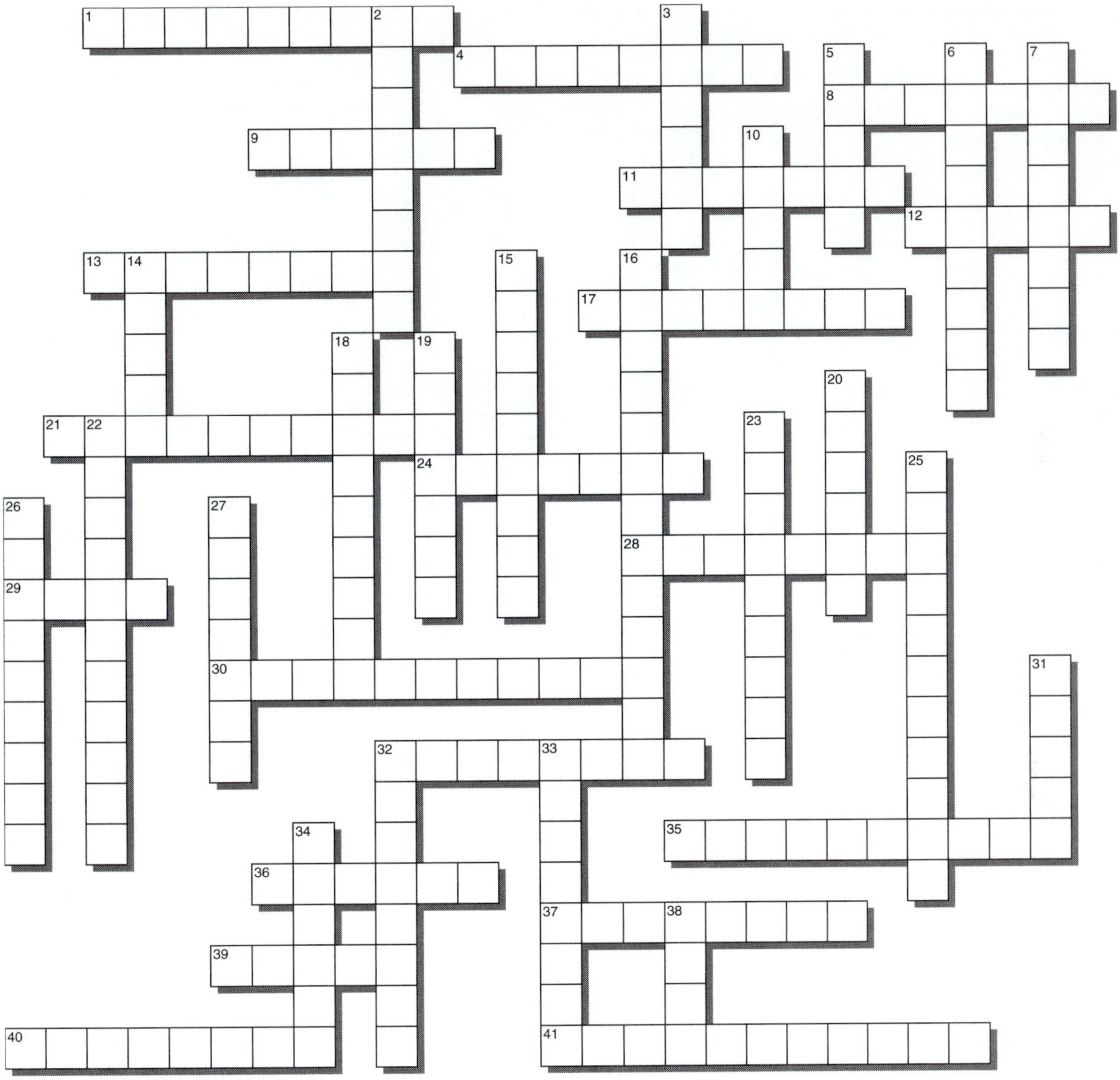

Nombre ______________________ **Sección** __________ **Fecha** __________

E Write the words or phrases in Spanish in the blanks provided. What expression is formed vertically?

1. basic __ __ [ ] __ __ __
2. injury __ [ ] __ __ __ __

3. to forbid __ __ __ [ ] __ __ __ __
4. blood __ [ ] __ __ __ __
5. covered __ __ [ ] __ __ __ __ __
6. total __ __ __ __ [ ]
7. almost __ [ ] __ __

8. to be afraid __ [ ] __ __ __
9. list __ __ [ ] __ __
10. to spend (time) [ ] __ __ __ __
11. jail __ [ ] __ __ __ __
12. yearly: **al** ______ __ [ ] __
13. boyfriend __ [ ] __ __ __
14. local [ ] __ __ __ __

2–17

Práctica oral Listen to the following exercise on the audio program. The speaker will ask you some questions. Answer the questions, using the cues provided. The speaker will confirm the correct answer. Repeat the correct answer.

2–18

1. ¿Su padre es elegible para obtener el seguro de hospitalización? (sí)
2. ¿Cuánto tiempo hace que él recibe beneficios por incapacidad? (dos años)
3. ¿Por qué tiene que operarse él? (tiene un tumor)
4. ¿Cuánto tiempo tiene que estar hospitalizado? (dos semanas)
5. ¿Le hicieron radiografías? (sí, y análisis también)
6. ¿El seguro médico lo paga todo? (no, paga el ochenta por ciento)
7. ¿Su padre ve bien? (no, necesita anteojos)
8. ¿Él es miembro de una HMO? (no)

Nombre ______________ Sección ______________ Fecha ______________

9. ¿Su hijo toma drogas? (sí, es drogadicto)
10. ¿Él se emborracha? (sí, los fines de semana)
11. ¿Le ha pegado a Ud. alguna vez? (sí, muchas veces)
12. ¿Ha tenido él problemas con la policía? (sí, estaba manejando borracho)
13. ¿Qué le pasó? (lo llevaron a la cárcel)
14. ¿Por qué no lo lleva a Alcohólicos Anónimos? (él no quiere ir)
15. ¿Sabe Ud. dónde puede encontrar el número de teléfono de Alcohólicos Anónimos? (sí, en la guía telefónica)
16. ¿Tiene su hijo alguna enfermedad venérea? (no)
17. ¿Su hija tiene hijos? (sí, uno)
18. ¿Cuántos años tiene el niño? (cumplió un año ayer)
19. ¿Ya camina? (no, todavía)
20. ¿Usa andador? (no)
21. ¿Por qué no usa andador? (puede deformarle las piernas)
22. ¿Trabaja su esposo? (sí, vende suscripciones de revistas)
23. Y Ud., ¿trabaja también? (sí, vendo cosméticos)
24. ¿Cuáles son sus ingresos netos? (ochocientos dólares mensuales)
25. ¿Tienen Uds. ahorros? (no)

APPENDIX A

INTRODUCTION TO SPANISH SOUNDS AND THE ALPHABET

Sections marked with a Web-audio icon are recorded on the website that supplements this text. Repeat each Spanish word after the speaker, imitating as closely as possible the correct pronunciation.

The Alphabet

LETTER	NAME	LETTER	NAME	LETTER	NAME	LETTER	NAME
a	a	h	hache	ñ	eñe	t	te
b	be	i	i	o	o	u	u
c	ce	j	jota	p	pe	v	ve
d	de	k	ka	q	cu	w	doble ve
e	e	l	ele	r	ere	x	equis
f	efe	m	eme	rr	erre	y	i griega
g	ge	n	ene	s	ese	z	zeta

Audio

The Vowels

1. The Spanish **a** has a sound similar to the English *a* in the word *father.* Repeat:

   Ana casa banana mala dama mata

2. The Spanish **e** is pronounced like the English *e* in the word *eight.* Repeat:

   este René teme déme entre bebe

3. The Spanish **i** is pronounced like the English *ee* in the word *see.* Repeat:

   sí difícil Mimí ir dividir Fifí

4. The Spanish **o** is similar to the English *o* in the word *no,* but without the glide. Repeat:

   solo poco como toco con monólogo

5. The Spanish **u** is similar to the English *ue* sound in the word *Sue.* Repeat:

   Lulú un su universo murciélago

Audio

The Consonants

1. The Spanish **p** is pronounced like the English *p* in the word *spot.* Repeat:

pan	papá	Pepe	pila	poco	pude

2. The Spanish **c** in front of **a, o, u, l,** or **r** sounds similar to the English *k.* Repeat:

casa	como	cuna	clima	crimen	cromo

3. The Spanish **q** is only used in the combinations **que** and **qui,** in which the **u** is silent, and also has a sound similar to the English *k.* Repeat:

que	queso	Quique	quinto	quema	quiso

4. The Spanish **t** is pronounced like the English *t* in the word *stop.* Repeat:

toma	mata	tela	tipo	atún	Tito

5. The Spanish **d** at the beginning of an utterance or after **n** or **l** sounds somewhat similar to the English *d* in the word *David.* Repeat:

día	dedo	duelo	anda	Aldo

In all other positions, the **d** has a sound similar to the English *th* in the word *they.* Repeat:

medida	todo	nada	Ana dice	Eva duda

6. The Spanish **g** also has two sounds. At the beginning of an utterance and in all other positions, except before **e** or **i,** the Spanish **g** sounds similar to the English *g* in the word *sugar.* Repeat:

goma	gato	tengo	lago	algo	aguja

In the combinations **gue** and **gui,** the **u** is silent. Repeat:

Águeda	guineo	guiso	ligue	la guía

7. The Spanish **j,** and **g** before **e** or **i,** sounds similar to the English *h* in the word *home.* Repeat:

jamás	juego	jota	Julio	gente	Genaro	gime

8. The Spanish **b** and **v** have no difference in sound. Both are pronounced alike. At the beginning of the utterance or after **m** or **n,** they sound similar to the English *b* in the word *obey.* Repeat:

Beto	vaga	bote	vela	también	un vaso

Between vowels, they are pronounced with the lips barely closed. Repeat:

sábado	yo voy	sabe	Ávalos	Eso vale

9. In most Spanish-speaking countries, the **y** and the **ll** are similar to the English *y* in the word *yet.* Repeat:

yo	llama	yema	lleno	ya	lluvia	llega

10. The Spanish **r (ere)** is pronounced like the English *tt* in the word *gutter.* Repeat:

cara	pero	arena	carie	Laredo	Aruba

The Spanish **r** in an initial position and after **l, n,** or **s,** and **rr (erre)** in the middle of a word are pronounced with a strong trill. Repeat:

Rita	Rosa	torre	ruina	Enrique	Israel
perro	parra	rubio	alrededor	derrama	

11. The Spanish **s** sound is represented in most of the Spanish-speaking world by the letters **s, z,** and **c** before **e** or **i.** The sound is very similar to the English sibilant *s* in the word *sink.* Repeat:

sale	sitio	solo	seda	suelo
zapato	cerveza	ciudad	cena	

In most of Spain, the **z,** and **c** before **e** or **i,** is pronounced like the English *th* in the word *think.* Repeat:

zarzuela	cielo	docena

12. The letter **h** is silent in Spanish. Repeat:

hilo	Hugo	ahora	Hilda	almohada	hermano

13. The Spanish **ch** is pronounced like the English *ch* in the word *chief.* Repeat:

muchacho	chico	coche	chueco	chaparro

14. The Spanish **f** is identical in sound to the English *f.* Repeat:

famoso	feo	difícil	fuego	foto

15. The Spanish **l** is pronounced like the English *l* in the word *lean.* Repeat:

dolor	ángel	fácil	sueldo	salgo	chaval

16. The Spanish **m** is pronounced like the English *m* in the word *mother.* Repeat:

mamá	moda	multa	médico	mima

17. In most cases, the Spanish **n** has a sound similar to the English *n.* Repeat:

nada	norte	nunca	entra	nene

The sound of the Spanish **n** is often affected by the sounds that occur around it. When it appears before **b, v,** or **p,** it is pronounced like the English *m.* Repeat:

invierno	tan bueno	un vaso	un bebé	un perro

18. The Spanish **ñ (eñe)** has a sound similar to the English *ny* in the word *canyon.* Repeat:

muñeca	leña	año	señorita	piña	señor

19. The Spanish **x** has two pronunciations, depending on its position. Between vowels, the sound is similar to the English *ks*. Repeat:

examen   boxeo   exigente   éxito

Before a consonant, the Spanish **x** sounds like the English *s*. Repeat:

expreso   excusa   exquisito   extraño

Linking

In spoken Spanish, the various words in a phrase or sentence are not pronounced as isolated elements, but they are combined. This is called *linking*.

1. The final consonant of a word is pronounced together with the initial vowel of the following word. Repeat:

   Carlos‿anda   un‿ángel   el‿otoño   unos‿estudiantes

2. The final vowel of a word is pronounced together with the initial vowel of the following word. Repeat:

   su‿esposo   la‿hermana   ardua‿empresa   la‿invita

3. When the final vowel of a word and the initial vowel of the following word are identical, they are pronounced slightly longer than one vowel. Repeat:

   Ana‿alcanza   me‿espera   mi‿hijo   lo‿olvida

   The same rule applies when two identical vowels appear within a word. Repeat:

   cooperación   crees   leemos   coordinación

4. When the final consonant of a word and the initial consonant of the following word are the same, they are pronounced as one consonant with slightly longer-than-normal duration. Repeat:

   el‿lado   un‿novio   Carlos‿salta   tienes‿sed   al‿leer

Rhythm

Rhythm is the variation of sound intensity that we usually associate with music. Spanish and English each regulate these variations in speech differently, because they have different patterns of syllable length. In Spanish the length of the stressed and unstressed syllables remains almost the same, while in English stressed syllables are considerably longer than unstressed ones. Pronounce the following Spanish words, enunciating each syllable clearly.

es-tu-dian-te   bue-no   Úr-su-la
com-po-si-ción   di-fí-cil   ki-ló-me-tro
po-li-cí-a   Pa-ra-guay

Because the length of the Spanish syllables remains constant, the greater the number of syllables in a given word or phrase, the longer the phrase will be.

Intonation

Intonation is the rise and fall of pitch in the delivery of a phrase or a sentence. In general, Spanish pitch tends to change less than English, giving the impression that the language is less emphatic.

As a rule, the intonation for normal statements in Spanish starts in a low tone, raises to a higher one on the first stressed syllable, maintains that tone until the last stressed syllable, and then goes back to the initial low tone, with still another drop at the very end.

Tu amigo viene mañana.
Ada está en casa.
José come pan.
Carlos toma café.

Syllable Formation in Spanish

General rules for dividing words into syllables are as follows.

Vowels

1. A vowel or a vowel combination can constitute a syllable.

   a-lum-no　　a-bue-la　　Eu-ro-pa

2. Diphthongs and triphthongs are considered single vowels and cannot be divided.

   bai-le　　puen-te　　Dia-na　　es-tu-diáis　　an-ti-guo

3. Two strong vowels (**a, e, o**) do not form a diphthong and are separated into two syllables.

   em-ple-ar　　vol-te-ar　　lo-a

4. A written accent on a weak vowel (**i** or **u**) breaks the diphthong, thus the vowels are separated into two syllables.

   trí-o　　dú-o　　Ma-rí-a

Consonants

1. A single consonant forms a syllable with the vowel that follows it.

   po-der　　ma-no　　mi-nu-to

   NOTE: **rr** is considered a single consonant: **pe-rro.**

2. When two consonants appear between two vowels, they are separated into two syllables.

   al-fa-be-to　　cam-pe-ón　　me-ter-se　　mo-les-tia

   EXCEPTION: When a consonant cluster composed of **b, c, d, f, g, p,** or **t** with **l** or **r** appears between two vowels, the cluster joins the following vowel: **so-bre, o-tros, ca-ble, te-lé-gra-fo.**

3. When three consonants appear between two vowels, only the last one goes with the following vowel.

ins-pec-tor trans-por-te trans-for-mar

EXCEPTION: When there is a cluster of three consonants in the combinations described in rule 2, the first consonant joins the preceding vowel, and the cluster joins the following vowel: **es-cri-bir, ex-tran-je-ro, im-plo-rar, es-tre-cho.**

Accentuation

In Spanish, all words are stressed according to specific rules. Words that do not follow the rules must have a written accent to indicate the change of stress. The basic rules for accentuation are as follows.

1. Words ending in a vowel, **n,** or **s** are stressed on the next-to-the-last syllable.

hi-jo	**ca**-lle	**me**-sa	fa-**mo**-sos
flo-**re**-cen	**pla**-ya	**ve**-ces	

2. Words ending in a consonant, except **n** or **s,** are stressed on the last syllable.

ma-**yor** a-**mor** tro-pi-**cal** na-**riz** re-**loj** co-rre-**dor**

3. All words that do not follow these rules must have the written accent.

ca-**fé**	**lá**-piz	**mú**-si-ca	sa-**lón**
án-gel	**lí**-qui-do	fran-**cés**	**Víc**-tor
sim-**pá**-ti-co	rin-**cón**	a-**zú**-car	**dár**-se-lo
sa-**lió**	**dé**-bil	e-**xá**-me-nes	**dí**-me-lo

4. Pronouns and adverbs of interrogation and exclamation have a written accent to distinguish them from relative pronouns.

—¿**Qué** comes?	*"What are you eating?"*
—La pera que él no comió.	*"The pear that he did not eat."*
—¿**Quién** está ahí?	*"Who is there?"*
—El hombre a quien tú llamaste.	*"The man whom you called."*
—¿**Dónde** está?	*"Where is he?"*
—En el lugar donde trabaja.	*"At the place where he works."*

5. Words that have the same spelling but different meanings take a written accent to differentiate one from the other.

el	*the*	**él**	*he, him*	**te**	*you*	**té**	*tea*
mi	*my*	**mí**	*me*	**si**	*if*	**sí**	*yes*
tu	*your*	**tú**	*you*	**mas**	*but*	**más**	*more*

Appendix B

Verbs

Regular Verbs

Model -ar, -er, -ir *verbs*

	INFINITIVE	
amar (*to love*)	**comer** (*to eat*)	**vivir** (*to live*)
	GERUND	
amando (*loving*)	**comiendo** (*eating*)	**viviendo** (*living*)
	PAST PARTICIPLE	
amado (*loved*)	**comido** (*eaten*)	**vivido** (*lived*)

SIMPLE TENSES		
	Indicative Mood	
	PRESENT	
(*I love*)	(*I eat*)	(*I live*)
am**o**	com**o**	viv**o**
am**as**	com**es**	viv**es**
am**a**	com**e**	viv**e**
am**amos**	com**emos**	viv**imos**
am**áis**	com**éis**	viv**ís**
am**an**	com**en**	viv**en**
	IMPERFECT	
(*I used to love*)	(*I used to eat*)	(*I used to live*)
am**aba**	com**ía**	viv**ía**
am**abas**	com**ías**	viv**ías**
am**aba**	com**ía**	viv**ía**
am**ábamos**	com**íamos**	viv**íamos**
am**abais**	com**íais**	viv**íais**
am**aban**	com**ían**	viv**ían**

PRETERIT

(*I love*)	(*I ate*)	(*I lived*)
am**é**	com**í**	viv**í**
am**aste**	com**iste**	viv**iste**
am**ó**	com**ió**	viv**ió**
am**amos**	com**imos**	viv**imos**
am**asteis**	com**isteis**	viv**isteis**
am**aron**	com**ieron**	viv**ieron**

FUTURE

(*I will love*)	(*I will eat*)	(*I will live*)
amar**é**	comer**é**	vivir**é**
amar**ás**	comer**ás**	vivir**ás**
amar**á**	comer**á**	vivir**á**
amar**emos**	comer**emos**	vivir**emos**
amar**éis**	comer**éis**	vivir**éis**
amar**án**	comer**án**	vivir**án**

CONDITIONAL

(*I would love*)	(*I would eat*)	(*I would live*)
amar**ía**	comer**ía**	vivir**ía**
amar**ías**	comer**ías**	vivir**ías**
amar**ía**	comer**ía**	vivir**ía**
amar**íamos**	comer**íamos**	vivir**íamos**
amar**íais**	comer**íais**	vivir**íais**
amar**ían**	comer**ían**	vivir**ían**

Subjunctive Mood

PRESENT

([*that*] *I* [*may*] *love*)	([*that*] *I* [*may*] *eat*)	([*that*] *I* [*may*] *live*)
am**e**	com**a**	viv**a**
am**es**	com**as**	viv**as**
am**e**	com**a**	viv**a**
am**emos**	com**amos**	viv**amos**
am**éis**	com**áis**	viv**áis**
am**en**	com**an**	viv**an**

	IMPERFECT (two forms: **-ra**, **-se**)	
([*that*] *I* [*might*] *love*)	([*that*] *I* [*might*] *eat*)	([*that*] *I* [*might*] *live*)
am**ara(-ase)**	com**iera(-iese)**	viv**iera(-iese)**
am**aras(-ases)**	com**ieras(-ieses)**	viv**ieras(-ieses)**
am**ara(-ase)**	com**iera(-iese)**	viv**iera(-iese)**
am**áramos (-ásemos)**	com**iéramos (-iésemos)**	viv**iéramos (-iésemos)**
am**arais(-aseis)**	com**ierais(-ieseis)**	viv**ierais(-ieseis)**
am**aran(-asen)**	com**ieran(-iesen)**	viv**ieran(-iesen)**

Imperative Mood (Command Forms)

(*love*)	(*eat*)	(*live*)
am**a** (tú)	com**e** (tú)	viv**e** (tú)
am**e** (Ud.)	com**a** (Ud.)	viv**a** (Ud.)
am**emos** (nosotros)	com**amos** (nosotros)	viv**amos** (nosotros)
am**ad** (vosotros)	com**ed** (vosotros)	viv**id** (vosotros)
am**en** (Uds.)	com**an** (Uds.)	viv**an** (Uds.)

COMPOUND TENSES

	PERFECT INFINITIVE	
haber amado	**haber comido**	**haber vivido**

	PERFECT PARTICIPLE	
habiendo amado	**habiendo comido**	**habiendo vivido**

Indicative Mood

	PRESENT PERFECT	
(*I have loved*)	(*I have eaten*)	(*I have lived*)
he amado	he comido	he vivido
has amado	has comido	has vivido
ha amado	ha comido	ha vivido
hemos amado	hemos comido	hemos vivido
habéis amado	habéis comido	habéis vivido
han amado	han comido	han vivido

	PLUPERFECT	
(*I had loved*)	(*I had eaten*)	(*I had lived*)
había amado	había comido	había vivido
habías amado	habías comido	habías vivido
había amado	había comido	había vivido
habíamos amado	habíamos comido	habíamos vivido
habíais amado	habíais comido	habíais vivido
habían amado	habían comido	habían vivido

	FUTURE PERFECT	
(*I will have loved*)	(*I will have eaten*)	(*I will have lived*)
habré amado	habré comido	habré vivido
habrás amado	habrás comido	habrás vivido
habrá amado	habrá comido	habrá vivido
habremos amado	habremos comido	habremos vivido
habréis amado	habréis comido	habréis vivido
habrán amado	habrán comido	habrán vivido

	CONDITIONAL PERFECT	
(*I would have loved*)	(*I would have eaten*)	(*I would have lived*)
habría amado	habría comido	habría vivido
habrías amado	habrías comido	habrías vivido
habría amado	habría comido	habría vivido
habríamos amado	habríamos comido	habríamos vivido
habríais amado	habríais comido	habríais vivido
habrían amado	habrían comido	habrían vivido

Subjunctive Mood

	PRESENT PERFECT	
([*that*] *I* [*may*] *have loved*)	([*that*] *I* [*may*] *have eaten*)	([*that*] *I* [*may*] *have lived*)
haya amado	haya comido	haya vivido
hayas amado	hayas comido	hayas vivido
haya amado	haya comido	haya vivido
hayamos amado	hayamos comido	hayamos vivido
hayáis amado	hayáis comido	hayáis vivido
hayan amado	hayan comido	hayan vivido

PLUPERFECT (two forms: **-ra, -se**)		
([*that*] *I* [*might*] *have loved*)	([*that*] *I* [*might*] *have eaten*)	([*that*] *I* [*might*] *have lived*)
hubiera(-iese) amado	hubiera(-iese) comido	hubiera(-iese) vivido
hubieras(-ieses) amado	hubieras(-ieses) comido	hubieras(-ieses) vivido
hubiera(-iese) amado	hubiera(-iese) comido	hubiera(-iese) vivido
hubiéramos(-iésemos) amado	hubiéramos(-iésemos) comido	hubiéramos(-iésemos) vivido
hubierais(-ieseis) amado	hubierais(-ieseis) comido	hubierais(-ieseis) vivido
hubieran(-iesen) amado	hubieran(-iesen) comido	hubieran(-iesen) vivido

Stem-Changing Verbs

The -ar *and* -er *stem-changing verbs*

Stem-changing verbs are those that have a change in the root of the verb. Verbs that end in **-ar** and **-er** change the stressed vowel **e** to **ie** and the stressed **o** to **ue.** These changes occur in all persons, except the first and second persons plural of the present indicative, present subjunctive, and command.

INFINITIVE	PRESENT INDICATIVE	IMPERATIVE	PRESENT SUBJUNCTIVE
cerrar (*to close*)	**cie**rro	—	**cie**rre
	cierras	**cie**rra	**cie**rres
	cierra	(Ud.) **cie**rre	**cie**rre
	cerramos	cerremos	cerremos
	cerráis	cerrad	cerréis
	cierran	(Uds.) **cie**rren	**cie**rren

INFINITIVE	PRESENT INDICATIVE	IMPERATIVE	PRESENT SUBJUNCTIVE
perder (*to lose*)	pi**e**rdo pi**e**rdes pi**e**rde perdemos perdéis pi**e**rden	— pi**e**rde (Ud.) pi**e**rda perdamos perded (Uds.) pi**e**rdan	pi**e**rda pi**e**rdas pi**e**rda perdamos perdáis pi**e**rdan
contar (*to count, to tell*)	cu**e**nto cu**e**ntas cu**e**nta contamos contáis cu**e**ntan	— cu**e**nta (Ud.) cu**e**nte contemos contad (Uds.) cu**e**nten	cu**e**nte cu**e**ntes cu**e**nte contemos contéis cu**e**nten
volver (*to return*)	vu**e**lvo vu**e**lves vu**e**lve volvemos volvéis vu**e**lven	— vu**e**lve (Ud.) vu**e**lva volvamos volved (Uds.) vu**e**lvan	vu**e**lva vu**e**lvas vu**e**lva volvamos volváis vu**e**lvan

Verbs that follow the same pattern include the following.

acertar	*to guess right*
acordarse	*to remember*
acostar(se)	*to put to bed, to go to bed*
almorzar	*to have lunch*
atravesar	*to go through*
cegar	*to blind*
cocer	*to cook*
colgar	*to hang*
comenzar	*to begin*
confesar	*to confess*
costar	*to cost*
demostrar	*to demonstrate, to show*
despertar(se)	*to wake up*
empezar	*to begin*
encender	*to light, to turn on*
encontrar	*to find*
entender	*to understand*
llover	*to rain*
mostrar	*to show*
mover	*to move*
negar	*to deny*
nevar	*to snow*
pensar	*to think, to plan*
probar	*to prove, to taste*
recordar	*to remember*
resolver	*to decide on*
rogar	*to beg*
sentar(se)	*to sit down*
soler	*to be in the habit of*
soñar	*to dream*
tender	*to stretch, to unfold*
torcer	*to twist*

The -ir *stem-changing verbs*

There are two types of stem-changing verbs that end in **-ir:** one type changes stressed **e** to **ie** in some tenses and to **i** in others and stressed **o** to **ue** or **u;** the second type always changes stressed **e** to **i** in the irregular forms of the verb.

Type I		**e:ie**	or	**i**
	-ir:			
		o:ue	or	**u**

These changes occur as follows.

Present Indicative: all persons except the first and second plural change **e** to **ie** and **o** to **ue.** *Preterit:* third person, singular and plural, changes **e** to **i** and **o** to **u.** *Present Subjunctive:* all persons change **e** to **ie** and **o** to **ue,** except the first and second persons plural, which change **e** to **i** and **o** to **u.** *Imperfect Subjunctive:* all persons change **e** to **i** and **o** to **u.** *Imperative:* all persons except the second person plural change **e** to **ie** and **o** to **ue;** first person plural changes **e** to **i** and **o** to **u.** *Present Participle:* changes **e** to **i** and **o** to **u.**

	Indicative		*Imperative*	*Subjunctive*	
INFINITIVE	PRESENT	PRETERIT		PRESENT	IMPERFECT
sentir	siento	sentí	—	sienta	sintiera(-iese)
(*to feel*)	sientes	sentiste	siente	sientas	sintieras
	siente	sintió	(Ud.) sienta	sienta	sintiera
PRESENT	sentimos	sentimos	sintamos	sintamos	sintiéramos
PARTICIPLE	sentís	sentisteis	sentid	sintáis	sintierais
sintiendo	sienten	sintieron	(Uds.) sientan	sientan	sintieran
dormir	duermo	dormí	—	duerma	durmiera(-iese)
(*to sleep*)	duermes	dormiste	duerme	duermas	durmieras
	duerme	durmió	(Ud.) duerma	duerma	durmiera
PRESENT	dormimos	dormimos	durmamos	durmamos	durmiéramos
PARTICIPLE	dormís	dormisteis	dormid	durmáis	durmierais
durmiendo	duermen	durmieron	(Uds.) duerman	duerman	durmieran

Other verbs that follow the same pattern include the following.

advertir	*to warn*	**herir**	*to wound, to hurt*
arrepentir(se)	*to repent*	**mentir**	*to lie*
consentir	*to consent, to pamper*	**morir**	*to die*
convertir(se)	*to turn into*	**preferir**	*to prefer*
discernir	*to discern*	**referir**	*to refer*
divertir(se)	*to amuse oneself*	**sugerir**	*to suggest*

Type II **-ir: e:i**

The verbs in this second category are irregular in the same tenses as those of the first type. The only difference is that they only have one change: **e:i** in all irregular persons.

	Indicative		*Imperative*	*Subjunctive*	
INFINITIVE	PRESENT	PRETERIT		PRESENT	IMPERFECT
pedir	pido	pedí	—	pida	pidiera(-iese)
(*to ask for,*	pides	pediste	pide	pidas	pidieras
to request)	pide	pidió	(Ud.) pida	pida	pidiera
PRESENT	pedimos	pedimos	pidamos	pidamos	pidiéramos
PARTICIPLE	pedís	pedisteis	pedid	pidáis	pidierais
pidiendo	piden	pidieron	(Uds.) pidan	pidan	pidieran

Verbs that follow this pattern include the following.

competir	*to compete*	**reír(se)**	*to laugh*
concebir	*to conceive*	**reñir**	*to fight*
despedir(se)	*to say good-bye*	**repetir**	*to repeat*
elegir	*to choose*	**seguir**	*to follow*
impedir	*to prevent*	**servir**	*to serve*
perseguir	*to pursue*	**vestir(se)**	*to dress*

Orthographic-Changing Verbs

Some verbs undergo a change in the spelling of the stem in certain tenses in order to maintain the original sound of the final consonant. The most common verbs of this type are those with the consonants **g** and **c.** Remember that **g** and **c** have a soft sound in front of **e** or **i** and a hard sound in front of **a, o,** or **u.** In order to maintain the soft sound in front of **a, o,** and **u, g** and **c** change to **j** and **z,** respectively. And in order to maintain the hard sound of **g** and **c** in front of **e** and **i, u** is added to the **g** (**gu**) and **c** changes to **qu.**

The following important verbs undergo spelling changes in the tenses listed below.

1. Verbs ending in **-gar** change **g** to **gu** before **e** in the first person of the preterit and in all persons of the present subjunctive.

   pagar (*to pay*)
   Preterit: pa**gu**é, pagaste, pagó, etc.
   Pres. Subj.: pa**gu**e, pa**gu**es, pa**gu**e, pa**gu**emos, pa**gu**éis, pa**gu**en

   Verbs that follow the same pattern: **colgar, jugar, llegar, navegar, negar, regar, rogar.**

2. Verbs ending in **-ger** and **-gir** change **g** to **j** before **o** and **a** in the first person of the present indicative and in all persons of the present subjunctive.

   proteger (*to protect*)
   Pres. Ind.: prote**j**o, proteges, protege, etc.
   Pres. Subj.: prote**j**a, prote**j**as, prote**j**a, prote**j**amos, prote**j**áis, prote**j**an

   Verbs that follow the same pattern: **coger, corregir, dirigir, elegir, escoger, exigir, recoger.**

3. Verbs ending in **-guar** change **gu** to **gü** before **e** in the first person of the preterit and in all persons of the present subjunctive.

   averiguar (*to find out*)
   Preterit: averi**gü**é, averiguaste, averiguó, etc.
   Pres. Subj.: averi**gü**e, averi**gü**es, averi**güe,** averi**güemos,** averi**gü**éis, averi**gü**en

   The verb **apaciguar** follows the same pattern.

4. Verbs ending in **-guir** change **gu** to **g** before **o** and **a** in the first person of the present indicative and in all persons of the present subjunctive.

   conseguir (*to get*)
   Pres. Ind.: consi**g**o, consigues, consigue, etc.
   Pres. Subj.: consi**g**a, consi**g**as, consi**g**a, consi**g**amos, consi**g**áis, consi**g**an

   Verbs that follow the same pattern: **distinguir, perseguir, proseguir, seguir.**

5. Verbs ending in **-car** change **c** to **qu** before **e** in the first person of the preterit and in all persons of the present subjunctive.

tocar (*to touch, to play* [*a musical instrument*])
Preterit: to**qué**, tocaste, tocó, etc.
Pres. Subj.: to**que**, to**ques**, to**que**, to**que**mos, to**qué**is, to**que**n

Verbs that follow the same pattern: **atacar, buscar, comunicar, explicar, indicar, pescar, sacar.**

6. Verbs ending in **-cer** and **-cir** preceded by a consonant change **c** to **z** before **o** and **a** in the first person of the present indicative and in all persons of the present subjunctive.

torcer (*to twist*)
Pres. Ind.: tuer**zo**, tuerces, tuerce, etc.
Pres. Subj.: tuer**za**, tuer**za**s, tuer**za**, tor**za**mos, tor**zá**is, tuer**za**n

Verbs that follow the same pattern: **convencer, esparcir, vencer.**

7. Verbs ending in **-cer** and **-cir** preceded by a vowel change **c** to **zc** before **o** and **a** in the first person of the present indicative and in all persons of the present subjunctive.

conocer (*to know, to be acquainted with*)
Pres. Ind.: cono**zco**, conoces, conoce, etc.
Pres. Subj.: cono**zca**, cono**zca**s, cono**zca**, cono**zca**mos, cono**zcá**is, cono**zca**n

Verbs that follow the same pattern: **agradecer, aparecer, carecer, entristecer, establecer, lucir, nacer, obedecer, ofrecer, padecer, parecer, pertenecer, reconocer, relucir.**

8. Verbs ending in **-zar** change **z** to **c** before **e** in the first person of the preterit and in all persons of the present subjunctive.

rezar (*to pray*)
Preterit: re**cé**, rezaste, rezó, etc.
Pres. Subj.: re**ce**, re**ce**s, re**ce**, re**ce**mos, re**cé**is, re**ce**n

Verbs that follow the same pattern: **abrazar, alcanzar, almorzar, comenzar, cruzar, empezar, forzar, gozar.**

9. Verbs ending in **-eer** change the unstressed **i** to **y** between vowels in the third person singular and plural of the preterit, in all persons of the imperfect subjunctive, and in the present participle.

creer (*to believe*)
Preterit: creí, creíste, cre**y**ó, creímos, creísteis, cre**y**eron
Imp. Subj.: cre**y**era(ese), cre**y**eras, cre**y**era, cre**y**éramos, cre**y**erais, cre**y**eran
Pres. Part.: cre**y**endo

Leer and **poseer** follow the same pattern.

10. Verbs ending in **-uir** change the unstressed **i** to **y** between vowels (except **-quir,** which has the silent **u**) in the following tenses and persons.

huir (*to escape, to flee*)
Pres. Part.: huyendo
Past Part.: huido
Pres. Ind.: huyo, huyes, huye, huimos, huís, huyen
Preterit: huí, huiste, huyó, huimos, huisteis, huyeron
Imperative: huye, huya, huyamos, huid, huyan
Pres. Subj.: huya, huyas, huya, huyamos, huyáis, huyan
Imp. Subj.: huyera(ese), huyeras, huyera, huyéramos, huyerais, huyeran

Verbs that follow the same pattern: **atribuir, concluir, constituir, construir, contribuir, destituir, destruir, disminuir, distribuir, excluir, incluir, influir, instruir, restituir, sustituir.**

11. Verbs ending in **-eír** lose one **e** in the third person singular and plural of the preterit, in all persons of the imperfect subjunctive, and in the present participle.

reír(se) (*to laugh*)
Preterit: reí, reíste, rió, reímos, reísteis, rieron
Imp. Subj.: riera(ese), rieras, riera, riéramos, rierais, rieran
Pres. Part.: riendo

Freír and **sonreír** follow the same pattern.

12. Verbs ending in **-iar** add a written accent to the **i,** except in the first and second persons plural of the present indicative and subjunctive.

fiar(se) (*to trust*)
Pres. Ind.: fío, fías, fía, fiamos, fiáis, fían
Pres. Subj.: fíe, fíes, fíe, fiemos, fiéis, fíen

Verbs that follow the same pattern: **ampliar, criar, desviar, enfriar, enviar, esquiar, guiar, telegrafiar, vaciar, variar.**

13. Verbs ending in **-uar** (except **-guar**) add a written accent to the **u,** except in the first and second persons plural of the present indicative and subjunctive.

actuar (*to act*)
Pres. Ind.: actúo, actúas, actúa, actuamos, actuáis, actúan
Pres. Subj.: actúe, actúes, actúe, actuemos, actuéis, actúen

Verbs that follow the same pattern: **acentuar, continuar, efectuar, exceptuar, graduar, habituar, insinuar, situar.**

14. Verbs ending in **-ñir** remove the **i** of the diphthongs **ie** and **ió** in the third person singular and plural of the preterit and in all persons of the imperfect subjunctive. They also change the **e** of the stem to **i** in the same persons.

teñir (*to dye*)
Preterit: teñí, teñiste, **tiñó,** teñimos, teñisteis, **tiñeron**
Imp. Subj.: **tiñe**ra(ese), **tiñe**ras, **tiñe**ra, **tiñé**ramos, **tiñe**rais, **tiñe**ran

Verbs that follow the same pattern: **ceñir, constreñir, desteñir, estreñir, reñir.**

Some Common Irregular Verbs

Only those tenses with irregular forms are given below.

adquirir (*to acquire*)
Pres. Ind.: adquiero, adquieres, adquiere, adquirimos, adquirís, adquieren
Pres. Subj.: adquiera, adquieras, adquiera, adquiramos, adquiráis, adquieran
Imperative: adquiere, adquiera, adquiramos, adquirid, adquieran

andar (*to walk*)
Preterit: anduve, anduviste, anduvo, anduvimos, anduvisteis, anduvieron
Imp. Subj.: anduviera (anduviese), anduvieras, anduviera, anduviéramos, anduvierais, anduvieran

avergonzarse (*to be ashamed, to be embarrassed*)
Pres. Ind.: me avergüenzo, te avergüenzas, se avergüenza, nos avergonzamos, os avergonzáis, se avergüenzan
Pres. Subj.: me avergüence, te avergüences, se avergüence, nos avergoncemos, os avergoncéis, se avergüencen
Imperative: avergüénzate, avergüéncese, avergoncémonos, avergonzaos, avergüéncense

caber (*to fit, to have enough room*)
Pres. Ind.: quepo, cabes, cabe, cabemos, cabéis, caben
Preterit: cupe, cupiste, cupo, cupimos, cupisteis, cupieron
Future: cabré, cabrás, cabrá, cabremos, cabréis, cabrán
Conditional: cabría, cabrías, cabría, cabríamos, cabríais, cabrían
Imperative: cabe, quepa, quepamos, cabed, quepan
Pres. Subj.: quepa, quepas, quepa, quepamos, quepáis, quepan
Imp. Subj.: cupiera (cupiese), cupieras, cupiera, cupiéramos, cupierais, cupieran

caer (*to fall*)
Pres. Ind.: caigo, caes, cae, caemos, caéis, caen
Preterit: caí, caíste, cayó, caímos, caísteis, cayeron
Imperative: cae, caiga, caigamos, caed, caigan
Pres. Subj.: caiga, caigas, caiga, caigamos, caigáis, caigan
Imp. Subj.: cayera (cayese), cayeras, cayera, cayéramos, cayerais, cayeran
Past Part.: caído

conducir (*to guide, to drive*)

Pres. Ind.:	conduzco, conduces, conduce, conducimos, conducís, conducen
Preterit:	conduje, condujiste, condujo, condujimos, condujisteis, condujeron
Imperative:	conduce, conduzca, conduzcamos, conducid, conduzcan
Pres. Subj.:	conduzca, conduzcas, conduzca, conduzcamos, conduzcáis, conduzcan
Imp. Subj.:	condujera (condujese), condujeras, condujera, condujéramos, condujerais, condujeran

(All verbs ending in **-ducir** follow this pattern.)

convenir (*to agree*) See **venir.**

dar (*to give*)

Pres. Ind.:	doy, das, da, damos, dais, dan
Preterit:	di, diste, dio, dimos, disteis, dieron
Imperative:	da, dé, demos, dad, den
Pres. Subj.:	dé, des, dé, demos, deis, den
Imp. Subj.:	diera (diese), dieras, diera, diéramos, dierais, dieran

decir (*to say, to tell*)

Pres. Ind.:	digo, dices, dice, decimos, decís, dicen
Preterit:	dije, dijiste, dijo, dijimos, dijisteis, dijeron
Future:	diré, dirás, dirá, diremos, diréis, dirán
Conditional:	diría, dirías, diría, diríamos, diríais, dirían
Imperative:	di, diga, digamos, decid, digan
Pres. Subj.:	diga, digas, diga, digamos, digáis, digan
Imp. Subj.:	dijera (dijese), dijeras, dijera, dijéramos, dijerais, dijeran
Pres. Part.:	diciendo
Past Part.:	dicho

detener (*to stop, to hold, to arrest*) See **tener.**

entretener (*to entertain, to amuse*) See **tener.**

errar (*to err, to miss*)

Pres. Ind.:	yerro, yerras, yerra, erramos, erráis, yerran
Imperative:	yerra, yerre, erremos, errad, yerren
Pres. Subj.:	yerre, yerres, yerre, erremos, erréis, yerren

estar (*to be*)

Pres. Ind.:	estoy, estás, está, estamos, estáis, están
Preterit:	estuve, estuviste, estuvo, estuvimos, estuvisteis, estuvieron
Imperative:	está, esté, estemos, estad, estén
Pres. Subj.:	esté, estés, esté, estemos, estéis, estén
Imp. Subj.:	estuviera (estuviese), estuvieras, estuviera, estuviéramos, estuvierais, estuvieran

haber (*to have*)

Pres. Ind.:	he, has, ha, hemos, habéis, han
Preterit:	hube, hubiste, hubo, hubimos, hubisteis, hubieron
Future:	habré, habrás, habrá, habremos, habréis, habrán
Conditional:	habría, habrías, habría, habríamos, habríais, habrían

Imperative:	he, haya, hayamos, habed, hayan
Pres. Subj.:	haya, hayas, haya, hayamos, hayáis, hayan
Imp. Subj.:	hubiera (hubiese), hubieras, hubiera, hubiéramos, hubierais, hubieran

hacer (*to do, to make*)

Pres. Ind.:	hago, haces, hace, hacemos, hacéis, hacen
Preterit:	hice, hiciste, hizo, hicimos, hicisteis, hicieron
Future:	haré, harás, hará, haremos, haréis, harán
Conditional:	haría, harías, haría, haríamos, haríais, harían
Imperative:	haz, haga, hagamos, haced, hagan
Pres. Subj.:	haga, hagas, haga, hagamos, hagáis, hagan
Imp. Subj.:	hiciera (hiciese), hicieras, hiciera, hiciéramos, hicierais, hicieran
Past Part.:	hecho

imponer (*to impose, to deposit*) See **poner.**

introducir (*to introduce, to insert, to gain access*) See **conducir.**

ir (*to go*)

Pres. Ind.:	voy, vas, va, vamos, vais, van
Imp. Ind.:	iba, ibas, iba, íbamos, ibais, iban
Preterit:	fui, fuiste, fue, fuimos, fuisteis, fueron
Imperative:	ve, vaya, vayamos, id, vayan
Pres. Subj.:	vaya, vayas, vaya, vayamos, vayáis, vayan
Imp. Subj.:	fuera (fuese), fueras, fuera, fuéramos, fuerais, fueran

jugar (*to play*)

Pres. Ind.:	juego, juegas, juega, jugamos, jugáis, juegan
Imperative:	juega, juegue, juguemos, jugad, jueguen
Pres. Subj.:	juegue, juegues, juegue, juguemos, juguéis, jueguen

obtener (*to obtain*) See **tener.**

oír (*to hear*)

Pres. Ind.:	oigo, oyes, oye, oímos, oís, oyen
Preterit:	oí, oíste, oyó, oímos, oísteis, oyeron
Imperative:	oye, oiga, oigamos, oíd, oigan
Pres. Subj.:	oiga, oigas, oiga, oigamos, oigáis, oigan
Imp. Subj.:	oyera (oyese), oyeras, oyera, oyéramos, oyerais, oyeran
Pres. Part.:	oyendo
Past Part.:	oído

oler (*to smell*)

Pres. Ind.:	huelo, hueles, huele, olemos, oléis, huelen
Imperative:	huele, huela, olamos, oled, huelan
Pres. Subj.:	huela, huelas, huela, olamos, oláis, huelan

poder (*to be able*)

Pres. Ind.:	puedo, puedes, puede, podemos, podéis, pueden

Preterit:	pude, pudiste, pudo, pudimos, pudisteis, pudieron
Future:	podré, podrás, podrá, podremos, podréis, podrán
Conditional:	podría, podrías, podría, podríamos, podríais, podrían
Imperative:	puede, pueda, podamos, poded, puedan
Pres. Subj.:	pueda, puedas, pueda, podamos, podáis, puedan
Imp. Subj.:	pudiera (pudiese), pudieras, pudiera, pudiéramos, pudierais, pudieran
Pres. Part.:	pudiendo

poner (*to place, to put*)

Pres. Ind.:	pongo, pones, pone, ponemos, ponéis, ponen
Preterit:	puse, pusiste, puso, pusimos, pusisteis, pusieron
Future:	pondré, pondrás, pondrá, pondremos, pondréis, pondrán
Conditional:	pondría, pondrías, pondría, pondríamos, pondríais, pondrían
Imperative:	pon, ponga, pongamos, poned, pongan
Pres. Subj.:	ponga, pongas, ponga, pongamos, pongáis, pongan
Imp. Subj.:	pusicra (pusiese), pusieras, pusiera, pusiéramos, pusierais, pusieran
Past Part.:	puesto

querer (*to want, to wish, to like*)

Pres. Ind.:	quiero, quieres, quiere, queremos, queréis, quieren
Preterit:	quise, quisiste, quiso, quisimos, quisisteis, quisieron
Future:	querré, querrás, querrá, querremos, querréis, querrán
Conditional:	querría, querrías, querría, querríamos, querríais, querrían
Imperative:	quiere, quiera, queramos, quered, quieran
Pres. Subj.:	quiera, quieras, quiera, queramos, queráis, quieran
Imp. Subj.:	quisiera (quisiese), quisieras, quisiera, quisiéramos, quisierais, quisieran

resolver (*to decide on*)

Past Part.:	resuelto

saber (*to know*)

Pres. Ind.:	sé, sabes, sabe, sabemos, sabéis, saben
Preterit:	supe, supiste, supo, supimos, supisteis, supieron
Future:	sabré, sabrás, sabrá, sabremos, sabréis, sabrán
Conditional:	sabría, sabrías, sabría, sabríamos, sabríais, sabrían
Imperative:	sabe, sepa, sepamos, sabed, sepan
Pres. Subj.:	sepa, sepas, sepa, sepamos, sepáis, sepan
Imp. Subj.:	supiera (supiese), supieras, supiera, supiéramos, supierais, supieran

salir (*to leave, to go out*)

Pres. Ind.:	salgo, sales, sale, salimos, salís, salen
Future:	saldré, saldrás, saldrá, saldremos, saldréis, saldrán
Conditional:	saldría, saldrías, saldría, saldríamos, saldríais, saldrían
Imperative:	sal, salga, salgamos, salid, salgan
Pres. Subj.:	salga, salgas, salga, salgamos, salgáis, salgan

ser (*to be*)

Pres. Ind.:	soy, eres, es, somos, sois, son
Imp. Ind.:	era, eras, era, éramos, erais, eran
Preterit:	fui, fuiste, fue, fuimos, fuisteis, fueron
Imperative:	sé, sea, seamos, sed, sean
Pres. Subj.:	sea, seas, sea, seamos, seáis, sean
Imp. Subj.:	fuera (fuese), fueras, fuera, fuéramos, fuerais, fueran

suponer (*to assume*) See **poner.**

tener (*to have*)

Pres. Ind.:	tengo, tienes, tiene, tenemos, tenéis, tienen
Preterit:	tuve, tuviste, tuvo, tuvimos, tuvisteis, tuvieron
Future:	tendré, tendrás, tendrá, tendremos, tendréis, tendrán
Conditional:	tendría, tendrías, tendría, tendríamos, tendríais, tendrían
Imperative:	ten, tenga, tengamos, tened, tengan
Pres. Subj.:	tenga, tengas, tenga, tengamos, tengáis, tengan
Imp. Subj.:	tuviera (tuviese), tuvieras, tuviera, tuviéramos, tuvierais, tuvieran

traducir (*to translate*) See **conducir.**

traer (*to bring*)

Pres. Ind.:	traigo, traes, trae, traemos, traéis, traen
Preterit:	traje, trajiste, trajo, trajimos, trajisteis, trajeron
Imperative:	trae, traiga, traigamos, traed, traigan
Pres. Subj.:	traiga, traigas, traiga, traigamos, traigáis, traigan
Imp. Subj.:	trajera (trajese), trajeras, trajera, trajéramos, trajerais, trajeran
Pres. Part.:	trayendo
Past Part.:	traído

valer (*to be worth*)

Pres. Ind.:	valgo, vales, vale, valemos, valéis, valen
Future:	valdré, valdrás, valdrá, valdremos, valdréis, valdrán
Conditional:	valdría, valdrías, valdría, valdríamos, valdríais, valdrían
Imperative:	vale, valga, valgamos, valed, valgan
Pres. Subj.:	valga, valgas, valga, valgamos, valgáis, valgan

venir (*to come*)

Pres. Ind.:	vengo, vienes, viene, venimos, venís, vienen
Preterit:	vine, viniste, vino, vinimos, vinisteis, vinieron
Future:	vendré, vendrás, vendrá, vendremos, vendréis, vendrán
Conditional:	vendría, vendrías, vendría, vendríamos, vendríais, vendrían
Imperative:	ven, venga, vengamos, venid, vengan
Pres. Subj.:	venga, vengas, venga, vengamos, vengáis, vengan
Imp. Subj.:	viniera (viniese), vinieras, viniera, viniéramos, vinierais, vinieran
Pres. Part.:	viniendo

ver (*to see*)

Pres. Ind.:	veo, ves, ve, vemos, veis, ven
Imp. Ind.:	veía, veías, veía, veíamos, veíais, veían
Preterit:	vi, viste, vio, vimos, visteis, vieron
Imperative:	ve, vea, veamos, ved, vean
Pres. Subj.:	vea, veas, vea, veamos, veáis, vean
Imp. Subj.:	viera (viese), vieras, viera, viéramos, vierais, vieran
Past. Part.:	visto

volver (*to return*)

Past Part.:	vuelto

Appendix C

Useful Classroom Expressions

You will hear your teacher use the following directions and general terms in class. Take time to familiarize yourself with them.

- When the teacher is speaking to the whole class:

Abran sus libros, por favor.	*Open your books, please.*
Cierren sus libros, por favor.	*Close your books, please.*
Escriban, por favor.	*Write, please.*
Escuchen, por favor.	*Listen, please.*
Estudien la lección...	*Study Lesson...*
Hagan el ejercicio número...	*Do exercise number...*
Levanten la mano.	*Raise your hands.*
Repasen el vocabulario.	*Review the vocabulary.*
Repitan, por favor.	*Repeat, please.*
Siéntense, por favor.	*Sit down, please.*
Vayan a la página...	*Go to page...*

- When the teacher is speaking to one student:

Continúe, por favor.	*Go on, please.*
Lea, por favor.	*Read, please.*
Vaya a la pizarra, por favor.	*Go to the chalkboard, please.*

- Some other words used in the classroom.

diccionario	*dictionary*	**palabra**	*word*
dictado	*dictation*	**presente**	*present, here*
examen	*exam*	**prueba**	*quiz*
horario de clases	*class schedule*	**tarea**	*homework*

APPENDIX D

WEIGHTS AND MEASURES

Length

la pulgada = *inch*
el pie = *foot*
la yarda = *yard*
la milla = *mile*

1 centímetro (cm) = .3937 pulgadas (*less than 1/2 inch*)
1 metro (m) = 39.37 pulgadas (*1 yard, 3 inches*)
1 kilómetro (km) (1.000 metros) = .6214 millas (*5/8 mile*)

Weight

la onza = *ounce*
la libra = *pound*
la tonelada = *ton*

1 gramo (g) = .03527 onzas
100 gramos = 3.527 onzas (*less than 1/4 pound*)
1 kilogramo (kg) (1.000 gramos) = 2.2 libras

Liquid Measure

la pinta = *pint*
el cuarto (de galón) = *quart*
el galón = *gallon*

1 litro (l) = 1.0567 cuartos (de galón) (*slightly more than a quart*)

Surface

el acre = *acre*
1 hectárea = 2.471 acres

Temperature

°C = Celsius (*Celsius*) or centigrade (*centígrado*); °F = Fahrenheit (*Fahrenheit*)
0° C = 32° F (*freezing point of water*)
37° C = 98.6° F (*normal body temperature*)
100° C = 212° F (*boiling point of water*)

Conversión de grados Fahrenheit a grados centígrados °C = 5/9 (°F −32)
Conversión de grados centígrados a grados Fahrenheit °F = 9/5 (°C) + 32

SPANISH-ENGLISH VOCABULARY

The Spanish-English and English-Spanish vocabularies contain all active and passive vocabulary that appears in the manual. Active vocabulary includes words and expressions appearing in the **Vocabulario** lists. These items are followed by a number indicating the lesson in which each word is introduced in the dialogues. Passive vocabulary consists of words and expressions included in the **Vocabulario adicional** lists and those that are given an English gloss in readings, exercises, activities, and authentic documents.

The following abbreviations are used in the vocabularies:

adj.	adjective	*L.A.*	Latin America
adv.	adverb	*m.*	masculine noun
col.	colloquial	*Méx.*	Mexico
f.	feminine noun	*pl.*	plural noun
form.	formal	*sing.*	singular noun
inf.	infinitive		

A

a to, at, 3
— **casa** home, 19
— **la derecha** to the right, 2
— **la izquierda** to the left, 2
— **la semana** weekly, per (a) week, 2
— **(la) medianoche** at midnight
— **largo plazo** long term, 5
— **lo mejor** perhaps, maybe, 14
— **menudo** often
— **nadie le importa** it's nobody's business, 18
— **partir de** at the beginning of, starting with, as of, 15
— **plazos** in installments
— **su alcance** within reach, 19
— **veces** sometimes, 7
— **ver** let's see, 2
abierto(a) open, 13
abogado(a) (*m., f.*) lawyer, 9
aborto (*m.*) abortion
abrigo (*m.*) coat
abrir to open, 12
abuelo(a) (*m., f.*) grandfather; grandmother
abuso sexual (*m.*) sexual abuse
acabar de (+ *inf.*) to have just (done something), 13
accesorio (*m.*) accessory, 17
accidente (*m.*) accident, 18
acción (*f.*) stock, share, 20
aceptar to accept, 12
acerca de about, 15
aconsejar to advise, 16
acostar (o:ue) to put to bed, 19
actual present, 6
acuerdo (*m.*) agreement
acusar to accuse
además (de) besides, in addition to, 11
adicional additional
adiós good-bye, P
administrador(a) (*m., f.*) administrator, 3
adolescente (*m., f.*) teenager, 18
¿adónde? where (to)?, 3
adulto(a) (*m., f.*) adult, 3
afectar to affect, 20
afirmativo(a) affirmative
agarrar to take, 19
agencia (*f.*) agency, 15
agente de policía (*m., f.*) police officer, 8
agradecer to thank, 10
agua (*f. but* **el agua**) water, 2
— **oxigenada** hydrogen peroxide, 19
ahora at present, now, 2
— **mismo** right now
— **no** not now, not at the present time, 2
ahorita (*Méx.*) at present, now, 2; right away, 4
ahorros (*m. pl.*) savings
aire acondicionado (*m.*) air conditioning
al (a + el) to the; at the, 3
— **año** yearly, 17
— **contado** cash, not in installments
— **cumplir... años** on becoming (turning)... (years old), 15
— **día** a (per) day, 6; daily
— **día siguiente** the next (following) day, 11
— **dorso** over; on the back
— **final** at the end, 3
— **mediodía** at midday (noon)
— **mes** monthly, 7
— **pie de la página** at the bottom of the page, 11
— **rato** a while later, 4
alberca (*f.*) (*Méx.*) swimming pool, 19
alcanzar to be enough, 6
alcohol (*m.*) alcohol, 19
alcohólico(a) alcoholic, 13
Alcohólicos Anónimos Alcoholics Anonymous, 18
alegrarse (de) to be glad
alfombra (*f.*) rug
algo something
¿— **más?** anything else?, P
alguien somebody, someone, anybody, anyone, 6
algún(una) any, some, 2
— **alguna vez** ever, 11
alimentar to feed
alimento (*m.*) food, 1
almohada (*f.*) pillow, 19
almuerzo (*m.*) lunch, 7
alojamiento y las comidas (*m.*) room and board
alquiler (*m.*) rent, 1
allí there, 7
almacenaje (*m.*) storage
ama de casa (*f. but* **el ama**) housewife
amamantar to nurse, 4
amarillo(a) yellow, 18
ambulancia (*f.*) ambulance
americano(a) American, 1
amigo(a) (*m., f.*) friend
análisis (*m.*) test, 17
anciano(a) (*m., f.*) elderly man, elderly woman, 14
andador (*m.*) walker, 14
andar to go around, to walk, 13
anoche last night, 10
anotar to write down, 14
anteojos (*m. pl.*) eyeglasses, 17
anterior previous, 9
antes (*adv.*) before, 3
— **de** (*prep.*) before, 9
antibacteriano(a) antibacterial, 19
antibiótico (*m.*) antibiotic
antidepresivo (*m.*) antidepressant, 13
antihistamínico (*m.*) antihistamine, 19
anual yearly, 17
anualidad (*f.*) annuity, 20
año (*m.*) year, 3
aparato eléctrico (*m.*) electrical (household) appliance, 19

aparecer to appear, 18
apartado postal (*m.*) post office box
apartamento (*m.*) apartment, 1
apellido (*m.*) last name, surname, P
— **de soltera** maiden name, 1
aplicar to apply, 19
aprender to learn, 9
aprobación (*f.*) approval
aquéllos(as) (*m., f.*) those
aquí here, 2
— **está** here it is, 4
— **tiene** here is, 4
arreglar to fix, 14
arreglo (*m.*) arrangement, 10
arrepentirse (e:ie) to regret, to feel sorry, 18
arrestar to arrest
artículo (*m.*) article, 17
artritis (*f.*) arthritis, 14
aseguranza (*f.*) (*Méx.*) insurance, 5
— **de salud** (*Méx.*) health insurance, 8
asfixiar to suffocate, 19
así like that, that way, so, 20
— **que** so, 8
no es — it is not that way, 15
asilo de ancianos (*m.*) home for the elderly, 14
asistencia social (*f.*) social services, 7
asistir a to attend, 7
asma (*f. but* **el asma**) asthma
asociación (*f.*) association
ataque al corazón (*m.*) heart attack
atender (e:ie) to take care of, to wait on, 6
atrasado(a) back
atravesar (e:ie) to go through, 5
audiencia (*f.*) (court) hearing, 12
audífono (*m.*) hearing aid, 17
ausente absent
auto(móvil) (*m.*) car, 5
autoridad (*f.*) authority, 12
autorizar to authorize, 15
auxiliar de enfermera (*m., f.*) nurse's aide, 9
avenida (*f.*) avenue, 1
averiguar to find out, 13
avisar to advise, to warn, to let (someone) know, 8
¡ay, Dios mío! oh, God!, oh my goodness!, 18
ayer yesterday, 10
ayuda (*f.*) help, aid, 1
— **a familias con niños** Aid to Families with Dependent Children (AFDC)
— **en dinero** financial assistance, 1
ayudar to help, 2
azul blue

B

babero (*m.*) (baby's) bib
(de) bajos ingresos low-income
bancarrota (*f.*) bankruptcy
banco (*m.*) bank, 7
bañadera (*f.*) bathtub, 14
bañera (*f.*) (*Puerto Rico*) bathtub, 14
baño (*m.*) bathroom
barato(a) inexpensive, cheap
barrio (*m.*) neighborhood, 7
básico(a) basic, 16
bastón (*m.*) cane, 14
bebé (*m., f.*) baby, 4
beber to drink, 18
bebida (*f.*) beverage, drink, 13
bebito (*m.*) baby, 13
beca (*f.*) scholarship, 10
beneficiario (*m.*) beneficiary
beneficio (*m.*) benefit, 15
biberón (*m.*) baby bottle
bien well
—**, gracias. ¿Y usted?** Fine, thank you. And you?, P
(No) Muy —. (Not) Very well, P
bienes raíces, bienes inmuebles (*m. pl.*) real estate
bilingüe bilingual, 10
blusa (*f.*) blouse
bobo (*m.*) (*Puerto Rico*) pacifier
boca (*f.*) mouth
— **abajo** face down, 19
— **arriba** face up, 19
bofetada (*f.*) slap
bono (*m.*) bond, 20
botánica (*f.*) store that sells herbal medicine
botica (*f.*) pharmacy, drugstore
botiquín de primeros auxilios (*m.*) first-aid kit, 19
brazo (*m.*) arm, 12
breve brief, short
bronquitis (*f.*) bronchitis
bueno okay, fine, good, 1
buenas noches good evening, good night, P
buenas tardes good afternoon, P
buenos días good morning, good day, P
bufanda (*f.*) scarf
buscar to look for, 18

C

cabello (*m.*) hair
cabeza (*f.*) head, 12
— **de familia** (*m., f.*) head of household
cadera (*f.*) hip
caerse to fall down, 12
calcetines (*m. pl.*) socks
cálculos (*m. pl.*) stones
— **en la vejiga** bladder stones
— **en la vesícula** gallstones
calefacción (*f.*) heat
calentador (*m.*) heater, 14
calentón (*m.*) (*Méx.*) heater, 14
calentura (*f.*) fever
caliente hot, 19
calificar to qualify, 6
calmante (*m.*) painkiller, sedative, 13
calmarse to relax, to calm down
calle (*f.*) street, P
cama (*f.*) bed, 16
cambiar to change, 17
— **de trabajo** to change jobs
— **un cheque** to cash a check
cambio (*m.*) change, 6
caminar to walk, 14
camioncito (*m.*) small truck, 11
camisa (*f.*) shirt
camiseta (*f.*) T-shirt
campo (*m.*) field, country, 3
cáncer (*m.*) cancer
cansado(a) tired, 13
cantidad (*f.*) amount, 20; quantity
— **fija** fixed amount
capacitación (*f.*) training, 5
capacitado(a) able, 5
capa de agua (*f.*) raincoat
capítulo (*m.*) chapter, 18
cara (*f.*) face, 13
cárcel (*f.*) jail, 18
cardenal (*m.*) bruise, 12
cardiograma (*m.*) cardiogram
carga (*f.*) burden
cargo (*m.*) position
caro(a) expensive, 9
carro (*m.*) car, 5
carta (*f.*) letter, 6
casa (*f.*) house, 2
— **de Primeros Auxilios** House of First Aid
— **de Socorro** House of Help
— **para ancianos** home for the elderly, 14
— **rodante** mobile home, 20
casado(a) married, P
casarse (con) to marry, to get married (to), 9
casi almost, 18
caso (*m.*) case, 3
castigar to punish, 13
cataratas (*f. pl.*) cataracts
catarro (*m.*) cold (sickness)
católico(a) Catholic
centavo (*m.*) cent, 3
centro (*m.*) downtown area, 11
— **de cuidado de niños** (*Puerto Rico*) nursery school, 10
cerca (de) near, 19
certificado (*m.*) certificate, 4
— **de bautismo** baptismal certificate
— **de defunción** death certificate
— **de depósito** certificate of deposit (CD), 20
— **de matrimonio** marriage certificate
— **de nacimiento** birth certificate, 4
cerveza (*f.*) beer, 13
cesantear to fire (*from a job*), 18
chamarra (*f.*) (*Méx.*) jacket
chaqueta (*f.*) jacket
chavo (*m.*) (*Puerto Rico*) cent, 3
cheque (*m.*) check, 15
chequear to check, 12

chequera (*f.*) (*Cuba y Puerto Rico*) checkbook
chicos (*m.*) children, 14
chichón (*m.*) bump (on the head), 12
chupete (*m.*) pacifier
chupón (*m.*) (*Méx.*) pacifier
cicatriz (*f.*) scar, 12
ciego(a) blind, 3
cien(to) por ciento one hundred percent, 15
cierto(a) certain, 12
cinta adhesiva (*f.*) adhesive tape, 19
cinto (*m.*) belt, 13
cinturón (*m.*) belt, 13
cirujano(a) (*m., f.*) surgeon
cita (*f.*) appointment, 10
ciudad (*f.*) city, 7
ciudadanía (*f.*) citizenship, 5
ciudadano(a) (*m., f.*) citizen, 1
clase (*f.*) class, 10
cliente(a) (*m., f.*) client, 18
clínica (*f.*) clinic; hospital
cobrar to charge, 9; to get paid, 13
— **un cheque** to cash a check
cocina (*f.*) kitchen, 12; stove, 19
cocinar to cook, 14
cocinero(a) (*m., f.*) cook, 8
coche (*m.*) car, 5
cochecito (*m.*) baby carriage
código postal (*m.*) (*Méx.*) zip code, postal code, 1
coger to take, 19
cognado (*m.*) cognate
cojo(a) one-legged; lame
cólico (*m.*) colic
colitis (*f.*) colitis
combustible (*m.*) fuel
comedor (*m.*) dining room
comenzar (e:ie) to begin, 5
comer to eat, 8
cometer to commit; to perpetrate
comida (*f.*) food, 1; meal, 17
comidita de bebé (*f.*) baby food
comisión (*f.*) commission, 20
como like, as, 9; since
¿cómo? how?, 12
¿— **está Ud.?** how are you?, P
— **no** sure, of course, 6
¿— **se escribe...?** how do you spell...?
cómoda (*f.*) chest of drawers
compasión (*f.*) compassion
compañero(a) (*m., f.*) companion, pal, buddy
compensación obrera (*f.*) worker's compensation, 20
completar to complete, 8
completo(a) complete, 4
complicación (*f.*) complication, 16
comportarse to behave
comprar to buy, 16
comprobante (*m.*) receipt
con with, 1
— **frecuencia** frequently
¿— **qué frecuencia?** how frequently?, how often?
conceder un crédito to extend credit
concubinato (*m.*) common-law marriage
condado (*m.*) county, 5
condón (*m.*) condom, 18
conducir to drive, 14
confidencial confidential, 12
conmigo with me, 6
conocer to know, to be acquainted with (*a person, a place*), 7
consecutivo(a) consecutive, 16
conseguir (e:i) to get, 7
consejero(a) (*m., f.*) counselor
— **familiar** family counselor, 9
consejo (*m.*) advice, 19
consentimiento (*m.*) consent
consistir (en) to consist (of), 9
consultar to consult, 13
contacto (*m.*) contact, 18
contagiar to infect, 18
contagioso(a) contagious
contar (o:ue) to count, 8
contestación (*f.*) answer
contestar to answer, 8
continuar to continue, 8
contrato (*m.*) contract
contribuyente (*m., f.*) taxpayer
convaleciente (*m., f.*) convalescent, 14
convencer to convince, 18
conveniencia (*f.*) convenience, 17
conversar to talk
conversación (*f.*) conversation
convertirse (e:ie) to change into, to become
cooperar to cooperate, 18
copia (*f.*) copy, 4
— **fotostática** photocopy, 4
corazón (*m.*) heart
correcto(a) correct, 3
corredor (*m.*) broker
correr to run, 13
cortada (*f.*) (*Méx., Cuba*) cut, 19
cortadura (*f.*) cut, 19
cosa (*f.*) affair, thing, 13
cosméticos (*m. pl.*) cosmetics, 20
costar (o:ue) to cost, 6
costo (*m.*) cost, 16
creer to think, to believe, 2
— **que no** to not think so
— **que sí** to think so, 2
crema (*f.*) cream, 19
crianza (*f.*) raising, upbringing
criarse to be raised, 12
crimen (*m.*) crime
crisis (*f.*) crisis
crup (*m.*) croup
cruz (*f.*) cross; X
— **Roja** Red Cross
cuadrado (*m.*) box; square
cuadro (*m.*) box; square
¿cuál? which?, what?, 3
cualquier(a) any, 16
cuando when, 13
¿cuándo? when?, 2
cuanto antes as soon as possible, 9
¿cuánto(a)? how much?, 2
— **paga de alquiler?** how much do you pay in rent?, 2
— **tiempo?** how long?, 6
— **tiempo hace que...?** how long have...?, 11
— **tiempo hacía que...?** how long had...?, 15
cuántos(as)? how many?, 2
— **años tiene Ud.?** how old are you?, 4
cuarto (*m.*) bedroom, 13; room; quarter
— **de hora** a quarter of an hour
cubierto(a) covered, 16
cubrir to cover, 11
cucaracha (*f.*) cockroach, 14
cuello (*m.*) neck
cuenta (*f.*) bill, 2; account
— **corriente** checking account, 7
— **de ahorros** savings account, 7
— **de cheques** checking account, 7
cuestionario (*m.*) questionnaire
cuidado (*m.*) care, 7
cuidar to take care of, 7
cultural cultural
cuna (*f.*) crib, 19
cuñado(a) (*m., f.*) brother-in-law, sister-in-law
cupón (*m.*) coupon
cupones para comida (*m.*) food stamps, 1
cura (*m.*) (Catholic) priest, 18
curandero(a) (*m., f.*) natural healer
curita (*f.*) Band-Aid, 19
curso (*m.*) course, class, 5
custodia (*f.*) custody

D

dar to give, 3
— **a luz** to give birth, 3
— **de alta** to discharge (*from the hospital*)
— **de comer** to feed, to nurse, 4
— **golpes** to hit, to strike
— **el pecho** to feed; to nurse, 4
darle vergüenza a uno to be embarrassed, 18
datos (*m. pl.*) information, data, 9
de of, 3
— **acuerdo con** according to, 6
— **al lado** next door, 14
— **la mano** by the hand, 12
— **la mañana (tarde, noche)** in the morning (afternoon, evening), 6
— **lado** on (one's) side, 19
— **modo que** so that, 11
— **nada** you're welcome, P
— **nuevo** again, 16
— **rutina** routinely, 17
— **todos modos** anyway, 5
¿— **veras?** really?, 19
deber to owe, 2
— **(+ *inf.*)** should (do something), must (do something), 2
decidir to decide, 12

decir (e:i) to tell, to say, 7
dedo (*m.*) finger
— **del pie** toe
deducciones permitidas (*f. pl.*) allowable deductions
deducible deductible, 17
defecto físico (*m.*) disability
deformar to deform, 19
dejar to leave (behind), 8; to let, to allow, 14
— **de (+ *inf.*)** to stop (doing something), 11
delgado(a) thin, 12
delincuente juvenil (*m.*) juvenile delinquent
delito (*m.*) crime, transgression of law, 13
demanda (*f.*) lawsuit
demandar to sue
demás: los (las) — (*m., f.*) (the) others, 8
demorar to take (time), 6
denegado(a) denied
dentadura postiza (*f.*) denture, 17
dental dental, 17
dentro de in, within, 4
denuncia (*f.*) accusation, report (*of a crime*), 12
denunciar to report (*a crime*), to accuse, 12
departamento (*m.*) department
— **de Bienestar Social** Social Welfare Department, 1
— **de Protección de Niños** Children's Protection Department, 12
— **de Sanidad** Health Department, 18
depender to depend, 6
dependiente (*m., f.*) dependent
depósito de seguridad (*m.*) security deposit
depresión nerviosa (*f.*) nervous depression, 13
derecha (*f.*) right (*direction*)
derecho (*m.*) (legal) right, 4
— **a visitar** visitation rights
derrame cerebral (*m.*) stroke
desalojado(a) homeless, 2
desalojar to vacate, 2
desalojo (*m.*) eviction
descansar to rest
descomponerse to break, 14
descompuesto(a) out of order, broken down, 14
descontar (o:ue) to deduct, 20
descuidar to neglect
desde since, from, 3
desear to wish, to want, 1
desgraciadamente unfortunately, 9
desocupado(a) jobless
desocupar to vacate, 2
despacio slowly, 1
despedida (*f.*) farewell
despedir (e:i) to fire (*from a job*), 18
despertar (e:ie) to wake (someone) up, 19
despertarse (e:ie) to wake up, 19
después (de) after, afterward, 8
desquitar(se) to get even with
detener to stop, 18; to arrest
detergente (*m.*) detergent, 19
deuda (*f.*) debt, 20
día (*m.*) day
— **de fiesta** holiday, 5
— **feriado** holiday, 5
diabetes (*f.*) diabetes
diagnóstico (*m.*) diagnosis, 16
diario(a) daily; per day
diarrea (*f.*) diarrhea
diente (*m.*) tooth
diferente different, 18
difícil difficult, 6
dificultad (*f.*) difficulty, 14
— **del habla** speech impediment
dinero (*m.*) money, 1
Dios quiera I hope (God grant), 17
diploma (*m.*) diploma
dirección (*f.*) address, P
directamente directly, 10
director(a) (*m., f.*) **(de la escuela)** principal (at a school)
directorio telefónico (*m.*) telephone book, 18
disciplina (*f.*) discipline, 13
disciplinar to discipline, 12
discriminación (*f.*) discrimination
discutir to discuss
disgustado(a) upset, 14
disponible available, 6
dividendo (*m.*) dividend, 20
divorciado(a) divorced, P
divorciarse to divorce, 9
documento (*m.*) document, 5
dólar (*m.*) dollar, 2
doler (o:ue) to hurt, to ache, 8
dolor (*m.*) pain, ache, 8
domicilio (*m.*) address, P
¿dónde? where?, 2
dormido(a) asleep, 19
dormir (o:ue) to sleep, 19
dormitorio (*m.*) bedroom, 13
droga (*f.*) drug, 18
drogadicto(a) (*m., f.*) drug addict, 18
droguero(a) (*m., f.*) person who uses or sells illicit drugs
dudar to doubt, 18
dueño(a) de la casa (*m., f.*) landlord, landlady, 14
durante during, 15
durar to last, 8
duro(a) hard, 7; difficult

E

económico(a) financial, 2
edad (*f.*) age, 3
el (la) que the one who, 13
electricidad (*f.*) electricity, 2
electrodoméstico (*m.*) electrical (household) appliance, 19
elegibilidad (*f.*) eligibility, 20
elegible eligible, 3
elegir (e:i) to choose
embarazada pregnant, 3
embarazo (*m.*) pregnancy, 18
embolia (*f.*) blood clot, stroke
emborracharse to get drunk, 18
emergencia (*f.*) emergency, 20
empezar (e:ie) to begin, 5
empleado(a) (*m., f.*) employee, clerk, 4
empleador (*m.*) employer
empleo (*m.*) job, 7
en at, in, 1
— **casa** at home, 8
— **caso de** in case of, 19
— **cuanto** as soon as, 19
— **efectivo** in cash, 8
— **ese caso** in that case, 4
— **estas situaciones** in these situations
— **este momento** at the moment, 8
¿— qué puedo ayudarle? what can I do for you?, 5
¿— qué puedo servirle? how may I help you?, 5
— **seguida** right away, 4
— **uso** in use, 19
encargarse (de) to be in charge (of), 15
encontrar (o:ue) to find, 19
enchufe (*m.*) electrical outlet, socket, 19
enfermarse to get sick, to fall ill, 17
enfermedad (*f.*) sickness, 10
enfermero(a) (*m., f.*) nurse
— **visitador(a)** (*m., f.*) visiting nurse, 19
enfermo(a) sick, ill, 3
enganche (*m.*) (*Méx.*) down payment
enojado(a) angry, 13
enterarse de to find out about
entonces then, P
entrada (*f.*) income, 7; entrance; down payment
— **bruta** gross earnings
— **neta** net income
entrar (en) to go in; to enter
entre between, among, 15
entregar to deliver, 17
entrenamiento (*m.*) training, 5
entrevista (*f.*) interview, 5
entrevistar to interview, 6
envenenar(se) to poison (oneself), 19
enviar to send, 3
epidemia (*f.*) epidemic
equipo electrodoméstico (*m.*) electrical (household) appliance, 19
equis (*f.*) cross; X
es cierto that's right, it's true, 5
es decir... that is to say..., 16
escalera (*f.*) stairs, 12
escoger to choose
escribir to write, 3
— **a máquina** to type
escritorio (*m.*) desk
escuela (*f.*) school, 5
— **nocturna** night school, 10
— **secundaria** secondary school (junior and high school), 9
escusado (*m.*) (*Méx.*) bathroom
ese(a) that, 5
esencial essential

eso that
— **es todo** that's all, P
espacio en blanco (*m.*) blank space
espalda (*f.*) back, 15
español (*m.*) Spanish (language), 5
esparadrapo (*m.*) adhesive tape, 19
especialista (*m., f.*) specialist
especificar to specify
espejuelos (*m.*) (*Cuba*) eyeglasses, 17
esperar to wait, 1; to hope, 17
esposo(a) (*m., f.*) husband, 2; wife, 2
está bien okay, that's fine, 4
estado (*m.*) state, 3; status
— **civil** marital status, 1
estampilla para alimentos (*f.*) food stamp, 1
estante (*m.*) bookcase
estar to be, 3
— **de acuerdo** to agree, 6
— **en libertad bajo fianza** to be free on bail
— **en libertad condicional** to be on probation
— **equivocado(a)** to be wrong, 12
— **preso(a)** to be in jail
— **sin trabajo** to be unemployed (out of work), 7
estatal (*adj.*) state, 15
este(a) this, 3
éste(a) (*m., f.*) this one, 8
estimado (*m.*) estimate, 5
estómago (*m.*) stomach
estuche de primeros auxilios (*m.*) first-aid kit, 19
estudiar to study, 3
estufa (*f.*) heater, 19
evitar to avoid, 18
ex ex; former, 2
examen (*m.*) examination, 17
— **de la vista** eye examination, 17
— **del oído** hearing test, 17
examinar to examine, 12
excusado (*m.*) (*Méx.*) bathroom
exento(a) exempt
explicar to explain, 9
expresión (*f.*) expression
extra extra, 7
extranjero(a) (*m., f.*) foreigner, 1; (*adj.*) foreign, 1
extraño(a) strange, unknown, 12

F

fábrica (*f.*) factory
factoría (*f.*) factory
falda (*f.*) skirt
faltar a clase to miss class, 10
fallecido(a) deceased
familia (*f.*) family, 5
farmacia (*f.*) pharmacy, drugstore
fe de bautismo (*f.*) baptism certificate
fecha (*f.*) date, 3
— **de hoy** today's date, 3
federal federal, 9
fianza (*f.*) bail
fiebre (*f.*) fever
fijo(a) fixed
fin de semana (*m.*) weekend, 13
finanzas (*f. pl.*) finances
firma (*f.*) signature
firmar to sign, 2
fogón (*m.*) stove, 19
folleto (*m.*) brochure, 11
fondo mutuo (*m.*) mutual fund, 20
forma (*f.*) form, 1; way, 12
fórmula (*f.*) formula
forzar (o:ue) to force, 19
fósforo (*m.*) match, 19
fotocopia (*f.*) photocopy, 4
fotografía (*f.*) photograph, 5
fractura (*f.*) fracture
frecuencia: ¿con qué — ? how frequently?
frecuentemente frequently
frustrado(a) frustrated
fuente de ingreso (*f.*) source of income

G

gafas (*f. pl.*) eyeglasses, 17
galleta (*f.*) (*Cuba y Puerto Rico*) slap
ganancia (*f.*) gain; earning, profit
ganar to earn, 7; to gain, 13
garaje (*m.*) garage
garganta (*f.*) throat
garrotillo (*m.*) croup
gas (*m.*) gas, 2
gasa (*f.*) gauze, 19
gasolina (*f.*) gasoline, 6
gastar to spend (*money*), 6
gasto (*m.*) expense, 3
— **de la casa** household expense, 3
— **de transportación** transportation expense
— **funerario** funeral expense
gatear to crawl, 19
generalmente generally, 6
gente (*f.*) people, 12
gobierno (*m.*) government
golpear to hit, to strike
gonorrea (*f.*) gonorrhea, 18
gorro (*m.*) hat, 19
gracias thank you
muchas — thank you very much, P
grado (*m.*) grade, 10
grande big, large, 7
gratis (*adv.*) free (of charge), without cost
gratuito(a) (*adj.*) free (of charge)
grave serious, 18
gripa (*f.*) (*Méx.*) flu
gripe (*f.*) flu
guantes (*m. pl.*) gloves
guardar to keep, 20; to save, 20
guardería (*f.*) nursery school, 10
guía telefónica (*f.*) telephone book, 18
gustar to be pleasing to, to like, 8

H

haber to have (*auxiliary verb*)
— **trabajado** to have worked, 15
había there was, there were, 14
habitación (*f.*) bedroom, 13
hablar to speak, to talk, 1
hace un mes a month ago, 14
hacer to do, 5; to make
— **falta** to need, 8
— **la comida** to cook (prepare) dinner, 14
— **saber** to advise, to warn, to let (someone) know, 8
— **una declaración falsa** to make a false statement, 8
hacerse to become, 17
hacia abajo down, downward
hasta until
— **hace poco** until recently, 18
— **luego** see you later
— **mañana** see you tomorrow, P
— **que** until
hay there is, there are, 3
no — de qué you're welcome, P
hebreo(a) Jewish
helado(a) ice, iced
hepatitis (*f.*) hepatitis
herencia (*f.*) inheritance, 20
herida (*f.*) wound, 19
hermanastro(a) (*m., f.*) stepbrother; stepsister
hermano(a) (*m., f.*) brother, 11; sister, 3
herpes (*m.*) herpes, 18
hielo (*m.*) ice, 19
hígado (*m.*) liver
hijo(a) (*m., f.*) son, 2; daughter, 3
— **de crianza** (*m., f.*) foster child
hijos (*m. pl.*) children
hinchazón (*f.*) bump, swelling
hipertensión (*f.*) hypertension, high blood pressure
hipoteca (*f.*) mortgage, 5
historia clínica (*f.*) medical history, 15
hogar (*m.*) home
— **de crianza** foster home
— **sustituto** foster home
hoja (*f.*) sheet (*of paper*)
hola hello
hombre (*m.*) man, 3
hombro (*m.*) shoulder, 8
honorario de corredor (*m.*) broker's fee
hora (*f.*) hour, 4
horario (*m.*) schedule, 10
horno (*m.*) oven, 19
hospital (*m.*) hospital, 9
hospitalización (*f.*) hospitalization, 16
hospitalizado(a) hospitalized, 16
hotel (*m.*) hotel
hoy today, 4
— **mismo** this very day, 4
huelga (*f.*) strike

I

idea (*f.*) idea, 14
identificación (*f.*) identification, 5
idioma (*m.*) language
iglesia (*f.*) church

ilegal illegal
impermeable (*m.*) raincoat
imponer una multa to give a fine (ticket)
importar to matter, 5
 a nadie le importa it's nobody's business, 18
 no importa it doesn't matter, 5
imposible impossible, 17
impuesto (*m.*) tax
 — sobre la propiedad property tax
 — sobre la renta income tax
incapacidad (*f.*) disability, 16
incapacitado(a) incapacitated, handicapped, 3
 — para trabajar unable to work, 3
incesto (*m.*) incest
incluido(a) including, 11
incluir to include, 16
independiente independent, 17
infectar to infect, 18
influenza (*f.*) flu
información (*f.*) information, 3
 — sobre el caso case history, 3
informar to inform, to notify, 16
inglés (*m.*) English (language), 1
ingresar to be admitted, 16
ingreso (*m.*) income, earnings, revenue, 20
 de bajos —s low-income
inicial (*f.*) initial
iniciar to start, to initiate, 9
inmediatamente immediately
inmigración (*f.*) immigration, 4
inmigrante (*m., f.*) immigrant, 16
 — ilegal, indocumentado(a) illegal immigrant
inscripción (*f.*) certificate
 — de bautismo baptism certificate
 — de defunción death certificate
 — de matrimonio marriage certificate
 — de nacimiento (*Cuba*) birth certificate, 4
insecticida (*m.*) insecticide, 19
intensivo(a) intensive, 16
interés (*m.*) interest, 20
inválido(a) disabled; crippled
inversión (*f.*) investment, 20
invierno (*m.*) winter
investigar to investigate, 12
inyección antitetánica (*f.*) tetanus shot
ipecacuana (*f.*) (syrup of) ipecac, 19
ir to go, 3
 — a (+ *inf.*) to be going to (do something), 5
 — y venir to commute
irritación (*f.*) irritation, 18
irse to go away, 12
izquierda (*f.*) left

J

jabón (*m.*) soap, 19
jarabe (*m.*) syrup
jardín (*m.*) garden
jardinero(a) (*m., f.*) gardener, 8
jefe(a) (*m., f.*) boss, 15; chief
 — de familia head of household
joven young, 9
jubilación (*f.*) retirement, 15
jubilado(a) retired
jubilarse to retire, 15
judío(a) Jewish
juez (*m., f.*) judge, 12
jugar (u:ue) to play (*a game*)
 — con fuego to play with fire, 18
juguetón(ona) mischievous, restless, 13
juntos(as) together, 5
justo(a) fair, 6
juzgado (*m.*) courthouse, 9

L

la que the one who, 13
laboratorio (*m.*) laboratory, 17
lámpara (*f.*) lamp
lápiz (*m.*) pencil
lastimarse to get hurt, to hurt oneself, 15
leche (*f.*) milk
leer to read, 2
legal legal, 1
lejía (*f.*) bleach, 19
lengua (*f.*) tongue; language
lentes (*m. pl.*) eyeglasses, 17
 — de contacto contact lenses, 17
lesión (*f.*) injury, 16
letra de molde (*f.*) print, printing
ley (*f.*) law
libertad (*f.*) freedom
 — condicional probation
 — bajo fianza out on bail
libreta de ahorros (*f.*) savings passbook
libro (*m.*) book
 — de texto textbook
licencia para cuidar niños (*f.*) child care license
limitado(a) limited, 17
limpiar to clean, 14
limpieza (*f.*) cleaning, 14
línea (*f.*) line (*on a paper or form*)
 — de ayuda a los padres parent helpline
líquido (*m.*) liquid, 19
lista (*f.*) list, 17
llamar to call, 2
 — por teléfono to phone, 10
llamarse to be named, to be called, 12
llegar to arrive, 4
llenar to fill out, 1
llevar to take (someone or something somewhere), 7
llevarse bien to get along well, 13
llorar to cry, 12
lo it
 — más pronto posible as soon as possible, 8
 — mejor the best (thing), 17
 — primero the first thing, 18
 — que what, 11
 — sé I know, 14
 — siento I'm sorry, P
 — suficiente enough, 19
local local, 18
loción para bebé (*f.*) baby lotion
los (las) demás (*m., f.*) the others, 17
luego then; later
lugar de nacimiento (*m.*) place of birth

M

machismo (*m.*) male chauvinism
madrastra (*f.*) stepmother
madre (*f.*) mother, 2; mom, 2
madurar to mature, 19
maestro(a) (*m., f.*) teacher
majadero(a) mischievous, restless, 13
mal badly, 13
maltratar to abuse, to mistreat, 12
maltrato (*m.*) abuse, 12
mamá (*f.*) mother, 8; mom
mamadera (*f.*) baby bottle
mamila (*f.*) (*Méx.*) baby bottle
manco(a) one-handed
mandar to send, 8
manejar to drive, 14
 — estando borracho(a) drunk driving, 18
manera (*f.*) way
mantener(se) (e:ie) to support (oneself), 7
mantequilla (*f.*) butter, 19
mañana (*f.*) morning, 5
máquina (*f.*) (*Cuba*) car, 5
maravilloso(a) wonderful
marca (*f.*) mark, 13
marcar to mark; to check off
marido (*m.*) husband, 2
más more, 4
 — de (+ *number*) more than (+ *number*), 4
 — o menos more or less, 4
 — ... que more... than
 — que nunca more than ever, 18
 — tarde later, P
matar to kill, 18
matrícula (*f.*) registration
matricularse to register, 10
matrimonio (*m.*) marriage, 9
mayor older, oldest, 6
 — de edad of age
 el (la) — the oldest, 6
mayoría (*f.*) majority, 20
media hora (*f.*) half an hour
medianoche (*f.*) midnight
 a (la) — at midnight
medias (*f. pl.*) stockings
 — de hombre socks
medicina (*f.*) medicine, 7
médico(a) (*m., f.*) doctor, 7; (*adj.*) medical, 11
medio(a) half
 — hermano(a) (*m., f.*) half-brother, half-sister
mediodía (*m.*) midday, noon
mejor better, 4; best
mejorar to improve, 10

mejorarse to get better, 17
menor younger, youngest, 4
  — de edad minor
  el (la) — the youngest, 4
menos less, fewer, 4
  — de (+ *number*) less than (+ *number*), 4
  — mal thank goodness, 15
  — ... que less... than, 3
mensual monthly, 2
mentir (e:ie) to lie, to tell a lie, 13
mentira (*f.*) lie, 12
mercado (*m.*) market, 14
mes (*m.*) month, 2
mesa (*f.*) table, 19
mesita de noche (*f.*) night table
meterse en la boca to put in one's mouth, 19
mi(s) my, 2
miembro (*m.*) member, 17
mientras while, 9
  — tanto in the meantime, 15
minuto (*m.*) minute, 1
mirar to look at, 9
mismo(a) same, 4
  el (la) — que antes the same as before, 6
modelo (*m.*) model
molesto(a) annoyed, bothered
momento (*m.*) moment, 18
momentico (*m.*) a short time, 18
momentito (*m.*) a short time, 18
morado (*m.*) bruise, 12
mordida (*f.*) bite
moretón (*m.*) bruise, 12
morir (o:ue) to die, 13
muchacho(a) (*m., f.*) young man, young woman, 18
muchas gracias thank you very much, P
muchas veces many times, 7
muchísimo(a) very much, 16
mudanza (*f.*) moving (to another lodging)
mudarse to move (to another lodging), 11
mudo(a) mute
muebles (*m. pl.*) furniture, 19
muela (*f.*) molar; tooth
mujer (*f.*) wife, 2; woman, 5
muy very, P

N

nacer to be born, 15
nacimiento (*m.*) birth
nacionalidad (*f.*) nationality
nada nothing, 5
  — más que just, 8
nadie nobody, anyone, 6
nalga (*f.*) buttock, rump, 12
nalgada (*f.*) spanking
nariz (*f.*) nose
Navidad (*f.*) Christmas, 20
necesario(a) necessary, 16
necesidad (*f.*) need, 9
necesitar to need, 1
negarse (e:ie) to refuse
negativo(a) negative
neto(a) net, 20
ni neither
  — un centavo not a cent, 3
  — ... ni neither... nor
nieto(a) (*m., f.*) grandson, granddaughter
ningún (ninguno, -a) no, not any, 6
niñera (*f.*) nanny, 8
niño(a) (*m., f.*) child, 2
no no, P
  — andar bien to not go well
  — es así it is not that way, 15
  — hay de qué you're welcome, P
  — importa it doesn't matter, 5
  — importarle a nadie to be nobody's business, 18
  — más que just, 8
noche (*f.*) night, 12; evening
nombre (*m.*) name, P; noun
  — de pila first name
norteamericano(a) (North) American, 4
nosotros(as) us, we
nota (*f.*) note
notar to notice, 13
notario(a) público(a) (*m., f.*) (public) notary
notificar to report, to notify, 6
novio(a) (*m., f.*) boyfriend, girlfriend, 18
nuera (*f.*) daughter-in-law
nuestro(a) our
nuevo(a) new, 6
numerado(a) numbered
número (*m.*) number, P
  — de teléfono telephone number, P
nunca never, 14

O

o or, P
objeto (*m.*) object, 19
obrero(a) (*m., f.*) worker; laborer
obtener to get, to obtain, 7
ocupado(a) busy
oficina (*f.*) office, 2
oficio (*m.*) trade, 5
oído (*m.*) (inner) ear
oír to hear, 12
ojalá I hope (God grant), 17
ojo (*m.*) eye
olvidarse (de) to forget, 20
opción (*f.*) option, 17
operarse to have surgery, 16
opuesto(a) opposite
orden de detención (*f.*) warrant
oreja (*f.*) ear
organización (*f.*) organization, 18
original (*m.*) original, 4
ortopédico(a) orthopedic, 17
otoño (*m.*) autumn, fall
otra persona (*f.*) someone else, 6
otra vez again, 10
otro(a) other, another, 2
otros (as) (*m., f.*) the others, 8

P

paciencia (*f.*) patience
paciente (*m., f.*) patient
  — externo(a) outpatient
  — interno(a) inpatient
padrastro (*m.*) stepfather
padre (*m.*) father, dad, 3; (Catholic) priest, 18
padres (*m. pl.*) parents, 18
  — de crianza foster parents
pagar to pay, 1
  — a plazos to pay in installments
página (*f.*) page, 8
pago (*m.*) payment, 6
  — inicial down payment
país (*m.*) country (nation), 3
  — de origen country of origin
palabra (*f.*) word
pálido(a) pale, 12
paliza (*f.*) spanking, beating, 13
pantalones (*m. pl.*) pants
pañal (*m.*) diaper
  — desechable disposable diaper
pañuelo de papel (*m.*) tissue
papá (*m.*) father, dad, 3
papel (*m.*) paper, 5
paperas (*f. pl.*) mumps
para to, in order to, for, 1
  — hoy mismo for today, 11
  ¿— qué? for what reason?, what for?, 1
  — servirle (I'm) at your service, P
  — ver si... to see if..., 3
paralítico(a) paralyzed
paramédico(a) (*m., f.*) paramedic
pararse to stand up, 19
pared (*f.*) wall
pareja (*f.*) couple, 20
parentesco (*m.*) relationship (in a family)
pariente (*m., f.*) relative, 14
parir to give birth, 3
parroquial parochial, 10
parte (*f.*) part
participar to take part, to participate, 9
partida (*f.*) certificate
  — de bautismo baptism certificate
  — de defunción death certificate
  — de... dólares increment of... dollars, 20
  — de matrimonio marriage certificate
  — de nacimiento birth certificate, 4
pasado(a) last, 3
pasado mañana the day after tomorrow
pasaporte (*m.*) passport
pasar to come in, P; to happen, 12; to spend (time), 18
pasillo (*m.*) hallway, 3
paso (*m.*) step
  un — más a step further
pastilla (*f.*) pill, 18
pastor(a) (*m., f.*) pastor; person of the clergy
patada (*f.*) kick

patio (*m.*) backyard
patrón(ona) (*m., f.*) boss, 15
patrono (*m.*) boss
pecho (*m.*) chest
pediatra (*m., f.*) pediatrician
pedir (e:i) to ask for, to request, 6
— **ayuda** to apply for aid, 11
— **un favor** to ask a favor, 8
pida ver... ask to see..., 9
pegar to hit, to strike, 13
peligro (*m.*) danger, 19
peligroso(a) dangerous, 14
pelo (*m.*) hair
pelota (*f.*) ball, 14
pena (*f.*) penalty
penalidad (*f.*) penalty
pensar (e:ie) (+ *inf.*) to plan (to do something), 5
— **en eso** to think about that, 14
pensión (*f.*) pension, 20
— **alimenticia** child support, 2; alimony, 2
pensionado(a) retired
peor worse
pequeño(a) small, 7
perder (e:ie) to lose
pérdida (*f.*) loss
perdón pardon me, excuse me, 16
perdonar to pardon, to forgive, 18
perfecto(a) perfect, 11
periódico (*m.*) newspaper, 20
permanente permanent, 5
permiso (*m.*) permission, 15
— **de detención** warrant; order
— **de trabajo** work permit, 4
permitido(a) allowable
pero but, P
persona (*f.*) person, 2
— **extraña** stranger, 13
personal personal, 17; (*m.*) staff, personnel
pertenencias (*f. pl.*) belongings
pico (*m.*) **y** a bit over, 20
pie (*m.*) foot
pierna (*f.*) leg, 12
píldora (*f.*) pill, 18
pinta (*f.*) pint, 16
pintura (*f.*) paint, 19
pinzas (*f. pl.*) tweezers, 19
piscina (*f.*) swimming pool, 19
piso (*m.*) floor
plancha (*f.*) iron, 19
planilla (*f.*) form, 1
plazo (*m.*) term
pneumonía (*f.*) pneumonia
pobre poor, 3
poco (*m.*) little (*quantity*), 3
poco(a) little, 10
pocos(as) few, 16
poder (o:ue) to be able, can, 6
policía (*f.*) police (force), 12; (*m., f.*) police officer, 18
policlínica (*f.*) clinic; hospital
póliza (*f.*) policy, 5
poner to make, 13; to put
ponerse to put on, 14
— **azul** to turn blue
— **blanco(a)** to turn white
— **en contacto** to get in touch, 18
— **pálido(a)** to turn pale
— **rojo(a)** to turn red
— **violento(a)** to make violent, 13
por for
— **ciento** (*m.*) percent, 15
— **completo** completely, 8
— **correo** by mail, 4
— **culpa de** because of, 18
— **desgracia** unfortunately, 9
— **día** daily; per day
— **ejemplo** for example, 20
— **enfermedad** due to illness, 10
— **eso** that's why, for that reason, 3
— **favor** please, P
— **la mañana (tarde)** in the morning (afternoon), 10
— **lo menos** at least, 15
— **mí** for me, 6
— **la noche** at night
¿— **qué?** why?, 3
— **semana** weekly; per week
— **suerte** luckily, 14
— **un tiempo** for a while, 8
porque because, 3
portal (*m.*) porch
portarse to behave, 13
— **mal** to misbehave, 13
poseer to own, 20
posibilidad (*f.*) possibility, 5
posible possible, 4
posiblemente possibly, 14
posición (*f.*) position, 19
postal postal, 1
practicar to practice
preferir (e:ie) to prefer, 5
pregunta (*f.*) question, 8
preguntar to ask, 8
preocupado(a) worried, 18
preocuparse to worry, 18
preparar to prepare, 7
presentar to present, 15; to file
— **una demanda** to file a lawsuit
presente (*m.*) present
preservativo (*m.*) condom, 18
presión (*f.*) pressure, 19
— **alta** hypertension, high blood pressure
preso(a) (*m., f.*) prisoner
préstamo (*m.*) loan
presupuesto (*m.*) budget
prevenir to prevent, 18
prima (*f.*) premium, 16
primavera (*f.*) spring
primero (*adv.*) first, 1
primero(a) first
primeros auxilios (*m. pl.*) first aid
primo(a) (*m., f.*) cousin
principal main, 8
privado(a) private, 20
probable probable, 17
problema (*m.*) problem, 8
profesión (*f.*) profession, 9
programa (*m.*) program, 7
prohibir to forbid, to prohibit, 18
promedio (*m.*) average, 20
pronto soon, 14
propiedad (*f.*) property, 11; asset, 20
propio(a) own, 5
proporcionar to provide
protestante Protestant
provenir to come from; to originate
provisional provisional, 11
próximo(a) next, 5
proyecto de la ciudad (*m.*) city (housing) project, 7
prueba (*f.*) proof, 5; test, 17
psicólogo(a) (*m., f.*) psychologist
público(a) public, 20
puede ser... it may be..., 17
puerta (*f.*) door
pulmón (*m.*) lung
pulmonía (*f.*) pneumonia
puñetazo (*m.*) punch
puño (*m.*) fist, 13
pus (*m.*) pus, 18

Q

que that, 3
¡— **le vaya bien!** good luck!, P
¡— **se mejore!** get well soon!, P
¡qué bueno! that's great!
¡— **suerte!** how fortunate!, it's a good thing!, what luck!, 18
¿qué? what?, 1
¿— **edad tiene...?** how old is...?, 4
¿— **hora es?** what time is it?, 1
¿— **necesita?** what do you (does he/she) need?
¿— **pasa?** what happens?
¿— **se le ofrece?** what can I do for you?, 12
¿— **tal?** how is it going?, P
¿— **te pasa?** what's the matter with you?, 18
quedar to be located, 3
quedarse to stay, 10
— **con** to keep, 17
— **paralítico(a)** to become paralyzed, to become crippled, 20
— **quieto(a)** to sit (stay) still, 13
quehaceres del hogar (de la casa) (*m. pl.*) housework, housekeeping, 13
queja (*f.*) complaint
quejarse to complain, 13
quemadura (*f.*) burn, 19
quemar(se) to burn (oneself), 14
querer (e:ie) to want, to wish, 5; to love
— **decir** to mean, 17
quiebra (*f.*) bankruptcy
¿quién? who, whom?, 2
quiropráctico(a) (*m., f.*) chiropractor, 17
quitar to take away, 12
quizá(s) perhaps, maybe, 14

R

rabí (*m.*) rabbi

rabino (*m.*) rabbi
radiografía (*f.*) X-ray, 17
rasguño (*m.*) scratch, 19
rato (*m.*) while
  — libre free time, 20
ratón (*m.*) mouse, 14
raza (*f.*) race
realizar to do, to carry out
recámara (*f.*) (*Méx.*) bedroom, 13
recepcionista (*m., f.*) receptionist, 1
recertificación (*f.*) recertification
receta (*f.*) prescription
recetado(a) prescribed, 17
recetar to prescribe, 13
recibir to receive, 2
recibo (*m.*) receipt
recién nacido(a) (*m., f.*) newborn baby, 19
recipiente (*m., f.*) recipient
reclusorio para menores (*m.*) juvenile hall
reconciliación (*f.*) reconciliation, 5
recordar (o:ue) to remember, 14
recurrir (a) to turn (to)
reembolso (*m.*) refund
reevaluar to reevaluate, 6
reformatorio (*m.*) reformatory
refrigerador (*m.*) refrigerator, 6
regalo (*m.*) gift, present, 20
registración (*f.*) (*Méx.*) registration, 5
registro (*m.*) registration, 5
reglamento (*m.*) rule, 6
regresar to return, to come back, 4
rehusar to refuse
relacionado(a) related, 17
relaciones sexuales (*f. pl.*) sexual relations, 18
renglón (*m.*) line (*on a paper or form*)
renta (*f.*) rent, 1
renunciar to waive; to resign
reorientación vocacional (*f.*) vocational training
reparación (*f.*) repair
requerido(a) required, 16
resbalar to slip, 14
resfrío (*m.*) cold
residencia (*f.*) residence, 5
residente (*m., f.*) resident, 4
resolver (o:ue) to solve, 18
respirar to breathe
responsable responsible
respuesta (*f.*) answer
resto (*m.*) rest, 15
retirarse to withdraw; to retire, 15
retirado(a) retired
retiro (*m.*) retirement, 15
reumatismo (*m.*) rheumatism
reverso (*m.*) reverse, back (*of a page*)
revisión (*f.*) review, 6
revista (*f.*) magazine, 20
riñón (*m.*) kidney
rodilla (*f.*) knee
rojo(a) red
romper to break, 14
ropa (*f.*) clothes, clothing, 6

S

saber to know (something), 7
sacerdote (*m.*) priest, 18
sala (*f.*) living room
  — de emergencia emergency room
  — de estar family room, den
salario (*m.*) salary, 7
saldo (*m.*) balance (*of a bank account*)
salir to leave, to go out, 7
salud (*f.*) health, 8
saludo (*m.*) greeting
sangrar to bleed, 19
sangre (*f.*) blood, 16
sarampión (*m.*) measles
sección (*f.*) section, 11
  — Protectora de Niños Children's Protection Department, 12
seco(a) dry
sedante (*m.*) sedative, tranquilizer, 13
seguir (e:i) to continue, to follow, 8
segundo(a) second, 2
  segundo nombre (*m.*) middle name
seguro (*m.*) insurance, 5
  — de hospitalización hospital insurance, 16
  — de salud health insurance, 8
  — de vida life insurance, 20
  — ferroviario railroad insurance, 16
  — médico medical insurance, 7
  — social social security, 1
seguro(a) sure, 3; safe, 19
semana (*f.*) week
  la — próxima (entrante) next week, 5
  la — que viene next week, 5
semanalmente weekly, 4
semestre (*m.*) semester, 10
semiprivado(a) semiprivate, 16
seno (*m.*) breast
sentarse (e:ie) to sit down
  siéntese sit down, 12
sentir (e:ie) que to regret that
sentirse (e:ie) to feel, 14
  lo siento I'm sorry, P
señor (Sr.) (*m.*) Mr., sir, gentleman, P
señora (Sra.) (*f.*) Mrs., lady, Ma'am, Madam, P; wife, 2
señorita (Srta.) (*f.*) Miss, young lady, P
separación (*f.*) separation
separado(a) separated, 3
ser to be, P
  — cierto to be true, 5
servicio (*m.*) service, 8
  — gratuito free service
servir (e:i) to serve
  para servirle at your service, P
sexo (*m.*) sex; gender
sexto(a) sixth, 15
si if, 2
  — es posible if possible, 11
sí yes, 1
SIDA (síndrome de inmunodeficiencia adquirida) (*m.*) AIDS, 18
siempre always, 7
sífilis (*f.*) syphilis, 18
significar to mean, 17
siguiente following, 6
  lo — the following
silla (*f.*) chair
  — de ruedas wheelchair, 14
sillón (*m.*) armchair
simplemente simply, 17
sin without, 7
  — embargo however, nevertheless
  — falta without fail, 9
  — hogar homeless
sinagoga (*f.*) synagogue, temple
síntoma (*m.*) symptom, 18
sirviente(a) (*m., f.*) servant, 8
situación (*f.*) situation, 5
sobre about, 3; on, 19
  — todo especially, above all, 13
sobrellevar to bear
sobrino(a) (*m., f.*) nephew, niece
social social, 1
sofá (*m.*) sofa
sol (*m.*) sun, 19
solamente only, 6
solicitante (*m., f.*) applicant
solicitar to apply for, 3
  solicite ver... ask to see..., 9
solicitud (*f.*) application, 4
solo(a) alone, 8
sólo (*adv.*) only, 6
soltero(a) single, P
sombreado(a) shaded
somos (+ *number*) there are (*number*) of us, 2
son las (+ *time*) it's (+ *time*), 1
sonograma (*m.*) sonogram
sordo(a) deaf, 3
sospecha (*f.*) suspicion
sospechar to suspect
sótano (*m.*) basement
su(s) your, his, her, their, 2
subir to climb, to go up, 19
subsidio (*m.*) subsidy
subvención (*f.*) subsidy
suceder to happen, 12
suegro(a) (*m., f.*) father-in-law, mother-in-law, 13
sueldo (*m.*) salary, 7
sugerir (e:ie) to suggest, 16
supervisor(a) (*m., f.*) supervisor, 6
superviviente (*m., f.*) survivor
suplementario(a) supplemental, 20
suscripción (*f.*) subscription, 20

T

talonario de cheques (*m.*) checkbook
también also, 2
tampoco either
tan as
  — ... como as... as, 3
  — pronto como as soon as, 4
tanto tiempo so long, 15
tantos(as) so many, 14
tapa de seguridad (*f.*) safety cap, safety cover, 19

tapar to cover, to block, 19
tarde late, 7
tareas de la casa (*f. pl.*) housework, 13
tarjeta (*f.*) card
— **de crédito** credit card
— **de inmigración** immigration card, 4
— **de seguro social** Social Security card, 4
techo (*m.*) ceiling
teléfono (*m.*) telephone, 2
televisor (*m.*) television (set), TV
temer to be afraid, to fear, 17
temporal temporary, 5
temprano early
tener to have, 4
— (+ *number*) años to be (+ *number*) years old
— **casa propia** to own a house, 5
— **cuidado** to be careful, 19
— **derecho a** to have the right to, 4
— **hambre** to be hungry, 4
— **miedo** to be afraid, 19
— **prisa** to be in a hurry, 4
— **que (+ *inf.*)** to have to (do something), 4
— **razón** to be right, 5
— **suerte** to be lucky, 18
tensión familiar (*f.*) family tension
terapia física (*f.*) physical therapy, 17
tercero(a) third, 5
terminar to finish, 9
término (*m.*) term
termómetro (*m.*) thermometer, 19
terremoto (*m.*) earthquake
terrible terrible, 14
testigo (*m., f.*) witness, 12
tete (*m.*) (*Cuba*) pacifier
tía (*f.*) aunt, 10
tiempo (*m.*) time, 6, a while
— **libre** free time, 20
tijeras (*f. pl.*) scissors, 19
tina (*f.*) (*Méx.*) bathtub, 14
tinta (*f.*) ink
tío (*m.*) uncle
tipo (*m.*) type, 9
título (*m.*) title; diploma
toallita (*f.*) washcloth
tobilleras (*f. pl.*) (*Méx.*) socks
tobillo (*m.*) ankle
tocar a la puerta to knock at the door, 12
todavía still, 5; yet, 6
todo all, everything, 6
todo(a) all, 3; everything, 6
todo el día all day long, 13
todos los días every day, 18
tomacorrientes (*m.*) electrical outlet, socket, 19
tomar to take, 5; to drink, 13
— **asiento** to have a seat, P
— **un idioma** to take, to study a language
— **una decisión** to make a decision, 17
tos (*f.*) cough
toser to cough
total (*m.*) total, 16
trabajador(a) (*m., f.*) worker
— **agrícola** farm worker
— **social** social worker, 1
trabajar to work, 2
— **medio día** to work part-time, 8
— **parte del tiempo** to work part-time
— **por cuenta propia** to be self-employed, 8
— **por su cuenta** to be self-employed, 8
— **tiempo completo** to work full-time, 8
trabajo (*m.*) work, job, 3
— **de la casa** housework, 13
traductor(a) (*m., f.*) translator, 5
traer to bring, 5
trámites de divorcio (*m. pl.*) divorce proceedings, 9
transfusión (*f.*) transfusion, 16
tratamiento (*m.*) treatment, 16
tratar (de) to try, 18; to treat, 19
travesura (*f.*) mischief, prank, 13
travieso(a) mischievous, restless, 13
tribunal (*m.*) courthouse, 9
trimestre (*m.*) quarter (three months), 20
trompada (*f.*) punch
tuberculosis (*f.*) tuberculosis
tuerto(a) one-eyed
tumor (*m.*) tumor, 16
turno (*m.*) appointment, 11
tutor(a) (*m., f.*) guardian

U

últimamente lately, 17
último(a) last, 15
un, una a, an, 1
ungüento (*m.*) ointment, 19
único(a) only, 20
unos about, some, 6
urgente urgent, 2
urgentemente urgently, 7
usar to use, 9
ustedes you (*pl.*), P
uso (*m.*) use
útil useful, 19
utilizar to use, 9

V

va a haber there is going to be, 12
vacunar to vaccinate, to immunize, 19
vagina (*f.*) vagina, 18
valer to be worth, 20
valor (*m.*) value, 5
vamos a ver let's see, 6
varicela (*f.*) chicken pox
varios(as) several, 5
vecino(a) (*m., f.*) neighbor, 12
veinte twenty
vencer to expire
venda (*f.*) bandage, 19
vendaje (*m.*) bandage, 19
vender to sell, 20
veneno (*m.*) poison
venéreo(a) venereal, 18
venir (e:ie) to come, 4
ventana (*f.*) window, 14
ver to see, 3
verano (*m.*) summer, 10
¿verdad? right?, 3
verdadero(a) true, real, 3
verde green, 4
verificación (*f.*) verification
verificar to verify, 15
vestido (*m.*) dress
víctima (*f.*) victim
vida (*f.*) life, 15
viejo(a) old, 8
vino (*m.*) wine, 13
violencia doméstica (*f.*) domestic violence
violento(a) violent, 13
virus de inmunodeficiencia humana (VIH) (*m.*) human immunodeficiency virus (HIV)
visa de estudiante (*f.*) student visa, 4
visitador(a) social (*m., f.*) social worker who makes home visits, 14
visitar to visit, 13
vista (*f.*) (court) hearing, 12
viudo(a) (*m., f.*) widower, widow, 1 (*adj.*) widowed
vivienda (*f.*) home, lodging
vivir to live, 2
vocabulario (*m.*) vocabulary
volver (o:ue) to return, 6

Y

y and, P
ya already, 6
— **no** no longer, 5
yerno (*m.*) son-in-law
yo mismo(a) myself, 9

Z

zapato (*m.*) shoe, 14
zona (*f.*) zone
zona postal (*f.*) zip code, postal code, 1

English-Spanish Vocabulary

A

a al (a la); un, una, 1
— **(per) day** al día, 6
— **week** a la semana, 4
— **while later** al rato, 4
able capacitado(a), 5
abortion aborto (*m.*)
about sobre, 3; unos(as), 6; acerca de, 15
above sobre
— **all** sobre todo, 13
absent ausente
abuse maltrato (*m.*), 12; maltratar, 12
accept aceptar, 12
accessory accesorio (*m.*), 17
accident accidente (*m.*), 18
according to de acuerdo con, 6
accusation denuncia (*f.*), 12
accuse denunciar, 12; acusar
ache doler (o:ue), 8
address dirección (*f.*), domicilio (*m.*), P
adhesive tape cinta adhesiva (*f.*), esparadrapo (*m.*), 19
administrator administrador(a) (*m., f.*), 3
adult adulto(a) (*m., f.*), 3
advice consejo (*m.*), 19
advise avisar, hacer saber, 8; aconsejar, 16
affair cosa (*f.*), 13
affect afectar, 20
affirmative afirmativo(a)
after después (de), 8
afterward después (de), 8
again otra vez, 10; de nuevo, 16
age edad (*f.*), 3
agency agencia (*f.*), 15
ago: a month — hace un mes, 14
agree estar de acuerdo, 6
agreement acuerdo (*m.*)
aid ayuda (*f.*), 1
— **to Families with Dependent Children (AFDC)** ayuda a familias con niños (*f.*)
AIDS SIDA (síndrome de inmunodeficiencia adquirida) (*m.*), 18
air conditioning aire acondicionado (*m.*)
alcohol alcohol (*m.*), 19
alcoholic alcohólico(a), 13
Alcoholics Anonymous Alcohólicos Anónimos, 18
alimony pensión alimenticia (*f.*), 2
all todo(a), 3; todo (*m.*), 6
— **day long** todo el día, 13
allow dejar, 14
allowable permitido(a)
almost casi, 18
alone solo(a), 8
already ya, 6
also también, 2
always siempre, 7
ambulance ambulancia (*f.*)
American (North American) americano(a), 1; norteamericano(a), 4
among entre, 15
amount cantidad (*f.*), 20
an un, una, 1
and y, P
angry enojado(a), 13
ankle tobillo (*m.*)
annoyed molesto(a)
annuity anualidad (*f.*), 20
another otro(a), 2
answer contestar, 8; contestación (*f.*), respuesta (*f.*)
antibacterial antibacteriano(a), 19
antibiotic antibiótico (*m.*)
antidepressant antidepresivo (*m.*), 13
antihistamine antihistamínico (*m.*), 19
any algún(una), 2; cualquier(a), 16
anybody, anyone alguien; nadie, 6
anything else? ¿algo más?, P
anyway de todos modos, 5
apartment apartamento (*m.*), 1
appear aparecer, 18
applicant solicitante (*m., f.*)
application solicitud (*f.*), 4
apply (for) solicitar, 3; aplicar (*Coll.*), 19
— **for aid** pedir (e:i) ayuda, 11
appointment cita (*f.*), 10; turno (*m.*), 11
approval aprobación (*f.*)
arm brazo (*m.*), 12
armchair sillón (*m.*)
arrangement arreglo (*m.*), 10
arrest arrestar, detener
arrive llegar, 4
arthritis artritis (*f.*), 14
article artículo (*m.*), 17
as como, 9
— **... as** tan... como, 3
— **of** a partir de, 15
— **soon as** en cuanto, 19; tan pronto como, 4
— **soon as possible** lo más pronto posible, 8; cuanto antes, 9
ask (for) pedir (e:i), 6
— **a favor** pedir (e:i) un favor, 8
— **a question** preguntar, 8
— **to see...** solicite ver..., pida ver..., 9
asleep dormido(a), 19
asset propiedad (*f.*), 20
asthma asma (*f.*) *but* el asma
at en, 1; a, 3
— **home** en casa, 8
— **least** por lo menos, 15
— **midday** a (al) mediodía
— **midnight** a (la) medianoche
— **night** por la noche
— **present** ahora, 2
— **the beginning** a partir de, 15
— **the bottom of the page** al pie de la página, 11
— **the end** al final, 13
— **the moment** en este momento, 8
— **your service** para servirle, P
attend asistir (a), 7
aunt tía (*f.*), 10
authority autoridad (*f.*), 12
authorize autorizar, 15
autumn otoño (*m.*)
available disponible, 6
avenue avenida (*f.*), 1
average promedio (*m.*), 20
avoid evitar, 18

B

baby bebé (*m.*), bebito (*m.*), 13
— **bottle** biberón (*m.*), mamadera (*f.*), mamila (*f.*) (*Méx.*)
— **carriage** cochecito (*m.*)
— **food** comidita de bebé (*f.*)
— **lotion** loción para bebé (*f.*)
back espalda (*f.*), 15 (*of a page*) reverso (*m.*); (*adj.*) atrasado(a)
on the — al dorso
backyard patio (*m.*)
badly mal, 13
bail fianza (*f.*)
balance saldo (*m.*)
ball pelota (*f.*), 14
bandage venda (*f.*), vendaje (*m.*), 19
band-aid curita (*f.*), 19
bank banco (*m.*), 7
bankruptcy bancarrota (*f.*), quiebra (*f.*)
baptism certificate certificado de bautismo (*m.*), fe de bautismo (*f.*), inscripción de bautismo (*f.*), partida de bautismo (*f.*)
basement sótano (*m.*)
basic básico(a), 16
bathroom baño (*m.*), escusado (*m.*), excusado (*m.*) (*Méx.*)
bathtub bañadera (*f.*), bañera (*f.*) (*Puerto Rico*), tina (*f.*) (*Méx.*), 14
be ser, P; estar, 3
— **able** poder (o:ue), 6
— **acquainted with (a person, a place)** conocer, 7
— **admitted** ingresar, 16
— **afraid** temer, 17; tener miedo, 19
— **born** nacer, 15
— **called** llamarse, 12
— **careful** tener cuidado, 19
— **embarrassed** darle vergüenza a uno, 18
— **enough** alcanzar, 6
— **free on bail** estar en libertad bajo fianza
— **free on probation** estar en libertad condicional
— **glad** alegrarse (de)
— **going to (do something)** ir a (+ *inf.*), 5
— **hungry** tener hambre, 4
— **in a hurry** tener prisa, 4
— **in charge (of)** encargarse (de), 15

— **in jail** estar preso(a)
— **located** quedar, 3
— **lucky** tener suerte, 18
— **named** llamarse, 12
— **nobody's business** no importarle a nadie, 18
— **(+ *number*) years old** tener (+ *number*) años
— **pleasing to** gustar, 8
— **raised** criarse, 12
— **right** tener razón, 5
— **true** ser cierto, 5
— **unemployed (out of work)** estar sin trabajo, 7
— **worth** valer, 20
— **wrong** estar equivocado(a), 12
bear sobrellevar
beating paliza (*f.*), 13
because porque, 3
— **of** por culpa de, 18
become hacerse, 17, convertirse (e:ie)
— **paralyzed (crippled)** quedarse paralítico(a), 20
bed cama (*f.*), 16
bedroom cuarto (*m.*), dormitorio (*m.*), habitación (*f.*), recámara (*f.*) (*Méx.*), 13
beer cerveza (*f.*), 13
before (*adv.*) antes, 3; (*prep.*) antes (de), 9
begin comenzar (e:ie), empezar (e:ie), 5
behave comportarse
believe creer, 2
belongings pertenencias (*f. pl.*)
belt cinto (*m.*), cinturón (*m.*), 13
benefit beneficio (*m.*), 15
besides además (de), 11
best mejor
the — part lo mejor, 17
better mejor, 4
between entre, 15
beverage bebida (*f.*), 13
bib babero (*m.*)
big grande, 7
bilingual bilingüe, 10
bill cuenta (*f.*), 2
birth nacimiento (*m.*)
— **certificate** certificado de nacimiento (*m.*), inscripción de nacimiento (*f.*) (*Cuba*), partida de nacimiento (*f.*), 4
bite mordida (*f.*)
bladder stones cálculos en la vejiga (*m. pl.*)
blank space espacio en blanco (*m.*)
bleach lejía (*f.*), 19
bleed sangrar, 19
blind ciego(a), 3
block tapar, 19
blood sangre (*f.*), 16
blouse blusa (*f.*)
blue azul
bond bono (*m.*), 20
bookcase estante (*m.*)
boss jefe (*m., f.*), patrón(ona) (*m., f.*), patrono (*m.*), 15
bothered molesto(a)
box cuadro (*m.*), cuadrado (*m.*)
boyfriend novio (*m.*), 18
break descomponerse, romper, 14
breast seno (*m.*)
breathe respirar
brief breve
bring traer, 5
brochure folleto (*m.*), 11
broken down descompuesto(a), 14
broker's fee honorario de corredor (*m.*)
bronchitis bronquitis (*f.*)
brother hermano (*m.*), 11
brother-in-law cuñado (*m.*)
bruise moretón (*m.*), morado (*m.*), cardenal (*m.*), 12
buddy compañero(a) (*m., f.*)
budget presupuesto (*m.*)
bump (on the head) chichón (*m.*), 12
burden carga (*f.*)
burn (oneself) quemar(se), 14; quemadura (*f.*), 19
busy ocupado(a)
but pero, 3
butter mantequilla (*f.*), 19
buttock nalga (*f.*), 12
buy comprar, 16
by por
— **mail** por correo, 4
— **the hand** de la mano, 12

C

call llamar, 2
calm down calmarse
can poder (o:ue), 6
cancer cáncer (*m.*)
cane bastón (*m.*), 14
car coche (*m.*), carro (*m.*), auto(móvil) (*m.*), máquina (*f.*) (*Cuba*), 5
cardiogram cardiograma (*m.*)
care cuidado (*m.*), 7
carry out realizar
case caso (*m.*), 3
— **history** información sobre el caso (*f.*), 3
cash efectivo (*m.*)
— **a check** cambiar (cobrar) un cheque
in — en efectivo, 8; al contado
cataracts cataratas (*f. pl.*)
Catholic católico(a)
ceiling techo (*m.*)
cent centavo (*m.*), chavo (*m.*) (*Puerto Rico*), 3
certain cierto(a), 12
certificate certificado (*m.*), 4; partida (*f.*)
— **of deposit (CD)** certificado de depósito (*m.*), 20
chair silla (*f.*)
change cambio (*m.*), 6; cambiar, 17
— **into** convertirse (e:ie) en
— **jobs** cambiar de trabajo
chapter capítulo (*m.*), 18
charge cobrar, 9
cheap barato(a)
check examinar, chequear, 12; cheque (*m.*), 15
— **off** marcar
checkbook talonario de cheques (*m.*), chequera (*f.*) (*Cuba y Puerto Rico*)
checking account cuenta corriente (*f.*), 7; cuenta de cheques (*f.*)
chest pecho (*m.*)
— **of drawers** cómoda (*f.*)
chicken pox varicela (*f.*)
child niño(a) (*m., f.*), 2
— **care license** licencia para cuidar niños (*f.*)
— **support** pensión alimenticia (*f.*), 2
children hijos (*m. pl.*), 7; chicos(as) (*m., f. pl.*), 14; niños(as) (*m., f. pl.*)
— **'s Protection Department** Sección Protectora de Niños (*f.*), Departamento de Protección de Niños (*m.*), 12
chiropractor quiropráctico(a) (*m., f.*), 17
Christmas Navidad (*f.*), 20
choose escoger, elegir (e:i)
church iglesia (*f.*)
citizen ciudadano(a) (*m., f.*), 4
citizenship ciudadanía (*f.*), 5
city ciudad (*f.*), 7
— **(housing) project** proyecto de la ciudad (*m.*), 7
class clase (*f.*), 10 curso, 5
clean limpiar, 14
cleaning limpieza (*f.*), 14
clergy (person) pastor(a) (*m., f.*)
clerk empleado(a) (*m., f.*), 4
client cliente(a) (*m., f.*), 18
climb subir, 19
clinic clínica (*f.*)
clothes ropa (*f.*), 6
clothing ropa (*f.*), 6
coat abrigo (*m.*)
cockroach cucaracha (*f.*), 14
cognate cognado (*m.*)
cold catarro (*m.*), resfrío (*m.*)
colic cólico (*m.*)
colitis colitis (*f.*)
come venir, 4; provenir
— **back** regresar, 4
— **from** provenir
— **in** pasar, P
commission comisión (*f.*), 20
commit cometer
common-law marriage concubinato (*m.*)
commute ir y venir
companion compañero(a) (*m., f.*)
compassion compasión (*f.*)
complain quejarse, 13
complaint queja (*f.*)
complete completo(a), 4; completar, 8
completely por completo, 8
complication complicación (*f.*), 16
condom condón (*m.*), preservativo (*m.*), 18
confidential confidencial, 12
consecutive consecutivo(a), 15
consent consentimiento (*m.*)

consist (of) consistir (*en*), 9
consult consultar, 13
contact contacto (*m.*), 18
— **lenses** lentes de contacto (*m. pl.*), 17
contagious contagioso(a)
continue seguir (e:i); continuar, 8
convalescent convaleciente (*m., f.*), 14
convenience conveniencia (*f.*), 17
conversation conversación (*f.*)
convince convencer, 18
cook cocinar, 14; cocinero(a) (*m., f.*)
— **(prepare) dinner** hacer la comida, 14
cooperate cooperar, 18
copy copia (*f.*), 4
correct correcto(a), 3
cosmetics cosméticos (*m. pl.*), 20
cost costar (o:ue), 6; costo (*m.*), 16
cough tos (*f.*); toser
count contar (o:ue), 8
country campo (*m.*), 3; (*nation*) país (*m.*), 3
— **of origin** país de origen (*m.*)
county condado (*m.*), 5
couple pareja (*f.*), 20
course curso (*m.*), 5
court hearing vista (*f.*), 12; audiencia
courthouse juzgado (*m.*), tribunal (*m.*), 9
cousin primo(a) (*m., f.*)
cover cubrir, 11; tapar, 19
covered cubierto(a), 16
crawl gatear, 19
cream crema (*f.*), 19
credit card tarjeta de crédito (*f.*)
crib cuna (*f.*), 19
crime crimen (*m.*), delito (*m.*)
crippled inválido(a)
crisis crisis (*f.*)
cross cruz (*f.*)
croup crup (*m.*), garrotillo (*m.*)
cry llorar, 12
cultural cultural
custody custodia (*f.*)
cut cortadura (*f.*), cortada (*f.*) (*Méx., Cuba*), 19

D

dad padre (*m.*), papá (*m.*), 3
daily (*adv.*) al día, por día; (*adj.*) diario(a)
danger peligro (*m.*), 19
dangerous peligroso(a), 14
data datos (*m. pl.*), 9
date fecha (*f.*), 3
daughter hija (*f.*), 3
daughter-in-law nuera (*f.*)
day día (*m.*)
— **after tomorrow** pasado mañana
deaf sordo(a), 3
death muerte (*f.*)
— **certificate** certificado de defunción (*m.*), inscripción de defunción (*f.*), partida de defunción (*f.*)
debt deuda (*f.*), 20
deceased fallecido(a)
decide decidir, 12
decision decisión (*f.*)
deduct descontar (o:ue), 20
deductible deducible, 17
deduction deducción (*f.*)
deform deformar, 19
deliver entregar, 17
den sala de estar (*f.*)
denied denegado(a)
dental dental, 17
denture dentadura postiza (*f.*), 17
depend depender, 6
dependent dependiente (*m., f.*)
desk escritorio (*m.*)
detergent detergente (*m.*), 19
diabetes diabetes (*f.*)
diagnosis diagnóstico (*m.*), 16
diarrhea diarrea (*f.*)
diaper pañal (*m.*)
die morir (o:ue), 13
different diferente, 18
difficult difícil, 5
difficulty dificultad (*f.*), 14
dining room comedor (*m.*)
diploma diploma (*m.*), título (*m.*)
directly directamente, 10
disability incapacidad (*f.*), 16; defecto físico (*m.*)
disabled inválido(a)
discharge (from the hospital) dar de alta
discipline disciplinar, 12; disciplina (*f.*), 13
discrimination discriminación (*f.*)
discuss discutir
disposable desechable
dividend dividendo (*m.*), 20
divorce divorciarse, 9
— **proceedings** trámites de divorcio (*m. pl.*), 9
divorced divorciado(a), P
do hacer, 5; realizar
doctor médico(a) (*m., f.*), 7
document documento (*m.*), 5
dollar dólar (*m.*), 2
domestic violence violencia doméstica (*f.*)
door puerta (*f.*)
doubt dudar, 18
down payment enganche (*m.*) (*Méx.*), entrada (*f.*), cuota inicial
downtown area centro (*m.*), 11
dress vestido (*m.*)
drink bebida (*f.*), 13; tomar, 13; beber, 18
drive manejar, conducir, 14
drug droga (*f.*), 18
— **addict** drogadicto(a) (*m., f.*), 18
drunk driving manejar estando borracho(a), 18
dry seco(a)
due to por
— **illness** por enfermedad
during durante, 15

E

ear oreja (*f.*); (*inner*) oído (*m.*)
early temprano
earn ganar, 7
earning ganancia (*f.*)
earnings ingreso (*m.*), 20
earthquake terremoto (*m.*)
eat comer, 8
either tampoco
elderly man (woman) anciano(a) (*m., f.*), 14
electric(al) eléctrico(a)
— **appliance** aparato eléctrico (*m.*), (equipo) electrodoméstico (*m.*), 19
— **outlet** tomacorrientes (*m.*), enchufe (*m.*), 19
electricity electricidad (*f.*), 2
eligibility elegibilidad (*f.*), 20
eligible elegible, 3
emergency emergencia (*f.*), 20
— **room** sala de emergencia (*f.*)
employee empleado(a) (*m., f.*), 4
English (language) inglés (*m.*), 1
enough lo suficiente, 19
enter entrar (en)
entrance entrada (*f.*)
epidemic epidemia (*f.*)
especially sobre todo, 13
estimate estimado (*m.*), 5
ever alguna vez, 11
every day todos los días, 18
everything todo (*m.*), 6
eviction desalojo (*m.*)
ex ex, 2
examination examen (*m.*), 17
examine examinar, chequear, 12
example ejemplo (*m.*)
excuse me perdón, 16
exempt exento(a)
expense gasto (*m.*), 3
expensive caro(a)
expire vencer
explain explicar, 9
expression expresión (*f.*)
extend credit conceder un crédito
extra extra, 7
eye ojo (*m.*)
— **examination** examen de la vista (*m.*), 17
eyeglasses anteojos (*m. pl.*), gafas (*f. pl.*), lentes (*m. pl.*), espejuelos (*m. pl.*) (*Cuba*), 17

F

face cara (*f.*), 13
— **down** boca abajo, 19
— **up** boca arriba, 19
factory fábrica (*f.*), factoría (*f.*)
fair justo(a), 6
fall otoño (*m.*)
— **down** caerse, 12
— **ill** enfermarse, 17

family familia (*f.*), 5
  — counselor consejero(a) familiar (*m., f.*), 9
  — room sala de estar (*f.*)
  — tension tensión familiar (*f.*)
farewell despedida (*f.*)
farm worker trabajador(a) agrícola (*m., f.*)
father padre (*m.*), papá (*m.*), 3
father-in-law suegro (*m.*)
fear temer, 17
federal federal, 9
feed alimentar, dar de comer, 4
feel sentirse (e:ie), 14
  — sorry arrepentirse (e:ie), 18
felony delito (*m.*) mayor (grave)
fever fiebre (*f.*), calentura (*f.*)
few pocos(as), 16
field campo (*m.*), 3
file a lawsuit presentar una demanda
fill out llenar, 1
finances finanzas (*f. pl.*)
financial económico(a), 2
  — assistance ayuda en dinero (*f.*), 1
find encontrar (o:ue), 19
  — out averiguar, 13; enterarse
fine bueno, 1; bien
  —, thank you. And you? Bien, gracias. ¿Y Ud.?, P
finger dedo (*m.*)
finish terminar, 9
fire (from a job) despedir (e:i), cesantear, 18
first (*adv.*) primero, 1
  the — thing lo primero, 18
first (*adj.*) primero(a), 8
  — aid primeros auxilios (*m. pl.*)
  — aid kit estuche de primeros auxilios (*m.*), botiquín de primeros auxilios (*m.*), 19
  — name nombre de pila (*m.*)
fist puño (*m.*), 13
fix arreglar, 14
fixed fijo(a)
floor piso (*m.*)
flu influenza (*f.*), gripe (*f.*)
follow seguir (e:i), 8
following siguiente, 6
  the — lo siguiente
  the — day al día siguiente, 11
food alimento (*m.*), comida (*f.*), 1
  — stamp estampilla para alimentos (*f.*), cupón para comida (*m.*), 1
foot pie (*m.*)
for para, 1; por
  — a while por un tiempo, 8
  — example por ejemplo, 20
  — me por mí, 6
  — that reason por eso, 3
  — today para hoy mismo, 11
  — what reason? ¿para qué?, 1
forbid prohibir, 18
force forzar (o:ue), 19
foreign extranjero(a), 1
foreigner extranjero(a) (*m., f.*), 1
forget olvidarse (de), 20
forgive perdonar, 18
form planilla (*f.*), forma (*f.*), 1
former ex, 2
formula fórmula (*f.*)
foster: — child hijo(a) de crianza (*m., f.*)
  — home hogar de crianza (*m.*), hogar sustituto (*m.*)
  — parents padres de crianza (*m. pl.*)
fracture fractura (*f.*)
free (of charge) (*adv.*) gratis; (*adj.*) gratuito(a)
  — service servicio gratuito (*m.*)
  — time rato libre (*m.*), tiempo libre (*m.*), 20
friend amigo(a) (*m., f.*)
from de, 3
frustrated frustrado(a)
fuel combustible (*m.*)
full time tiempo completo
funeral expenses gastos funerarios (*m. pl.*)
furniture muebles (*m. pl.*), 19
further más

G

gain ganancia (*f.*); ganar, 13
gallstones cálculos en la vesícula (*m. pl.*)
garage garaje (*m.*)
garden jardín (*m.*)
gardener jardinero(a) (*m., f.*), 8
gas gas (*m.*), 2
gasoline gasolina (*f.*), 6
gauze gasa (*f.*), 19
generally generalmente, 6
get conseguir (e:i), obtener, 7
  — along well llevarse bien, 13
  — better mejorarse, 17
  — drunk emborracharse, 18
  — even with desquitar(se)
  — hurt lastimarse, 15
  — in touch ponerse en contacto, 18
  — married casarse (con), 9
  — paid cobrar, 13
  — sick enfermarse, 17
  — well soon! ¡que se mejore!, P
gift regalo (*m.*), 20
girlfriend novia (*f.*), 18
give dar, 3
  — a fine (ticket) imponer una multa
  — birth dar a luz, parir, 3
gloves guantes (*m. pl.*)
go ir, 3
  — around andar, 13
  — away irse, 12
  — in entrar (en)
  — out salir, 7
  — through atravesar (e:ie), 5
  — up subir, 19
God grant ojalá, Dios quiera, 17
gonorrhea gonorrea (*f.*), 18
good bueno(a), 1
  — afternoon buenas tardes, P
  — evening buenas noches, P
  — morning (day) buenos días, P
  — night buenas noches, P
  it's a — thing! ¡qué suerte!, 18
good-bye adiós, P
grade grado (*m.*), 10
granddaughter nieta (*f.*)
grandfather abuelo (*m.*)
grandmother abuela (*f.*)
grandson nieto (*m.*)
green verde, 4
greeting saludo (*m.*)
gross earnings entrada bruta (*f.*)
guardian tutor(a) (*m., f.*)

H

hair pelo (*m.*), cabello (*m.*)
half mitad (*f.*); (*adj.*) medio(a)
  — brother (sister) medio(a) hermano(a) (*m., f.*)
  — an hour media hora (*f.*)
hallway pasillo (*m.*), 3
handicapped incapacitado(a), 3
happen pasar, suceder, 12
hard duro(a), 7
hat gorro (*m.*), 19
have tener, 4
  — a seat tomar asiento, P
  — just (done something) acabar de (+ *inf.*), 13
  — surgery operarse, 16
  — the right to tener derecho a, 4
  — to (do something) tener que (+ *inf.*), 4
  — worked haber trabajado, 15
head cabeza (*f.*), 12
  — of household jefe(a) de familia (*m., f.*), cabeza de la familia (*m., f.*)
health salud (*f.*), 8
  — Department Departamento de Sanidad (*m.*), 18
  — insurance seguro de salud (*m.*), aseguranza de salud (*f.*) (*Méx.*), 8
hear oír, 12
hearing (court) audiencia (*f.*), vista (*f.*), 12
  — aid audífono (*m.*), 17
  — test examen del oído (*m.*), 17
heart corazón (*m.*)
  — attack ataque al corazón (*m.*)
heat calefacción (*f.*)
heater calentador (*m.*), calentón (*m.*) (*Méx.*), 14; estufa (*f.*), 19
hello hola
help ayuda (*f.*), 1; ayudar, 2
hepatitis hepatitis (*f.*)
her su(s), 2
here aquí, 2
  — is aquí tiene, 4
  — it is aquí está, 4
herpes herpe(s) (*m.*), 18
high blood pressure hipertensión (*f.*), presión alta (*f.*)
hip cadera (*f.*)
his su(s), 2

hit pegar, 13; golpear, dar golpes
holiday día feriado (*m.*), día de fiesta (*m.*), 5
home vivienda (*f.*)
home(ward) a casa, 19
home for the elderly asilo de ancianos (*m.*), casa para ancianos (*f.*), 14
homeless desalojado(a), sin hogar
hope esperar, 17
  I — ojalá, Dios quiera, 17
hospital hospital (*m.*), 9; clínica (*f.*); policlínica (*f.*)
  — insurance seguro de hospitalización (*m.*), 16
hospitalization hospitalización (*f.*), 16
hospitalized hospitalizado(a), 16
hot caliente, 19
hour hora (*f.*), 4
house casa (*f.*), 2
household: — expenses gastos de la casa (*m. pl.*), 3
  — appliance aparato eléctrico (*m.*), (equipo) electrodoméstico (*m.*), 19
housekeeping quehaceres del hogar (de la casa) (*m. pl.*), 13
housewife ama de casa (*f. but* el ama)
housework trabajo de la casa (*m.*), tareas de la casa (*f. pl.*), 13; quehaceres del hogar (de la casa) (*m. pl.*), 17
how? ¿cómo?, 12
  — are you? ¿cómo está usted?, P
  — do you spell...? ¿cómo se escribe...?
  — fortunate! ¡qué suerte!, 18
  — frequently? how often? ¿con qué frecuencia?
  — is it going? ¿qué tal?, P
  — long? ¿cuánto tiempo?, 6
  — long have...? ¿cuánto tiempo hace que...?, 11
  — long had...? ¿cuánto tiempo hacía que...?, 15
  — many? ¿cuántos(as)?, 2
  — may I help you? ¿en qué puedo servirle?, 5
  — much? ¿cuánto(a)?, 2
  — much do you pay in rent? ¿cuánto paga de alquiler?, 2
  — old are you? ¿cuántos años tiene Ud.?, 16; ¿qué edad tiene?
however sin embargo
human inmunodeficiency virus (HIV) virus de immunodeficiencia humana (VIH) (*m.*)
hurt doler (o:ue), 18
  — oneself lastimarse, 15
husband esposo (*m.*), marido (*m.*), 2
hydrogen peroxide agua oxigenada (*f.*), 19
hypertension hipertensión (*f.*), presión alta (*f.*)

I

ice hielo (*m.*), 19
idea idea (*f.*), 14
identification identificación (*f.*), 5
if si, 2
  — possible si es posible, 11
ill enfermo(a), 3
illegal immigrant inmigrante ilegal, indocumentado (*m., f.*)
immediately inmediatamente
immigrant inmigrante (*m., f.*), 16
immigration inmigración (*f.*), 4
  — card tarjeta de inmigración (*f.*), 4
immunize vacunar, 19
impossible imposible, 17
improve mejorar, 10
in en, 1; dentro de, 4
  — addition to además de, 11
  — case of en caso de, 19
  — installments a plazos
  — order to para, 1
  — that case en ese caso, 4
  — the morning (afternoon, night) por la mañana (tarde), 10; de la mañana (tarde, noche)
  — these situations en estas situaciones
  — use en uso, 19
incapacitated incapacitado(a), 3
incest incesto (*m.*)
include incluir, 16
including incluido(a), 11
income entrada (*f.*), 7; ingreso (*m.*), 20
  — tax impuesto sobre la renta (*m.*)
increments of... dollars partidas de... dólares (*f. pl.*), 20
independent independiente, 17
inexpensive barato(a)
infect infectar, 18
inform informar, 16
information información (*f.*), 3; datos (*m. pl.*), 9
inheritance herencia (*f.*), 20
initial inicial (*f.*)
initiate iniciar, 9
injury lesión (*f.*), 16
ink tinta (*f.*)
inpatient paciente interno(a) (*m., f.*)
insecticide insecticida (*m.*), 19
insurance seguro (*m.*), aseguranza (*f.*) (*Méx.*), 5
intensive intensivo(a), 16
interest interés (*m.*), 20
interview entrevista (*f.*), 5; entrevistar, 6
investigate investigar, 12
investment inversión (*f.*), 20
ipecac ipecacuana (*f.*), 19
iron plancha (*f.*), 19
irritation irritación (*f.*), 18
it doesn't matter no importa, 5
it is not that way no es así
it's (+ *time*) son las (+ *time*), 1
it's nobody's business a nadie le importa, 18

J

jacket chaqueta (*f.*), chamarra (*f.*) (*Méx.*)
jail cárcel (*f.*), 18
Jewish judío(a), hebreo(a)
job trabajo (*m.*), 3; empleo (*m.*), 7
jobless desocupado(a), 4
judge juez(a) (*m., f.*), 12
just nada más que, no más que, 8
juvenile juvenil
  — delinquent delincuente juvenil (*m., f.*)
  — hall reclusorio para menores (*m.*)

K

keep quedarse con, 17; guardar, 20
kick patada (*f.*)
kidney riñón (*m.*)
kill matar, 18
kitchen cocina (*f.*), 12
knee rodilla (*f.*)
knock at the door tocar a la puerta, 12
know conocer, 7; (*something*) saber, 7
  I — lo sé, 14

L

laboratory laboratorio (*m.*), 17
laborer obrero(a) (*m., f.*)
lame cojo(a)
lamp lámpara (*f.*)
landlord (lady) dueño(a) de la casa (*m., f.*), 14
language idioma (*m.*)
large grande, 7
last durar, 8; (*adj.*) pasado(a), 3; último(a), 15
  — name apellido (*m.*), P
  — night anoche, 10
late tarde, 7
lately últimamente, 17
later más tarde, P; luego
law ley (*f.*)
lawsuit demanda (*f.*)
lawyer abogado(a) (*m., f.*), 9
learn aprender, 9
leave salir, 7; dejar, 8
  — behind dejar, 8
left izquierda (*f.*)
  to the — a la izquierda
leg pierna (*f.*), 12
legal legal, 1
less menos, 6
  — ... than menos... que, 3
  — than (+ *number*) menos de (+ *number*)
let dejar, 14
  — (someone) know avisar, hacer saber, 8
  —'s see a ver, 2; vamos a ver, 6
letter carta (*f.*), 6
license licencia (*f.*)
lie mentira (*f.*), 12; mentir (e:ie), 13
life vida (*f.*), 15
  — insurance seguro de vida (*m.*), 20

like como, 9; gustar, 8
— **that** así, 20
limited limitado(a), 17
line (on a paper or form) línea (*f.*), renglón (*m.*)
liquid líquido (*m.*), 19
list lista (*f.*), 17
little (*adv.*) poco, 7; (*adj.*) poco(a), 10
live vivir, 2
liver hígado (*m.*)
loan préstamo (*m.*)
local local, 18
lodging vivienda (*f.*)
long-term a largo plazo, 5
look (at) mirar, 9
— **for** buscar, 18
lose perder (e:ie)
loss pérdida (*f.*)
low-income (de) bajos ingresos
luck suerte (*f.*)
what —! ¡qué suerte!, 18
luckily por suerte, 14
luego later
lunch almuerzo (*m.*), 7
lung pulmón (*m.*)

M

magazine revista (*f.*), 20
maiden name apellido de soltera (*m.*), 1
main principal, 8
majority mayoría (*f.*), 20
make hacer, 13
— **a decision** tomar una decisión, 17
— **a false statement** hacer una declaración falsa
male chauvinism machismo (*m.*)
man hombre (*m.*), 3
many thanks muchas gracias, P
many times muchas veces, 7
marital status estado civil (*m.*), 1
mark marca (*f.*), 13; marcar
market mercado (*m.*), 14
marriage matrimonio (*m.*), 9
— **certificate** certificado de matrimonio (*m.*), inscripción de matrimonio (*f.*), partida de matrimonio (*f.*)
married casado(a), P
marry casarse (con), 9
match fósforo (*m.*), 19
matter importar, 5
it doesn't — no importa, 5
what's the — with you? ¿qué te pasa?, 18
mature madurar, 19
may: it may be... puede ser..., 17
maybe a lo mejor, quizá(s), 14
meal comida (*f.*), 17
mean querer (e:ie) decir, significar, 17
meantime: in the — mientras tanto, 15
measles sarampión (*m.*)
medical médico(a), 11
— **history** historia clínica (*f.*), 15
— **insurance** seguro médico (*m.*), 7
medicine medicina (*f.*), 7

member miembro (*m.*), 17
middle name segundo nombre (*m.*)
milk leche (*f.*)
minor menor de edad
minute minuto (*m.*), 1
misbehave portarse mal, 13
mischief travesura (*f.*), 13
mischievous travieso(a), majadero(a), juguetón(ona), 13
misdemeanor delito (*m.*)
Miss señorita (Srta.) (*f.*), P
miss class faltar a clase, 10
mistreat maltratar, 12
mobile home casa rodante (*f.*), 20
model modelo (*m.*)
molar muela (*f.*)
mom madre (*f.*), mamá (*f.*)
moment momento (*m.*)
money dinero (*m.*), 1
month mes (*m.*), 2
monthly mensual, 2; al mes, 7
more más, 4
— **or less** más o menos, 4
— **than ever** más que nunca, 18
— **... than** más... que
morning mañana (*f.*), 5
mortgage hipoteca (*f.*), 5
mother madre (*f.*), mamá (*f.*), 2
mother-in-law suegra (*f.*), 13
mouse ratón (*m.*), 14
mouth boca (*f.*)
move (to another lodging) mudarse, 14
moving (to another lodging) mudanza (*f.*)
Mr. señor (Sr.) (*m.*), P
Mrs. señora (Sra.) (*f.*), P
mumps paperas (*f. pl.*)
must (do something) deber (+ *inf.*), 2
mute mudo(a)
mutual fund fondo mutuo (*m.*), 20
my mi(s), 2
myself yo mismo(a), 9

N

name nombre (*m.*), P
nanny niñera (*f.*)
nationality nacionalidad (*f.*)
natural healer curandero(a) (*m., f.*)
near cerca (de), 19
necessary necesario(a), 16
neck cuello (*m.*)
need necesitar, 1; hacer falta, 8; necesidad (*f.*), 9
negative negativo(a)
neglect descuidar
neighbor vecino(a) (*m., f.*), 12
neighborhood barrio (*m.*), 7
neither... nor ni... ni
nephew sobrino (*m.*)
nervous depression depresión nerviosa (*f.*), 13
net neto(a), 20
— **income** entrada neta (*f.*)
never nunca, 14
nevertheless sin embargo

new nuevo(a), 6
newborn baby recién nacido(a) (*m., f.*), 19
newspaper periódico (*m.*), 20
next próximo(a), 5
— **door** de al lado, 14
— **week** la semana próxima, la semana entrante, la semana que viene, 5
the — day al día siguiente, 11
niece sobrina (*f.*)
night noche (*f.*), 12
— **school** escuela nocturna (*f.*), 10
— **table** mesita de noche (*f.*)
no no, P; ningún(una), 6
— **longer** ya no, 5
nobody nadie, 7
nose nariz (*f.*)
not no
— **a cent** ni un centavo, 3
— **any** ningún (ninguno, -a), 6
— **at the present time** ahora no, 2
— **go well** no andar bien
— **now** ahora no, 2
note nota (*f.*)
nothing nada, 5
notice notar, 13
notify notificar, 6
noun nombre (*m.*)
now ahora, ahorita (*Méx.*), 2
number número (*m.*), P
numbered numerado(a)
nurse (a baby) dar el pecho, 19; amamantar, 4
— **'s aide** auxiliar de enfermera (*m., f.*), 9
nursery school guardería (*f.*), centro de cuidado de niños (*m.*) (*Puerto Rico*), 10

O

object objeto (*m.*), 19
obtain obtener, 7
of de, 3
— **age** mayor de edad
— **course** cómo no, 6
office oficina (*f.*), 2
often a menudo
oh, my goodness (God)! ¡ay, Dios mío!, 18
ointment ungüento (*m.*), 19
okay bueno, 1
old viejo(a), 8
older mayor, 6
oldest el (la) mayor, 6
on sobre, 19
— **becoming (turning)... years old** al cumplir... años, 15
— **(one's) side** de lado, 19
— **the back (reverse side)** al dorso
one uno(a)
— **hundred percent** cien(to) por ciento, 15
the — who el (la) que, 13
one-eyed tuerto(a)
one-handed manco(a)

one-legged cojo(a)
only (*adv.*) solamente, sólo, 6; (*adj.*) único(a), 20
open abrir, 12; abierto(a), 13
opposite opuesto(a)
option opción (*f.*), 17
or o, P
order: arrest — orden de detención (*f.*), permiso de detención (*m.*)
organization organización (*f.*), 18
original original (*m.*), 4
originate provenir (e:ie)
orthopedic ortopédico(a), 17
other otro(a), 2
the others los (las) demás (*m., f.*), 8; los otros (as) (*m., f.*), 8
our nuestro(a)
out of order descompuesto(a), 14
outpatient paciente externo(a) (*m., f.*)
oven horno (*m.*), 19
owe deber, 2
own propio(a), 5; poseer, 20
— a house tener casa propia, 5

P

pacifier bobo (*m.*) (*Puerto Rico*) chupete (*m.*), chupón (*m.*) (*Méx.*), tete (*m.*) (*Cuba*)
page página (*f.*), 8
pain dolor (*m.*), 8
— killer calmante (*m.*), 13
paint pintura (*f.*), 19
pal compañero(a) (*m., f.*)
pale pálido(a), 12
pants pantalones (*m. pl.*)
paper papel (*m.*), 5
paralyzed paralítico(a)
paramedic paramédico(a) (*m., f.*)
pardon perdonar, 18
— me perdón, 16
parent helpline línea de ayuda a los padres (*f.*)
parents padres (*m., pl.*), 18
parochial parroquial, 10
part parte (*f.*)
participate participar, 9
passbook libreta de ahorros (*f.*)
passport pasaporte (*m.*)
pastor pastor(a) (*m., f.*)
patience paciencia (*f.*)
pay pagar, 1
— in installments pagar a plazos
payment pago (*m.*), 6
pediatrician pediatra (*m., f.*)
penalty pena (*f.*), penalidad (*f.*)
pencil lápiz (*m.*)
pension pensión (*f.*), 20
people gente (*f.*), 12
per day (week) por día (semana)
percent por ciento (*m.*), 15
perfect perfecto(a), 11
perhaps a lo mejor, quizá(s), 14
permanent permanente, 5
permission permiso (*m.*), 15
perpetrate cometer
person persona (*f.*), 2
personal personal, 17
personnel personal (*m.*)
pharmacy farmacia (*f.*), botica (*f.*)
phone llamar por teléfono, 10
photocopy copia fotostática (*f.*), fotocopia (*f.*), 4
photograph fotografía (*f.*), 5
physical físico(a)
— therapy terapia física (*f.*), 17
pill píldora (*f.*), pastilla (*f.*), 18
pillow almohada (*f.*), 19
pint pinta (*f.*), 16
place lugar (*m.*)
— of birth lugar de nacimiento (*m.*)
plan (to do something) pensar (e:ie) (+ *inf.*), 5
play jugar (u:ue)
— with fire jugar con fuego, 18
please por favor, P
pneumonia pulmonía (*f.*), pneumonía (*f.*)
poison (*oneself*) envenenar(se), 19; veneno (*m.*)
police (*force*) policía (*f.*), 12; (*officer*) policía (*m., f.*), 18; agente de policía (*m., f.*)
policy póliza (*f.*), 5
poor pobre, 3
porch portal (*m.*)
position posición (*f.*), 19; cargo (*m.*)
possibility posibilidad (*f.*), 5
possible posible, 4
possibly posiblemente, 14
post office oficina de correos (*f.*)
— box apartado postal (*m.*)
postal postal, 1
postal code zona postal (*f.*), código postal (*m.*) (*Méx.*), 1
practice practicar
prank travesura (*f.*), 13
prefer preferir (e:ie), 5
pregnancy embarazo (*m.*), 18
pregnant embarazada, 3
premium prima (*f.*), 16
prescribe recetar, 13
prescribed recetado(a), 17
prepare preparar, 1
prescription receta (*f.*)
present (*adj.*) actual, 6; presentar, 15; (*time*) presente (*m.*); (*gift*) regalo (*m.*), 20
pressure presión (*f.*), 19
prevent prevenir, (e:ie), 18
previous anterior, 9
priest (Catholic) padre (*m.*), cura (*m.*), sacerdote (*m.*), 18
principal (of a school) director(a) (de la escuela) (*m., f.*)
printing letra de molde (*f.*)
prisoner preso(a) (*m., f.*)
private privado(a), 20
probable probable, 17
probation libertad condicional (*f.*)
problem problema (*m.*), 8
profession profesión (*f.*), 9
profit ganancia (*f.*)
program programa (*m.*), 7
prohibit prohibir, 18
proof prueba (*f.*), 5
property propiedad (*f.*), 11
— tax impuesto sobre la propiedad (*m.*)
Protestant protestante
provide proporcionar
provisional provisional, 11
psychologist psicólogo(a) (*m., f.*)
public público(a), 20
notary — notario(a) público(a) (*m., f.*)
punch trompada (*f.*), puñetazo (*m.*)
punish castigar, 13
pus pus (*m.*), 18
put poner
— in one's mouth meterse en la boca, 19
— on ponerse, 14
— to bed acostar (o:ue), 19

Q

qualify calificar, 6
quantity cantidad (*f.*)
quarter (*three months*) trimestre (*m.*), 20; cuarto (*m.*)
— of an hour cuarto de hora (*m.*)
question pregunta (*f.*), 8
questionnaire cuestionario (*m.*)

R

rabbi rabí (*m.*), rabino (*m.*)
race raza (*f.*)
railroad insurance seguro ferroviario (*m.*), 16
raincoat impermeable (*m.*), capa de agua (*f.*)
raising (*upbringing*) crianza (*f.*)
read leer, 2
real verdadero(a), 3
— estate bienes raíces (*m. pl.*), bienes inmuebles (*m., pl.*)
really? ¿de veras?, 19
receipt recibo (*m.*), comprobante (*m.*)
receive recibir, 2
receptionist recepcionista (*m., f.*), 1
recertification recertificación (*f.*)
recipient beneficiado(a) (*m., f.*)
reconciliation reconciliación (*f.*), 5
red rojo(a)
— Cross Cruz Roja (*f.*)
reevaluate reevaluar, 6
reformatory reformatorio (*m.*)
refrigerator refrigerador (*m.*), 6
refund reembolso (*m.*)
refuse negarse (e:ie), rehusar
register matricularse, 10
registration registro (*m.*), registración (*f.*) (*Méx.*), 5; matrícula (*f.*)
regret arrepentirse (e:ie), 18
— that... sentir (e:ie) que...

related relacionado(a), 17
relationship (in a family) parentesco (*m.*)
relative pariente (*m., f.*), 14
relax calmarse
remember recordar (o:ue), 14
rent alquiler (*m.*), renta (*f.*), 1
repair reparación (*f.*)
report notificar, 6; (*a crime*) denunciar, 12; (*of a crime*) denuncia (*f.*), 12
request pedir (e:i), 6
required requerido(a), 16
residence residencia (*f.*), 5
resident residente (*m., f.*), 4
resign renunciar
responsible responsable
rest resto (*m.*), 15; descansar
restless travieso(a), majadero(a), juguetón(ona), 13
retire jubilarse, retirarse, 15
retired jubilado(a), pensionado(a), retirado(a)
retirement jubilación (*f.*), retiro (*m.*), 15
return regresar, 4; volver (o:ue), 6
revenue ingreso (*m.*), 20
reverse reverso (*m.*)
review revisión (*f.*), 6
rheumatism reumatismo (*m.*)
right (*law*) derecho (*m.*), 4; (*direction*) derecha (*f.*)
  —? ¿verdad?, 3
  — away en seguida; ahorita (*Méx.*), 4
  — now ahora mismo, 5
  that's — es cierto, 5
  to the — a la derecha, 2
room cuarto (*m.*), 13
  — and board el alojamiento y las comidas (*m.*)
routinely de rutina, 17
rug alfombra (*f.*)
rule reglamento (*m.*), 6
rump nalga (*f.*), 12
run correr, 13

S

safe seguro(a), 19
safety cap (cover) tapa de seguridad (*f.*), 19
salary sueldo (*m.*), salario (*m.*), 7
same mismo(a), 4
  the — as before el (la) mismo(a) de antes (*m., f.*), 6
save guardar, 20
savings account cuenta de ahorros (*f.*), 7
say decir (e:i), 7
scar cicatriz (*f.*), 12
scarf bufanda (*f.*)
schedule horario (*m.*), 10
scholarship beca (*f.*), 10
school escuela (*f.*), 5
scissors tijeras (*f. pl.*), 19
scratch rasguño (*m.*), 19
second segundo(a), 2
secondary school (junior and high school) escuela secundaria (*f.*), 9
section sección (*f.*), 11
security deposit depósito de seguridad (*m.*)
sedative calmante (*m.*), sedante (*m.*), 13
see ver, 3
  — you tomorrow hasta mañana, P
self-employed: to be — trabajar por su cuenta, por cuenta propia, 8
sell vender, 20
semester semestre (*m.*), 10
semiprivate semiprivado(a), 16
send mandar, enviar, 3
separated separado(a), 3
separation separación (*f.*)
serious grave, 18
servant sirviente (*m., f.*)
service servicio (*m.*), 8
  — station estación de servicio (*f.*), gasolinera (*f.*)
several varios(as), 5
sex sexo (*m.*)
sexual sexual
  — abuse abuso sexual (*m.*)
  — relations relaciones sexuales (*f. pl.*), 18
shaded sombreado(a)
share (of stock) acción (*f.*), 20
shirt camisa (*f.*)
shoe zapato (*m.*), 14
short (*in duration*) breve
should (do something) deber (+ *inf.*), 2
shoulder hombro (*m.*), 8
sick enfermo(a), 3
sickness enfermedad (*f.*), 10
sign firmar, 2
signature firma (*f.*)
simply simplemente, 17
since desde, 3
single soltero(a), P
sister hermana (*f.*), 3
sister-in-law cuñada (*f.*)
sit sentarse (e:ie)
  — (stay) still quedarse quieto(a), 13
  — down siéntese, 12
situation situación (*f.*), 5
sixth sexto(a), 15
skirt falda (*f.*)
slap bofetada (*f.*), galleta (*f.*) (*Cuba y Puerto Rico*)
sleep dormir (o:ue), 19
slip resbalar, 14
slowly despacio, 1
small pequeño(a), 7
  — truck camioncito (*m.*), 11
so así que, 8; así, 20
  — long tanto tiempo, 15
  — many tantos(as), 14
  — that de modo que, 11
soap jabón (*m.*), 19
social social, 1
  — security seguro social (*m.*), 1
  — security card tarjeta de seguro social (*f.*), 4
  — services asistencia social (*f.*), 7
  — Welfare Department Departamento de Bienestar Social (*m.*), 1
  — worker trabajador(a) social (*m., f.*), 1
  — worker who makes home visits visitador(a) social (*m., f.*), 14
socket tomacorrientes (*m.*), enchufe (*m.*), 19
socks calcetines (*m. pl.*), medias de hombre (*f. pl.*), tobilleras (*f. pl.*) (*Méx.*)
sofa sofá (*m.*)
solve resolver (o:ue), 18
some algún(una), 2; unos(as), 6
somebody alguien, 7
someone else otra persona (*f.*), 6
sometimes a veces, 13
son hijo (*m.*), 2
son-in-law yerno (*m.*)
sonogram sonograma (*m.*)
soon pronto, 14
sorry: I'm — lo siento, P
source of income fuente de ingresos (*f.*)
Spanish (language) español (*m.*), 5
spanking paliza (*f.*), 13; nalgada (*f.*)
speak hablar, 1
specialist especialista (*m., f.*)
specify especificar
speech impediment dificultad del habla (*f.*)
spend (*money*) gastar, 6; (*time*) pasar, 18
spring primavera (*f.*)
staff personal (*m.*)
stairs escalera (*f.*), 12
stand up pararse, 19
start iniciar, 9
starting with a partir de, 15
state estado (*m.*), 3; (*adj.*) estatal, 15
stay quedarse, 10
step paso (*m.*)
stepbrother hermanastro (*m.*)
stepfather padrastro (*m.*)
stepmother madrastra (*f.*)
stepsister hermanastra (*f.*)
still todavía, 5
stock acción (*f.*), 20
stockings medias (*f. pl.*)
stomach estómago (*m.*)
stop detener, 18
  — (doing something) dejar de (+ *inf.*), 11
storage almacenaje (*m.*)
stove fogón (*m.*), cocina (*f.*), 19
strange (unknown) extraño(a), 12
stranger persona extraña (*f.*), 13
street calle (*f.*), P
strike pegar, 13; golpear; dar golpes
stroke derrame cerebral (*m.*), embolia (*f.*)
student visa visa de estudiante (*f.*), 4
study estudiar, 13
  — a language tomar un idioma
subscription suscripción (*f.*), 20
subsidy subsidio (*m.*), subvención (*f.*)
sue demandar
suffocate asfixiar, 19
suggest sugerir (e:ie), 16
summer verano (*m.*)
sun sol (*m.*), 19
supervisor supervisor(a) (*m., f.*), 6

supplemental suplementario(a), 20
support (oneself) mantener(se) (e:ie), 7
sure seguro(a), 3; cómo no, 6
surgeon cirujano(a) (*m., f.*)
surname apellido (*m.*), P
suspect sospechar
suspicion sospecha (*f.*)
swimming pool piscina (*f.*), alberca (*f.*) (*Méx.*), 19
symptom síntoma (*m.*), 18
synagogue sinagoga (*f.*)
syphilis sífilis (*f.*), 18
syrup jarabe (*m.*)

T

table mesa (*f.*), 19
take llevar, 7; tomar, 5; agarrar, coger, 19
  — away quitar, 12
  — care of atender (e:ie), 6; cuidar, 7
  — note anotar
  — part participar, 9
  — (someone or something somewhere) llevar, 7
  — (time) demorar, 6
talk hablar, 1; conversar
tax impuesto (*m.*)
taxpayer contribuyente (*m., f.*)
teacher maestro(a) (*m., f.*)
teenager adolescente (*m., f.*), 18
telephone teléfono (*m.*), 2
  — book guía telefónica (*f.*), directorio telefónico (*m.*), 18
  — number número de teléfono (*m.*)
television (set) televisor (*m.*)
tell decir (e:i), 7; informar, 16
  — a lie mentir (e:ie), 13
temple sinagoga (*f.*)
temporary temporal, 5
term plazo (*m.*); término (*m.*)
terrible terrible, 14
test análisis (*m.*), prueba (*f.*), 17
tetanus shot inyección antitetánica (*f.*)
textbook libro de texto (*m.*)
thank agradecer, 10
  — you (very much) (muchas) gracias, P
  — goodness! ¡qué bueno!, 7; menos mal, 15
that que, 3; ese(a), 5; eso, 3
  — is to say... es decir...
  — way así, 20
  —'s all eso es todo, P
  —'s fine está bien, 4
  —'s great! ¡qué bueno!
  —'s why por eso, 3
their su(s), 2
then entonces, P; luego
there allí, 7
  — is (are) hay, 3
  — is going to be va a haber, 12
  — are (*number*) of us somos (+ *number*), 2
  — was había, 14
thermometer termómetro (*m.*), 19
these estos(as)
thin delgado(a), 12
thing cosa (*f.*), 13
think creer, 2; pensar (e:ie)
  not — so creer que no
  — about that pensar (e:ie) en eso, 14
  — so creer que sí, 2
third tercero(a), 5
this este(a), 3
  — one éste(a) (*m., f.*), 8
  — very day hoy mismo, 4
those aquéllos(as) (*m., f.*)
throat garganta (*f.*)
time tiempo (*m.*), 6
tired cansado(a), 13
tissues pañuelos de papel (*m. pl.*)
title título (*m.*)
to para, 1; a, 3
  — see if... para ver si..., 3
today hoy, 4
  —'s date fecha de hoy (*f.*), 3
toe dedo del pie (*m.*)
together juntos(as), 5
tomorrow mañana
  the day after — pasado mañana
tongue lengua (*f.*)
tooth diente (*m.*)
total total, 16
trade oficio (*m.*), 15
training entrenamiento (*m.*), capacitación (*f.*), 5
tranquilizer sedante (*m.*), 13
transfusion transfusión (*f.*), 16
transgression of law delito (*m.*), 13
translator traductor(a) (*m., f.*), 5
transportation transportación (*f.*)
treat tratar, 19
treatment tratamiento (*m.*), 16
trimester trimestre (*m.*), 20
true verdadero(a), 3
try tratar (de), 18
T-shirt camiseta (*f.*)
tuberculosis tuberculosis (*f.*)
tumor tumor (*m.*), 16
turn ponerse
  — blue ponerse azul
  — pale ponerse pálido(a)
  — red ponerse rojo(a)
  — to recurrir(a)
  — white ponerse blanco(a)
TV set televisor (*m.*)
tweezers pinzas (*f. pl.*), 19
type tipo (*m.*), 9; escribir a máquina

U

unable to work incapacitado(a) para trabajar, 3
uncle tío (*m.*)
unfortunately por desgracia, desgraciadamente, 9
until hasta (que)
  — recently hasta hace poco, 18
upset disgustado(a), 14
urgent urgente, 2
urgently urgentemente, 7
us nosotros(as) (*m., f.*)
use utilizar, usar, 9
useful útil, 19

V

vacate desocupar, desalojar, 2
vaccinate vacunar, 19
vagina vagina (*f.*), 18
value valor (*m.*), 5
venereal venéreo(a), 18
verify verificar, 15
verification verificación (*f.*)
very muy, P
  — much muchísimo(a), 16
  (not) — well (no) muy bien, P
victim víctima (*f.*)
violent violento(a), 13
visit visitar, 13
visitation rights derecho a visitar (*m.*)
visiting nurse enfermero(a) visitador(a) (*m., f.*), 19
vocabulary vocabulario (*m.*)
vocational vocacional
  — training reorientación vocacional (*f.*)

W

wait esperar, 1
  — on atender (e:ie), 6
waive renunciar
wake (someone up) despertar (e:ie), 19
  — up despertarse (e:ie), 19
walk andar, 13; caminar, 14
walker andador (*m.*), 14
wall pared (*f.*)
want desear, 1; querer (e:ie), 5
warn avisar, hacer saber, 8
warrant orden de detención (*f.*), permiso de detención (*m.*)
washcloth toallita (*f.*)
water agua (*f. but* el agua), 12
way forma (*f.*), 12; manera (*f.*)
  it is not that — no es así, 15
weekend fin de semana (*m.*), 13
weekly (*adj.*) semanal, semanalmente, 4; por semana
welcome: you're — de nada, no hay de qué, P
what lo que, 11
what? ¿qué?, 1; ¿cuál?, 3
  — can I do for you? ¿en qué puedo servirle (ayudarle)?, 5; ¿qué se le ofrece?, 12
  — do you (does he/she) need? ¿qué necesita?
  — for? ¿para qué?
  — time is it? ¿qué hora es?, 1
  — happens? ¿qué pasa?
wheelchair silla de ruedas (*f.*), 14
when cuando, 13

when? ¿cuándo?, 2
where? ¿dónde?, 2
  to —? ¿adónde?, 3
which? ¿cuál?, 3
while mientras, 9; rato (*m.*)
white blanco(a)
who? ¿quién?, 3
whom? ¿quién?, 2
why? ¿para qué?, 1; ¿por qué?, 3
widow viuda (*f.*), 1
widower viudo (*m.*), 1
wife esposa (*f.*), mujer (*f.*), señora (*f.*), 2
window ventana (*f.*), 14
wine vino (*m.*), 13
winter invierno (*m.*)
wish desear, 1; querer (e:ie), 5
with con, 1
  — her con ella, 2
  — me conmigo, 6
withdraw retirarse
within dentro de, 4
  — reach a su alcance, 19
without sin, 7
  — cost gratis
  — fail sin falta, 9
witness testigo (*m., f.*), 12
woman mujer (*f.*), 5
wonderful maravilloso(a)
word palabra (*f.*)
work trabajar, 2; trabajo (*m.*), 3
  — full-time trabajar tiempo completo
  — part-time trabajar parte del tiempo, trabajar medio día
  — permit permiso de trabajo (*m.*), 4
worker obrero(a) (*m., f.*), trabajador(a) (*m., f.*)
  — 's compensation compensación obrera (*f.*), 20
worried preocupado(a), 18
worry preocuparse, 18
worse peor
wound herida (*f.*), 19
write escribir, 3
  — down anotar, 14

X

X (*letter of alphabet*) equis (*f.*)
X-ray radiografía (*f.*), 17

Y

year año (*m.*), 3
yearly (*adv.*) al año, 17; (*adj.*) anual, 17
yellow amarillo(a), 18
yes sí, 1
yesterday ayer, 10
yet todavía, 6
young joven, 9
  — man (woman) muchacho(a) (*m., f.*), 18
younger menor, 4
youngest el (la) menor, 4
your su(s), 2
you're welcome no hay de qué, de nada, P

Z

zip code zona postal (*f.*), código postal (*m.*) (*Méx.*), 1

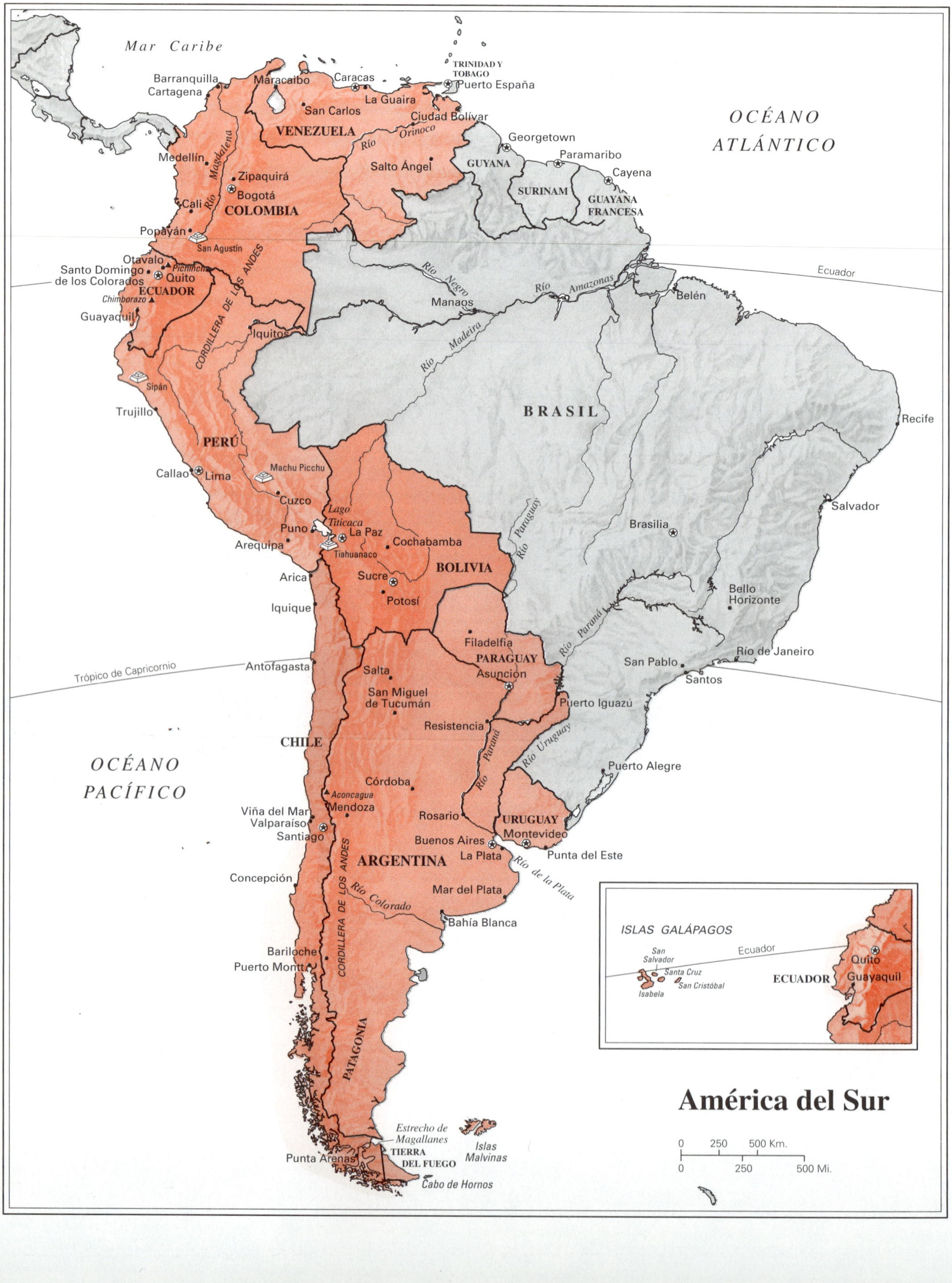
América del Sur
Mar Caribe
OCÉANO ATLÁNTICO
OCÉANO PACÍFICO
TRINIDAD Y TOBAGO
Puerto España
Barranquilla
Cartagena
Maracaibo
Caracas
La Guaira
San Carlos
Ciudad Bolívar
VENEZUELA
Río Orinoco
Salto Ángel
Georgetown
GUYANA
Paramaribo
SURINAM
Cayena
GUAYANA FRANCESA
Medellín
Río Magdalena
Zipaquirá
Bogotá
Cali
COLOMBIA
Popayán
San Agustín
Otavalo
Pichincha
Santo Domingo de los Colorados
Quito
ECUADOR
Chimborazo
Guayaquil
Ecuador
CORDILLERA DE LOS ANDES
Iquitos
Río Negro
Manaos
Río Amazonas
Belén
Río Madeira
Sipán
Trujillo
BRASIL
Recife
PERÚ
Machu Picchu
Callao
Lima
Cuzco
Lago Titicaca
Puno
La Paz
Arequipa
Tiahuanaco
Cochabamba
BOLIVIA
Salvador
Río Paraguay
Brasilia
Arica
Sucre
Potosí
Iquique
Bello Horizonte
Filadelfia
PARAGUAY
Asunción
Río Paraná
Río de Janeiro
Trópico de Capricornio
Antofagasta
Salta
San Pablo
Santos
San Miguel de Tucumán
Puerto Iguazú
Resistencia
Río Uruguay
CHILE
Puerto Alegre
Córdoba
Aconcagua
Viña del Mar
Mendoza
Valparaíso
Santiago
Rosario
URUGUAY
Montevideo
Buenos Aires
La Plata
Punta del Este
ARGENTINA
Río de la Plata
Concepción
Río Colorado
Mar del Plata
Bahía Blanca
Bariloche
Puerto Montt
PATAGONIA
ISLAS GALÁPAGOS
San Salvador
Santa Cruz
San Cristóbal
Isabela
Estrecho de Magallanes
Islas Malvinas
Punta Arenas
TIERRA DEL FUEGO
Cabo de Hornos
0 250 500 Km.
0 250 500 Mi.